小6 全科の復習テスト

国語

この本の特色と使い方

①学習したことがしっかりと身につくよう，くふうをこらしてつくった全科の復習テストです。

②小学６年で学習しなければならない，基《き》礎《そ》・基本となるたいせつな学習内容と考え方を取り入れ，確実に力がつくように考えてあります。

マンガのキャラクター紹介

※カイとサクラは双《ふた》子《ご》

はじめに

●各科目の学習内容をマンガでえがいているので，その学年で学ぶ内容がよくわかります。

本文

●「復習のポイント！」は，その単元でどういう点に気をつけて学習をすればよいか書いてありますので，問題を解く前によく読んでおきましょう。

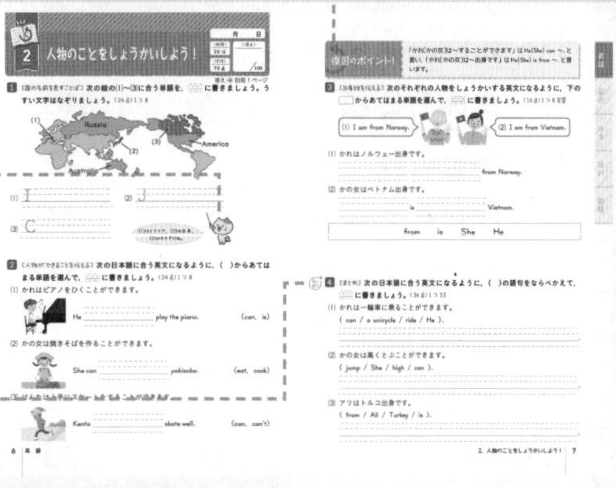

●コタロウは本文にも登場します。

●たいせつマークは「たいせつな問題」で，テストによく出る問題です。特に力を入れて解きましょう。

仕上げテスト

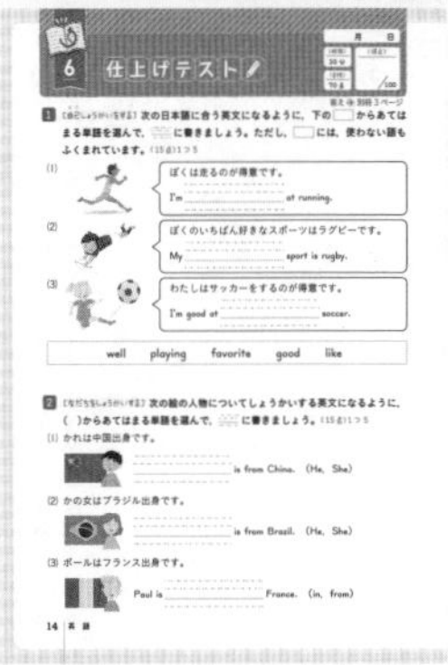

●このページで各科目の知識がしっかりと定着しているかを確かめましょう。

答え

●「答え」には考え方や解き方，ここに注意！などをつけて，まちがいの原因をさぐりやすくしました。

本書に関する最新情報は，当社ホームページにある**本書の「サポート情報」**をご覧ください。（開設していない場合もございます。）

もくじ

国語は巻末から始まります。

6年

英語

はじめに

６年生の英語では，自分のことや友だち，家族のこと，そして自分たちが住んでいる町や地域《ちいき》をしょうかいする表現を学びます。また，夏休みや小学校生活，思い出を英語で伝えられるようになりましょう。中学入学へ向けて，中学校生活や部活動，将来《しょうらい》の夢や職業について伝えるためのいろいろな単語や表現も覚えましょう。

1 自《じ》己《こ》しょうかいをしよう！

月　日

〈時間〉20分　〈合格〉70点　〈得点〉　/100

答え → 別冊1ページ

1 〔教科を表すことば〕 **次の絵に合う単語を，＿＿に書きましょう。うすい文字はなぞりましょう。**（28点）1つ7

(1)

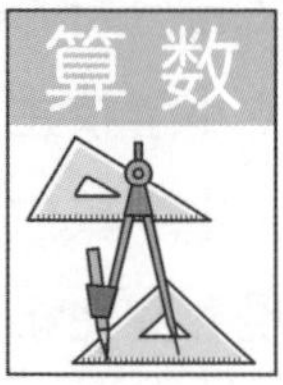

m

(2)

m

(3)

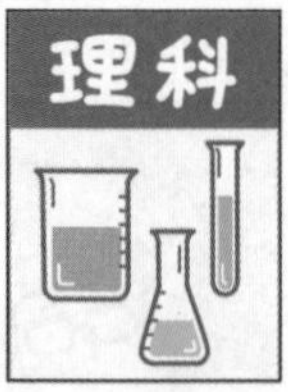

sc

(4)

Ja

2 〔得意なことを伝える〕 **次の日本語に合う英文になるように，(　)からあてはまる単語を選んで，＿＿に書きましょう。**（18点）1つ9

(1)

ぼくは料理をするのが得意です。

I'm ＿＿＿＿ at cooking.　(well,　good)

(2)

わたしは日本語を話すのが得意です。

I'm good ＿＿＿＿ speaking Japanese.

(at,　in)

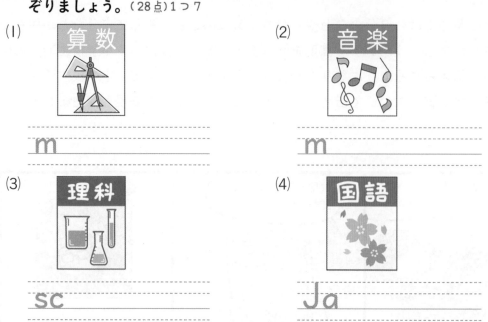

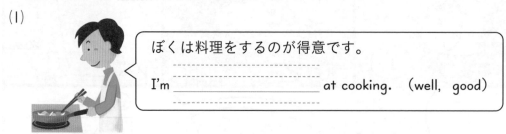

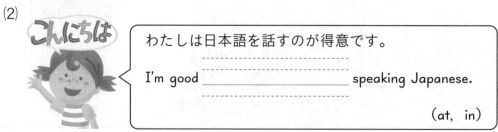

復習のポイント！

- 自分が得意なことを伝えるときは I'm good at ～. と言います。
- 「あなたのいちばん好きな～は何ですか」は What is your favorite ～? と言います。

3 [好きな色をたずねる] **次の日本語に合う英文になるように，下の[　　]からあてはまる単語を選んで，______ に書きましょう。**（18点）1つ9 完答

(1) あなたのいちばん好きな色は何ですか。

______ is your favorite ______ ?

(2) わたしのいちばん好きな色は青色です。

My ______ color is ______ .

favorite　　What　　blue　　color

たいせつ

4 [まとめ] **次の日本語に合う英文になるように，(　)の単語をならべかえて，______ に書きましょう。**（36点）1つ9

(1) わたしは野球をするのが得意です。

(playing / good / at / I'm) baseball.

______ baseball.

(2) わたしはサーフィンをするのが得意です。

(at / surfing / good / I'm).

______ .

(3) あなたがいちばん好きな教科は何ですか。

(favorite / your / is / subject / What)?

______ ?

(4) わたしのいちばん好きな教科は英語です。

(subject / My / is / favorite / English).

______ .

2 人物のことをしょうかいしよう！

月　　日

〈時間〉20分　〈合格〉70点　〈得点〉　／100

答え→別冊1ページ

1 〔国の名前を表すことば〕 **次の絵の(1)〜(3)に合う単語を，＿＿に書きましょう。うすい文字はなぞりましょう。** （24点）1つ8

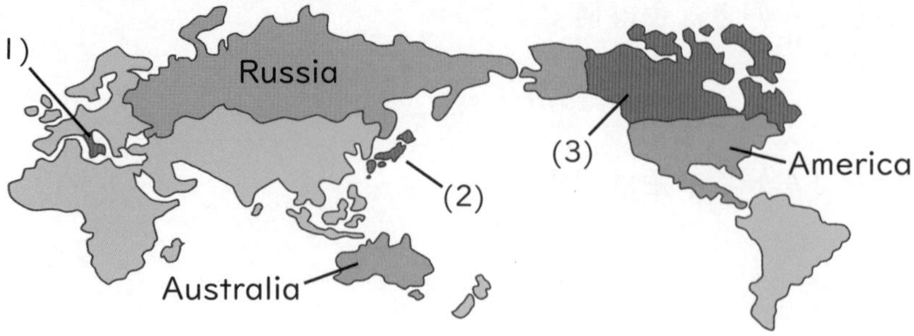

(1) I＿＿＿＿＿＿　　(2) J＿＿＿＿＿＿

(3) C＿＿＿＿＿＿

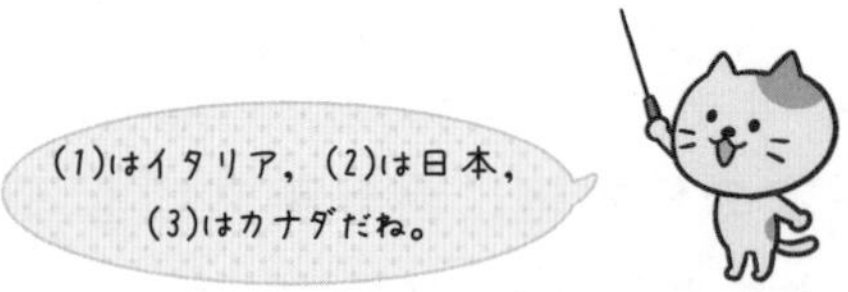

2 〔人物ができることを伝える〕 **次の日本語に合う英文になるように，（　）からあてはまる単語を選んで，＿＿に書きましょう。** （24点）1つ8

(1) かれはピアノをひくことができます。

He ＿＿＿＿＿＿ play the piano.　　(can,　is)

(2) かの女は焼きそばを作ることができます。

She can ＿＿＿＿＿＿ *yakisoba*.　　(eat,　cook)

(3) けんたは上手にスケートをすることができます。

Kenta ＿＿＿＿＿＿ skate well.　　(can,　can't)

復習のポイント！

「かれ〔かの女〕は～することができます」は He[She] can ～. と言い，「かれ〔かの女〕は～出身です」は He[She] is from ～. と言います。

3 〔出身地を伝える〕**次のそれぞれの人物をしょうかいする英文になるように，下の□からあてはまる単語を選んで，＝＝に書きましょう。**（16点）1つ 8 完答

(1) I am from Norway.
(2) I am from Vietnam.

(1) かれはノルウェー出身です。

________ ________ from Norway.

(2) かの女はベトナム出身です。

________ is ________ Vietnam.

from　　is　　She　　He

たいせつ **4** 〔まとめ〕**次の日本語に合う英文になるように，（　）の語句をならべかえて，＝＝に書きましょう。**（36点）1つ 12

(1) かれは一輪車に乗ることができます。

(can / a unicycle / ride / He).

________________________.

(2) かの女は高くとぶことができます。

(jump / She / high / can).

________________________.

(3) アリはトルコ出身です。

(from / Ali / Turkey / is).

________________________.

3 自分たちの町をしょうかいしよう！

月　日

〈時間〉20分　〈合格〉70点　〈得点〉/100

答え→別冊1ページ

1 [建物やし設を表すことば] **次の絵に合う単語を，＿＿に書きましょう。うすい文字はなぞりましょう。**（24点）1つ6

(1)

t

(2)

aq

(3)

s

(4)

h

長い単語は
くりかえし
書いて覚えよう。

2 [町にあるものを伝える] **ボブが自分の町について話しています。ボブの町にあるものと，ないものを，下の□から2つずつ選んで，英語で書きましょう。**

（28点）1つ7

We have a fire station.　We don't have a swimming pool.
We have a zoo, but we don't have a castle.

ボブの町にあるもの：

ボブの町にないもの：

a swimming pool　　a zoo　　a castle　　a fire station

復習のポイント！

- 町に「～があります」と伝えるときは We have ～. と言います。
- 「わたしたちは～するのを楽しむことができます」は We can enjoy ～. と言います。

3 [町で楽しめることを伝える] **次の日本語に合う英文になるように，(　)からあてはまる単語を選んで，______に書きましょう。**(16点)1つ8

(1) わたしたちはつりをするのを楽しむことができます。

We can enjoy ______.　(reading,　fishing)

(2) わたしたちは歌うのを楽しむことができます。

We can ______ singing.　(enjoy,　see)

たいせつ **4** [まとめ] **次の日本語に合う英文になるように，(　)の語句をならべかえて，______に書きましょう。**(32点)1つ8

(1) 図書館があります。

(have / We / a library).

______.

(2) 大きな書店はありません。

(a big bookstore / have / We / don't).

______.

(3) わたしたちはダンスをするのを楽しむことができます。

(can / enjoy / We) dancing.

______ dancing.

(4) わたしたちは買い物をするのを楽しむことができます。

(enjoy / We / shopping / can).

______.

4

思い出について話そう！

月　日

〈時間〉20分

〈合格〉70点

〈得点〉 /100

答え→別冊2ページ

1 〔自然を表すことば〕 **次の絵の(1)～(4)に合う単語を，＿＿に書きましょう。うすい文字はなぞりましょう。** (24点)1つ6

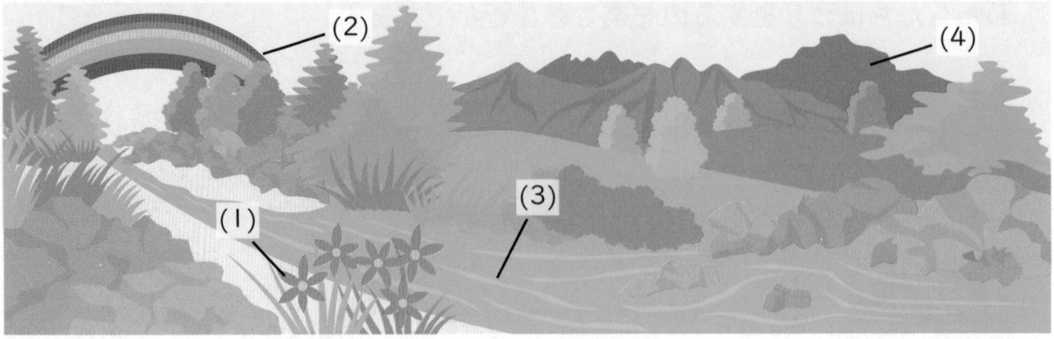

(1) f＿＿＿＿＿＿＿＿

(2) ra＿＿＿＿＿＿＿＿

(3) r＿＿＿＿＿＿＿＿

(4) mo＿＿＿＿＿＿＿＿

2 〔したことを伝える〕 **次の日本語に合う英文になるように，(　)からあてはまる単語を選んで，＿＿に書きましょう。** (24点)1つ8

(1) ぼくは湖に行きました。

I ＿＿＿＿＿＿＿＿ to the lake.　(enjoyed, went)

(2) ぼくはアイスクリームを食べました。

I ＿＿＿＿＿＿＿＿ ice cream.　(ate, was)

(3) それはとてもおいしかったです。

It ＿＿＿＿＿＿＿＿ delicious.　(was, had)

復習のポイント！

- 「過去を表すことば」には ate や enjoyed などがあります。
- いちばんの思い出を伝えるときは My best memory is ～. と言います。

3 [思い出を伝える] **次の日本語に合う英文になるように，下の［　　］からあてはまる単語を選んで，＿＿に書きましょう。**（16点）1つ8完答

(1) あなたのいちばんの思い出は何ですか。

＿＿＿＿＿＿ your best ＿＿＿＿＿＿?

(2) わたしのいちばんの思い出は修学旅行です。

My ＿＿＿＿＿＿ memory ＿＿＿＿＿＿ my school trip.

memory	best	What's	is

思い出について
人にたずねたり
答えたりしよう。

たいせつ

4 [まとめ] **次の日本語に合う英文になるように，(　)の語句をならべかえて，＿＿に書きましょう。**（36点）1つ9

(1) わたしは花火を見ました。(saw / fireworks / I).

＿＿＿＿＿＿＿＿＿＿＿＿＿＿＿＿.

(2) わたしはハイキングを楽しみました。(enjoyed / I / hiking).

＿＿＿＿＿＿＿＿＿＿＿＿＿＿＿＿.

(3) あなたのいちばんの思い出は何ですか。

(your / memory / What's / best)?

＿＿＿＿＿＿＿＿＿＿＿＿＿＿＿＿?

(4) わたしのいちばんの思い出は運動会です。

(best / my sports day / is / memory / My).

＿＿＿＿＿＿＿＿＿＿＿＿＿＿＿＿.

5 将《しょう》来《らい》の夢について話そう！

月　　日

〈時間〉20分

〈合格〉70点

〈得点〉　　/100

答え→別冊2ページ

1 〔職業を表すことば〕 **次の絵に合う単語を，　　に書きましょう。うすい文字はなぞりましょう。** (28点)1つ7

(1)

de

(2)

zoo

(3)

a

(4)

b

2 〔将来の夢を伝える〕 **次の絵に合う英文になるように，(　)からあてはまる単語を選んで，　　に書きましょう。** (18点)1つ9

What do you want to be?

(1)

I want to be a ＿＿＿＿＿＿＿＿＿＿＿＿. (pianist, pilot)

(2)

I want to be a ＿＿＿＿＿＿＿＿＿＿＿＿. (singer, chef)

復習のポイント！

- 「～になりたいです」は I want to be ～. と言います。
- 入りたい部活動を伝えるときは I want to join the ～ club[team]. と言います。

3 ［入りたい部活動を伝える］ **次の日本語に合う英文になるように，下の［　］からあてはまる単語を選んで，＿＿に書きましょう。**（18点）1つ9完答

(1)

あなたは何部に入りたいですか。

＿＿＿＿ ＿＿＿＿ do you want to join?

(2)

ぼくは美術部に入りたいです。

I ＿＿＿＿ ＿＿＿＿ join the art club.

want	What	to	club

たいせつ

4 ［まとめ］ **次の日本語に合う英文になるように，（　）の語句をならべかえて，＿＿に書きましょう。**（36点）1つ9

(1) あなたは何になりたいですか。（ want / What / you / be / do / to ）?

＿＿＿＿＿＿＿＿＿＿＿＿＿＿＿＿?

(2) ぼくは宇《う》宙《ちゅう》飛行士になりたいです。（ be / I / to / an astronaut / want ）.

＿＿＿＿＿＿＿＿＿＿＿＿＿＿＿＿.

(3) あなたは何部に入りたいですか。

（ do / join / to / want / What club / you ）?

＿＿＿＿＿＿＿＿＿＿＿＿＿＿＿＿?

(4) わたしはバレーボール部に入りたいです。

（ to / I / the volleyball team / join / want ）.

＿＿＿＿＿＿＿＿＿＿＿＿＿＿＿＿.

6 仕上げテスト

月　日

〈時間〉30分　〈合格〉70点　〈得点〉/100

答え→別冊3ページ

1 [自己《じこ》しょうかいをする] **次の日本語に合う英文になるように，下の□からあてはまる単語を選んで，＿＿に書きましょう。ただし，□には，使わない語もふくまれています。**（15点）1つ5

(1)

ぼくは走るのが得意です。

I'm ＿＿＿＿＿＿＿＿ at running.

(2)

ぼくのいちばん好きなスポーツはラグビーです。

My ＿＿＿＿＿＿＿＿ sport is rugby.

(3)

わたしはサッカーをするのが得意です。

I'm good at ＿＿＿＿＿＿＿＿ soccer.

| well | playing | favorite | good | like |

2 [友だちをしょうかいする] **次の絵の人物についてしょうかいする英文になるように，（　）からあてはまる単語を選んで，＿＿に書きましょう。**（15点）1つ5

(1) かれは中国出身です。

＿＿＿＿＿＿＿＿ is from China. (He, She)

(2) かの女はブラジル出身です。

＿＿＿＿＿＿＿＿ is from Brazil. (He, She)

(3) ポールはフランス出身です。

Paul is ＿＿＿＿＿＿＿＿ France. (in, from)

3 ［友だちができること・できないことを伝える］**次の日本語に合う英文になるように，（　）からあてはまる単語を選んで，〇で囲みましょう。**（15点）1つ5

⑴ かれはピアノをひくことができます。

He (can,　can't) play the piano.

⑵ かの女は英語を話すことができます。

(He,　She) can speak English.

⑶ かれは柔道《じゅうどう》をすることができません。

He (can,　can't) do *judo*.

4 ［町にあるものを伝える］**リズが自分の町について話しています。リズの町にあるものと，ないものを，下の［　　］から２つずつ選んで，英語で書きましょう。**

（20点）1つ5

This is my town.
We have a bookstore and a station.
We don't have a museum.
We don't have a shrine.

リズの町にあるもの：

リズの町にないもの：

a shrine　　a station　　a bookstore　　a museum

5 〔思い出を伝える〕**次の日本文に合う英語になるように，(　)からあてはまる単語を選んで，＿＿＿に書きましょう。**(15点)1つ5

(1) わたしは水族館に行きました。

I ______________ to an aquarium.　(enjoyed,　went)

(2) わたしは大きな魚を見ました。

I ______________ a big fish.　(ate,　saw)

(3) それは楽しかったです。

It ______________ fun.　(was,　ate)

6 〔将来《しょうらい》したいことをたずねる〕**次の日本語に合う英文になるように，(　)の語句をならべかえて，＿＿＿に書きましょう。**(20点)1つ5

(1) あなたは何部に入りたいですか。

(club / you / What / do / want) to join?

______________________________ to join?

(2) わたしはバスケットボール部に入りたいです。

(want / I / join / to) the basketball team.

______________________________ the basketball team.

(3) あなたは何になりたいですか。

(be / to / you / What / do / want)?

______________________________?

(4) わたしは客室乗務員になりたいです。

(to / I / be / want / a flight attendant).

______________________________.

6年 算数

はじめに

5年生では分数のたし算とひき算を学習しましたが，6年生では分数のかけ算とわり算を学習します。その他にも比や比例・反比例などを学習しますが，どれも中学校の勉強につながる内容となるので，基本からしっかりと理解していきましょう。図形では，円の面積や立体の体積などを学びます。求め方の式を覚え，速く正確に計算できるようにくり返し練習しておきましょう。

1 分数のかけ算

月　日

〈時間〉25分　〈合格〉80点　〈得点〉　/100

答え→別冊4ページ

1 [分数×整数] **次の計算をしましょう。**(9点)1つ3

(1) $\frac{2}{5}\times2$　(2) $\frac{3}{8}\times7$　(3) $\frac{5}{12}\times5$

2 [分数×分数] **次の計算をしましょう。**(18点)1つ3

(1) $\frac{1}{2}\times\frac{3}{7}$　(2) $\frac{3}{5}\times\frac{9}{8}$　(3) $\frac{8}{7}\times\frac{5}{3}$

(4) $\frac{5}{6}\times\frac{7}{10}$　(5) $\frac{4}{3}\times\frac{9}{100}$　(6) $\frac{8}{3}\times\frac{9}{2}$

3 [整数×分数] **次の計算をしましょう。**(12点)1つ4

(1) $6\times\frac{2}{5}$　(2) $8\times\frac{7}{6}$　(3) $4\times\frac{5}{2}$

4 [帯分数のかけ算] **次の計算をしましょう。**(12点)1つ4

(1) $1\frac{1}{3}\times\frac{2}{5}$　(2) $\frac{3}{4}\times2\frac{1}{6}$　(3) $2\frac{1}{5}\times3\frac{1}{3}$

たいせつ **5** [積の大きさ] **下のア～エの式の中から，積が $\frac{5}{6}$ より大きくなるものを全部選び，記号で答えましょう。**(6点)

ア $\frac{5}{6}\times\frac{3}{4}$　**イ** $\frac{5}{6}\times2$　**ウ** $\frac{5}{6}\times\frac{4}{3}$　**エ** $\frac{5}{6}\times\frac{5}{6}$

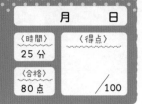

復習のポイント!

分数どうしのかけ算は，$\frac{\triangle}{\square} \times \frac{\diamond}{\bigcirc} = \frac{\triangle \times \diamond}{\square \times \bigcirc}$ のように計算します。約分は計算のとちゅうですると，計算が簡単《かんたん》になります。

たいせつ

6 〔割合《わりあい》を表す分数〕 **次の(　)にあてはまる数を書きましょう。**（16点）1つ4

(1) 4500円の $\frac{7}{15}$ は(　　　)円

(2) 12 m^2 の $\frac{5}{6}$ は(　　　) m^2

(3) 6 kg の $\frac{2}{5}$ は(　　　) g

(4) $\frac{1}{2}$ L の $\frac{3}{4}$ は(　　　) L

7 〔分数のかけ算を使った問題〕 **1 m の重さが $\frac{7}{9}$ kg の鉄の棒《ぼう》があります。この鉄の棒 $\frac{6}{7}$ m の重さは何 kg ですか。**（6点）

8 〔割合を表す分数を使った問題〕 **兄の1か月のおこづかいは3200円です。弟の1か月のおこづかいは，兄の1か月のおこづかいの $\frac{5}{8}$ です。弟の1か月のおこづかいは何円ですか。**（7点）

たいせつ

9 〔分数のかけ算の利用〕 **18 L の灯油がはいっているかんがあります。1日目にこの灯油の $\frac{2}{9}$ を使い，2日目に初めにあった灯油の $\frac{1}{3}$ を使いました。使った灯油は全部で何 L ですか。**（7点）

10 〔分数のかけ算の利用〕 **縦《たて》 $\frac{5}{3}$ m，横 $1\frac{1}{6}$ m，高さ $\frac{9}{10}$ m の直方体があります。この直方体の体積は何 m^3 ですか。**（7点）

2 分数のわり算

月　日

〈時間〉25分　〈合格〉80点　〈得点〉　/100

答え → 別冊4ページ

1 〔逆数〕 **次の数の逆数を求めましょう。** (9点)1つ3

(1) $\frac{5}{7}$　　(2) 8　　(3) 0.7

2 〔分数÷整数〕 **次の計算をしましょう。** (9点)1つ3

(1) $\frac{5}{6}\div 2$　　(2) $\frac{3}{4}\div 7$　　(3) $\frac{2}{7}\div 9$

3 〔分数÷分数〕 **次の計算をしましょう。** (18点)1つ3

(1) $\frac{5}{8}\div\frac{2}{7}$　　(2) $\frac{4}{3}\div\frac{7}{5}$　　(3) $\frac{11}{9}\div\frac{1}{4}$

(4) $\frac{1}{2}\div\frac{1}{6}$　　(5) $\frac{7}{9}\div\frac{14}{3}$　　(6) $\frac{17}{12}\div\frac{34}{21}$

4 〔整数÷分数〕 **次の計算をしましょう。** (12点)1つ4

(1) $8\div\frac{3}{4}$　　(2) $4\div\frac{6}{5}$　　(3) $10\div\frac{5}{2}$

5 〔帯分数のわり算〕 **次の計算をしましょう。** (12点)1つ4

(1) $\frac{2}{3}\div 1\frac{2}{5}$　　(2) $2\frac{1}{2}\div\frac{1}{5}$　　(3) $3\frac{3}{4}\div 1\frac{2}{3}$

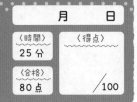

復習のポイント!

分数でわるわり算は，わる数の分母と分子を入れかえた分数をかけます。$\bullet \div \frac{\blacktriangle}{\blacksquare} = \bullet \times \frac{\blacksquare}{\blacktriangle}$，$\frac{\bullet}{\blacklozenge} \div \frac{\blacktriangle}{\blacksquare} = \frac{\bullet}{\blacklozenge} \times \frac{\blacksquare}{\blacktriangle} = \frac{\bullet \times \blacksquare}{\blacklozenge \times \blacktriangle}$

たいせつ

6 [商の大きさ] **下のア～エの式の中から，商が $\frac{2}{5}$ より大きくなるものを全部選び，記号で答えましょう。**（6点）

ア $\frac{2}{5} \div \frac{3}{4}$　　イ $\frac{2}{5} \div 4$　　ウ $\frac{2}{5} \div \frac{5}{2}$　　エ $\frac{2}{5} \div \frac{1}{7}$

7 [割合《わりあい》を表す分数] **次の（　）にあてはまる数を書きましょう。**（12点）1つ3

(1) （　　　）人の $\frac{4}{7}$ は 24 人

(2) （　　　）m^2 の $\frac{2}{3}$ は $\frac{7}{15}$ m^2

(3) $\frac{21}{20}$ L は，（　　　）L の $\frac{3}{5}$

(4) $\frac{5}{6}$ kg は，（　　　）kg の $\frac{10}{9}$

8 [分数のわり算の問題] **$\frac{2}{3}$ m^2 の重さが $\frac{4}{15}$ kg の鉄板があります。この鉄板 1 m^2 の重さは何 kg ですか。**（7点）

9 [割合を表す分数を使った問題] **ある本を全体の $\frac{7}{15}$ 読みました。読んだページ数は 161 ページでした。この本は全部で何ページありますか。**（7点）

10 [分数のわり算の問題] **面積が 12 m^2 の長方形があります。横の長さが $3\frac{1}{3}$ m のとき，縦《たて》の長さは何 m ですか。**（8点）

3 小数と分数の混じった計算

月　日

〈時間〉25分　〈合格〉80点　〈得点〉　/100

答え→別冊5ページ

たいせつ **1** 〔小数と分数の混じった計算〕 **次の計算をしましょう。**（24点）1つ4

(1) $\frac{5}{4}\times0.8$　(2) $\frac{20}{7}\times0.63$　(3) $1\frac{1}{3}\times1.5$

(4) $\frac{7}{8}\div0.7$　(5) $\frac{4}{5}\div0.16$　(6) $2\frac{2}{15}\div2.4$

2 〔小数と分数の混じった計算〕 **計算のきまりを使って，くふうして計算しましょう。**

（10点）1つ5

(1) $\frac{4}{7}\times2.7-\frac{4}{7}\times0.6$　(2) $\frac{3}{8}\times0.97+\frac{5}{8}\times0.97$

3 〔小数と分数の混じった計算〕 **次の計算をしましょう。**（24点）1つ4

(1) $\frac{1}{5}\times\frac{6}{7}\div0.3$　(2) $\frac{4}{3}\div2\times1.8$　(3) $3.5\div\frac{4}{9}\div0.9$

(4) $1\frac{1}{5}\times0.4\times\frac{2}{3}$　(5) $2.8\div1\frac{3}{4}\times0.5$　(6) $\frac{7}{9}\times2\frac{2}{5}\div0.7$

復習のポイント!

小数と分数の混じった計算は，小数を 10，100 などを分母とする分数になおして計算すると，計算が簡単《かんたん》になります。また，小数と分数が混じった計算でも，計算のきまりが使えます。

4 〔小数と分数の混じった問題〕 **縦《たて》 0.3 m，横 $\frac{2}{3}$ m，高さ $1\frac{3}{7}$ m の直方体の体積を求めましょう。**（10 点）

5 〔小数と分数の混じった問題〕 **縦の長さが 0.4 m，横の長さが $\frac{3}{7}$ m の長方形の形をした紙があります。**（16 点）1 つ 8

(1) この紙 1 枚《まい》の面積は何 m^2 ですか。

(2) この紙を縦に 2 枚，横に 3 枚並《なら》べて長方形をつくると，できた長方形の面積は何 m^2 ですか。

6 〔小数と分数の混じった問題〕 **工作で使う針金《はりがね》があります。この針金 $\frac{3}{4}$ m の重さは 3.4 g でした。**（16 点）1 つ 8

(1) この針金 1 m の重さは何 g ですか。

(2) この針金 1 g の長さは何 m ですか。

4 対称《たいしょう》な図形

月　日

〈時間〉25 分　〈合格〉80 点　〈得点〉/100

答え → 別冊 6 ページ

1 〔線《せん》対称《たいしょう》な図形〕 **下のア～オの図形の中から，線対称な図形を全部選び，記号で答えましょう。**（10 点）

ア	イ	ウ	エ	オ
E	N	X	A	S

2 〔対称の軸《じく》〕 **右の図の長方形は線対称な図形です。**（20 点）1 つ 10

(1) 直線 EF は対称の軸です。点 A に対応する点はどれですか。

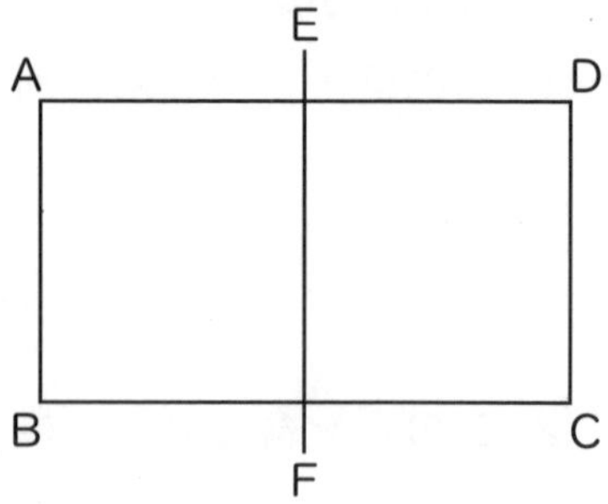

(2) 直線 EF 以外にも対称の軸があります。図にかき入れましょう。

3 〔線対称な図形をかく〕 **直線 AB が対称の軸となるように，線対称な図形をかきましょう。**（10 点）

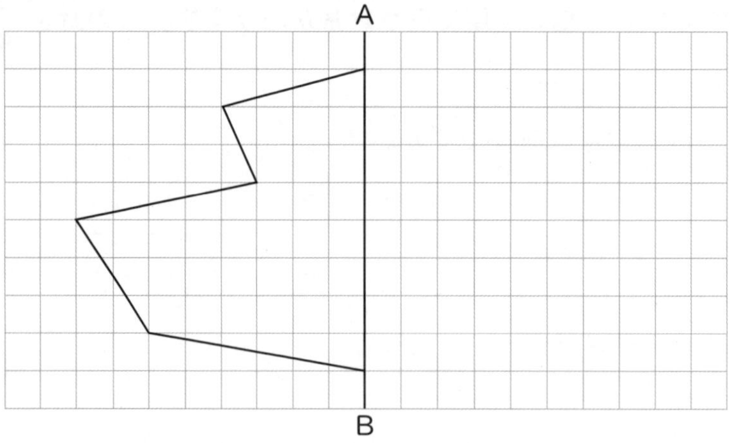

復習のポイント！

1つの直線を折り目にして折ったとき，折り目の両側がぴったり重なる図形は，線対称《せんたいしょう》な図形です。また，ある点を中心にして180°回転したとき，もとの図形とぴったり重なる図形は，点対称《てんたいしょう》な図形です。

たいせつ

4 ［点対称《てんたいしょう》な図形］ **下のア～オの図形の中で，あとの問いにあてはまるものを全部選び，記号で答えましょう。**（30点）1つ10

ア　イ　ウ　エ　オ

（平行四辺形）　（正三角形）　（正六角形）　（二等辺三角形）　（長方形）

⑴ 線対称な図形

⑵ 点対称な図形

⑶ 線対称でもあり，点対称でもある図形

5 ［対称の中心］ **右の図のひし形は点対称な図形です。**（20点）1つ10

⑴ 対称の中心Oを図にかき入れましょう。

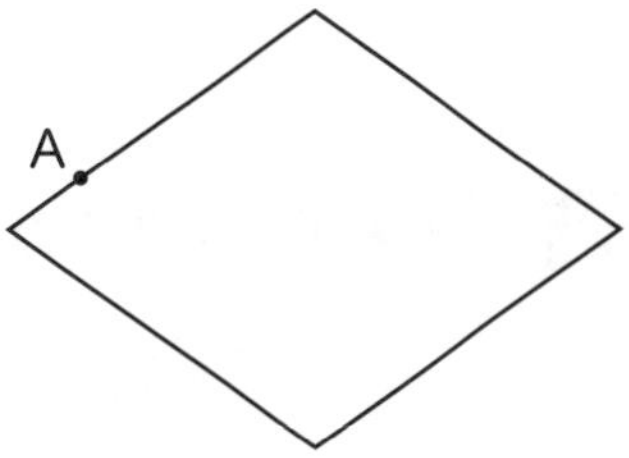

⑵ 点Aに対応する点Bを図にかき入れましょう。

6 ［点対称な図形をかく］ **点Oが対称の中心になるように，点対称な図形をかきましょう。**（10点）

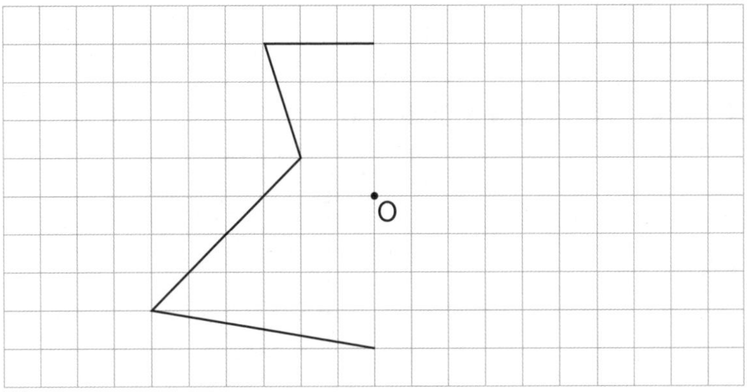

5 円の面積

月　日

〈時間〉25分

〈合格〉80点

〈得点〉　／100

答え→別冊6ページ

1 ［円の面積］ **次の円の面積を求めましょう。ただし，円周率を 3.14 とします。（これからの問題も，円周率を使うときは，3.14 を使います。）**（10点）1つ5

(1) 半径 2 cm の円　　(2) 半径 5 cm の円

2 ［直径と面積］ **直径が 14 cm の円があります。**（10点）1つ5

(1) この円の半径は何 cm ですか。

(2) この円の面積は何 cm^2 ですか。

たいせつ

3 ［円の面積］ **次の円の面積を求めましょう。**（10点）1つ5

(1)

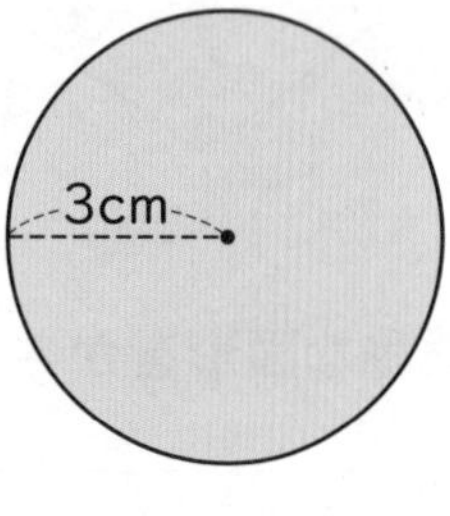

(2)

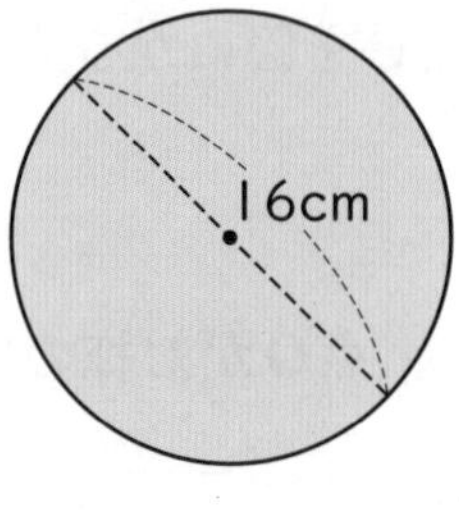

4 ［図形の面積］ **次の図形の面積を求めましょう。**（12点）1つ6

(1)

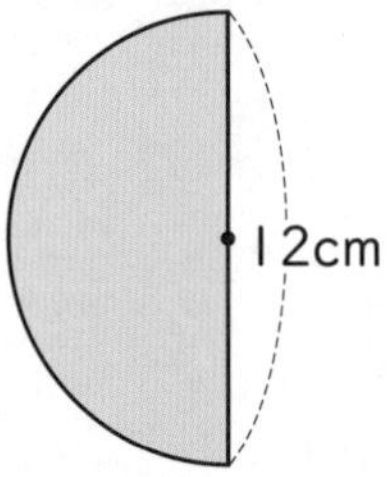

(2)

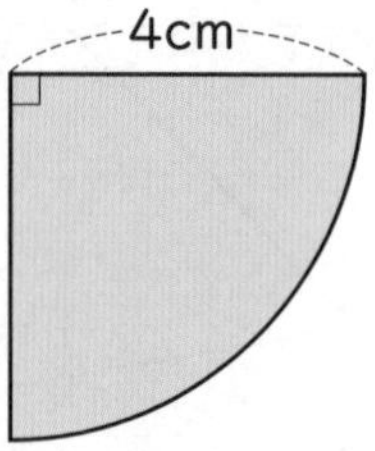

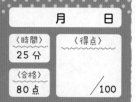

復習のポイント!

円の面積は，次の公式で求められます。
円の面積＝半径×半径×円周率
円周率は，ふつう 3.14 を使います。

5 〔円周と面積〕 **次の円の面積を求めましょう。**（14点）1つ 7

(1) 円周が 37.68 cm の円

(2) 円周が 56.52 cm の円

たいせつ **6** 〔図形の面積〕 **次の図形の色をつけた部分の面積を求めましょう。**（32点）1つ 8

(1)
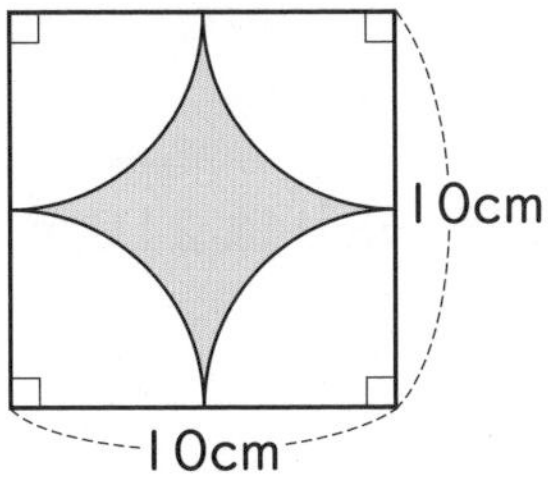

(2)
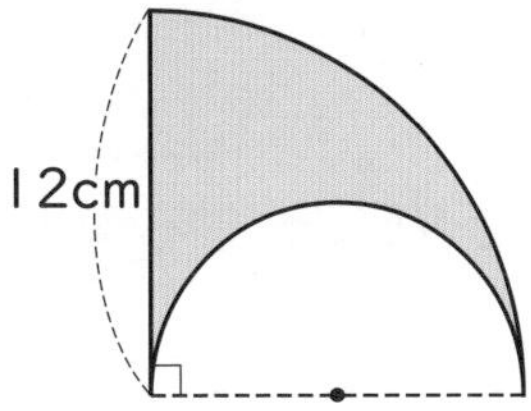

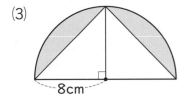

(3)
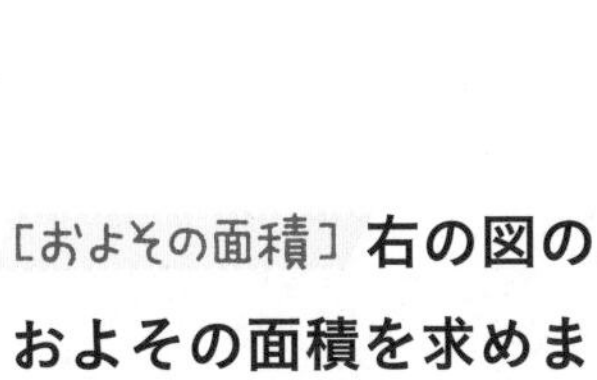

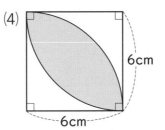

(4)
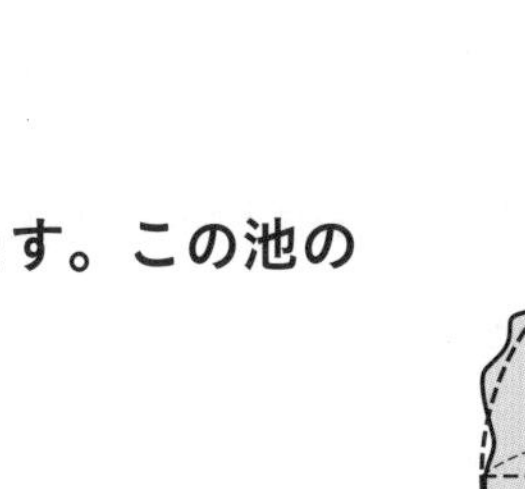

7 〔およその面積〕 **右の図のような池があります。この池のおよその面積を求めましょう。**（12点）

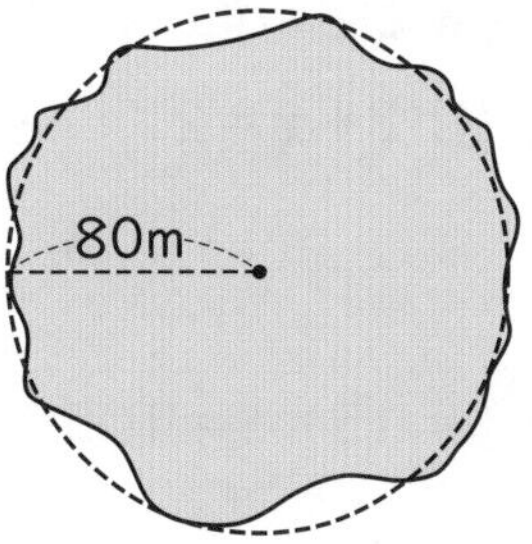

6 文字と式

月　日

〈時間〉25分　〈合格〉80点　〈得点〉/100

答え → 別冊7ページ

1 〔xを使った式〕**次のことがらを，xを使った式で表しましょう。**（20点）1つ5

(1) 1本x円のジュースを8本買ったら，代金は960円でした。

(2) x枚《まい》の折り紙があり，14枚もらったので，37枚になりました。

(3) x個のあめを5人に同じ数だけ分けたら，1人分のあめは6個でした。

(4) 家から学校まで750 mある道のりを，x m歩いたので，残りは210 mになりました。

2 〔xを使った式〕**1辺の長さがx cmの正三角形があります。**

（10点）1つ5

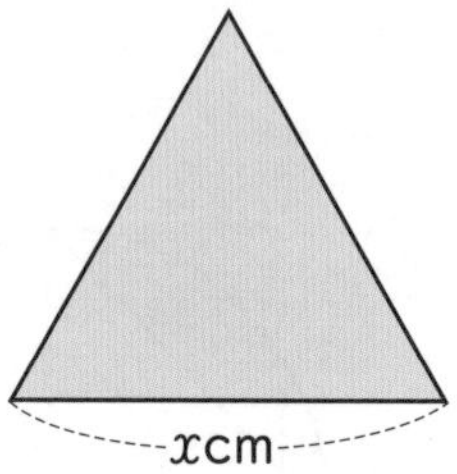

(1) この正三角形のまわりの長さを，xを使った式で表しましょう。

(2) xが7のときの正三角形のまわりの長さは何cmですか。

3 〔xの値《あたい》〕**次の式のxの値を求めましょう。**（20点）1つ5

(1) $8+x=21$　　(2) $x-4=39$

(3) $15\times x=105$　　(4) $x\div 7=40$

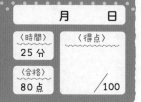

復習のポイント！

□×5=○ のような式を，x や y の文字を使って，$x \times 5 = y$ のように，2つの数量の関係を1つの式に表すことができます。x の値《あたい》を決めると，それに対応する y の値を求めることができます。

4 〔xとyを使った式〕**次の場面で，x と y の関係を式に表しましょう。**（20点）1つ5

(1) 代金が x 円のケーキを，100円の箱に入れてもらったので，代金は y 円になりました。

(2) x m のリボンを，3 m 使ったので，残りは y m になりました。

(3) 円周が x cm の円の直径は y cm です。

(4) 底辺が 8 cm，高さが x cm の三角形の面積は y cm^2 です。

5 〔x，y の値《あたい》〕**右の図のような底面積が x cm^2，高さが 4 cm の直方体があります。**（18点）1つ6

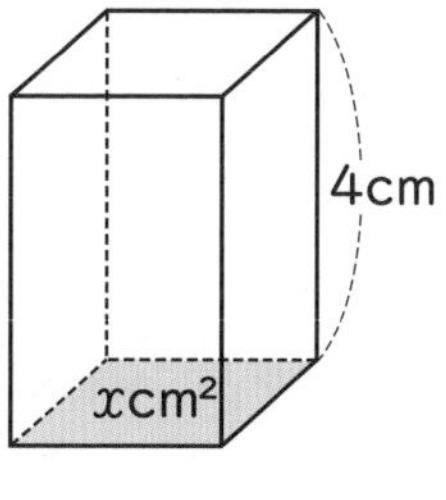

(1) この直方体の体積 y cm^3 はどんな式で表せますか。

(2) x の値が 48 のとき，y の値はいくつですか。

(3) y の値が 156 のとき，x の値はいくつですか。

6 〔文字を使った問題〕**ある数を 18 でわると，商が3で，余りが9でした。ある数を x として式に表し，ある数を求めましょう。**（12点）

7 比とその利用 ①

月　日

〈時間〉25分

〈合格〉80点

〈得点〉　/100

答え→別冊7ページ

1 〔比の表し方〕**6年3組には，男子が18人，女子が16人います。**（8点）1つ4

(1) 6年3組の男子の人数と女子の人数の比を書きましょう。

(2) 6年3組全体の人数と女子の人数の比を書きましょう。

2 〔比の値〕**次の比の値を求めましょう。**（24点）1つ4

(1) 3：5　　(2) 6：11

(3) 1：8　　(4) 7：15

(5) 9：6　　(6) 16：12

たいせつ **3** 〔等しい比〕**次の（　）にあてはまる数を書きましょう。**（30点）1つ5

(1) 6：4＝18：（　　）　　(2) 3：16＝15：（　　）

(3) 28：63＝4：（　　）　　(4) 48：15＝16：（　　）

(5) 25：70＝（　　）：14　　(6) 120：75＝8：（　　）

復習のポイント!

Aと Bの割合を「A：B」のように表すことを，AとBの「比」といいます。A：Bの両方の数に同じ数をかけたり，両方を同じ数でわったりしてできる比はすべてA：Bに等しくなります。

4 ［等しい比］**次の比を，いちばん簡単《かんたん》な整数の比で表しましょう。**（24点）1つ4

(1) 15：5

(2) 49：91

両方の数に
同じ数をかけたり，
両方を同じ数で
わったりしよう。

(3) 0.8：1.6

(4) 2.1：4.5

(5) $\frac{3}{2}:\frac{5}{4}$

(6) $\frac{5}{3}:\frac{1}{5}$

たいせつ **5** ［長さと比］**長さ2m40cmの針金《はりがね》から，長さの比が 8：7 の2本の針金をつくります。長いほうの針金は何cmですか。**（4点）

たいせつ **6** ［長方形の辺の長さと比］**縦《たて》の長さと横の長さの比が4：9の長方形があります。**

（10点）1つ5

(1) 縦の長さが28cmのとき，横の長さは何cmですか。

(2) 横の長さが45cmのとき，長方形のまわりの長さは何cmですか。

8 比とその利用 ②

月　日

〈時間〉25 分

〈合格〉80 点

〈得点〉　／100

答え → 別冊 8 ページ

たいせつ **1** [比の一方の量を求める] 兄と弟の持っているカードの枚数《まいすう》の比は 4：3 で，兄が持っているカードの枚数は 16 枚です。弟の持っているカードの枚数は何枚ですか。（10 点）

2 [比の一方の量を求める] コーヒーと牛乳を 7：9 の割合《わりあい》で混ぜて，ミルクコーヒーを作ります。コーヒーを 210 mL 使うとき，牛乳は何 mL 必要ですか。（10 点）

たいせつ **3** [決まった比に分ける] 6000 円を，姉と妹で分けます。姉と妹の金額の比が 8：7 になるように分けるとき，姉と妹の金額はそれぞれ何円になりますか。（10 点）

4 [決まった比に分ける] ゆうなさんの通っている小学校の 6 年生は全部で 192 人で，男子児童と女子児童の人数の比は 13：11 です。男子児童と女子児童の人数は，それぞれ何人ですか。（10 点）

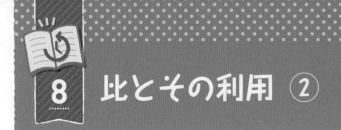

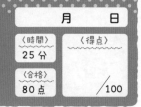

復習のポイント！

比の性質を利用し，比の一方の量を求めたり，全体の量を比によって分けることができます。全体の量をA：Bに分けるときは，全体の量：Aの量＝(A＋B)：A となります。

5 ［時間と比］ さとしさんの家から遊園地まで，バスに乗って行くと1時間25分かかります。また，電車に乗って行くときにかかる時間と，バスに乗って行くときにかかる時間の比は10：17です。電車に乗って行くと何分かかりますか。（15点）

6 ［比の割合から全体の数量を求める］ ゆきさんは料理をするのに，砂糖《さとう》を430g使いました。あと20g使うと，使った砂糖の重さと残りの砂糖の重さの比が5：3になります。はじめに砂糖は何gありましたか。（15点）

7 ［比の割合から全体の数量を求める］ ゆうじさんはある本を84ページ読みました。もし，読んだページ数が6ページ少なければ，読んだページ数と残りのページ数の比が3：5になります。この本は何ページありますか。（15点）

たいせつ **8** ［比の利用］ 6年2組では，サッカーが好きな児童とテニスが好きな児童の人数の比は5：7で，どちらも好きな人はいません。また，どちらも好きではない人は2人います。6年2組全体の人数と，サッカーもテニスも好きではない児童の人数の比が19：1のとき，サッカーが好きな児童は何人ですか。（15点）

9 拡《かく》大《だい》図《ず》と縮《しゅく》図《ず》

月	日
〈時間〉 25分	〈得点〉
〈合格〉 80点	/100

答え → 別冊8ページ

1 [拡《かく》大《だい》図《ず》と縮《しゅく》図《ず》] **下の図で，アの平行四辺形の拡大図と縮図をそれぞれ記号で答えましょう。**（18点）

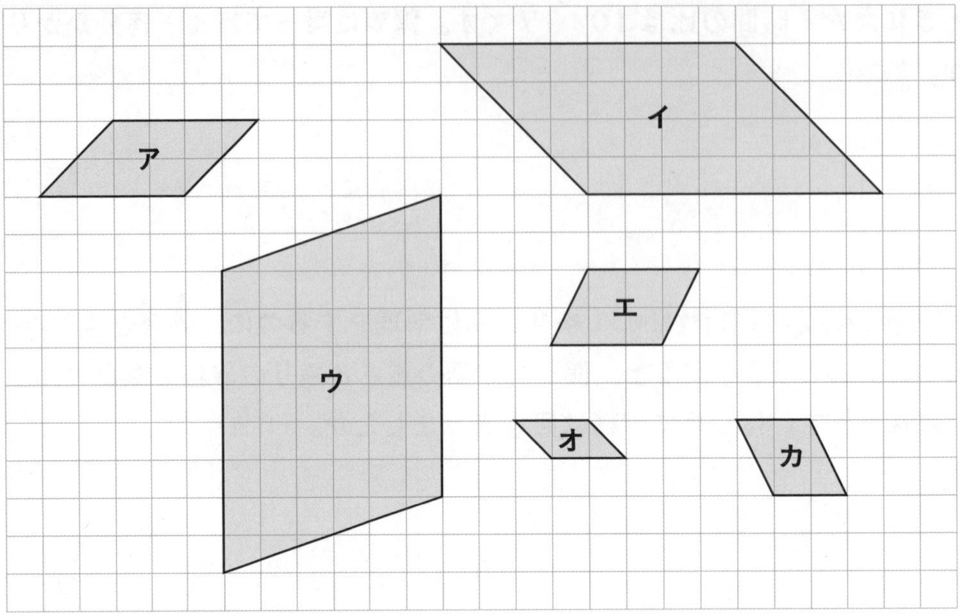

たいせつ **2** [拡大図] **下の三角形DEFは，三角形ABCの3倍の拡大図です。**（32点）1つ8

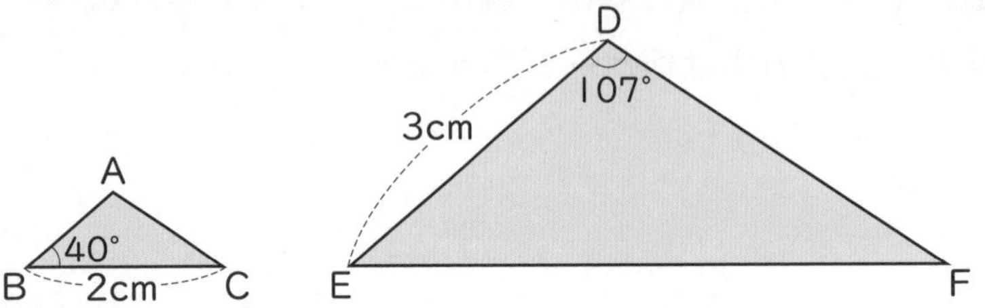

(1) 角Eの大きさは何度ですか。

(2) 辺EFの長さは何cmですか。

(3) 辺ABの長さは何cmですか。

(4) 角Cの大きさは何度ですか。

復習のポイント!

対応する角の大きさがそれぞれ等しく，対応する辺の長さの比が等しくなるようにもとの図を大きくした図を拡大図《かくだいず》，小さくした図を縮図《しゅくず》といいます。

3 [拡大図《かくだいず》と縮図《しゅくず》をかく] **下の四角形の２倍の拡大図と $\frac{1}{2}$ の縮図をかきましょう。**

(20点)

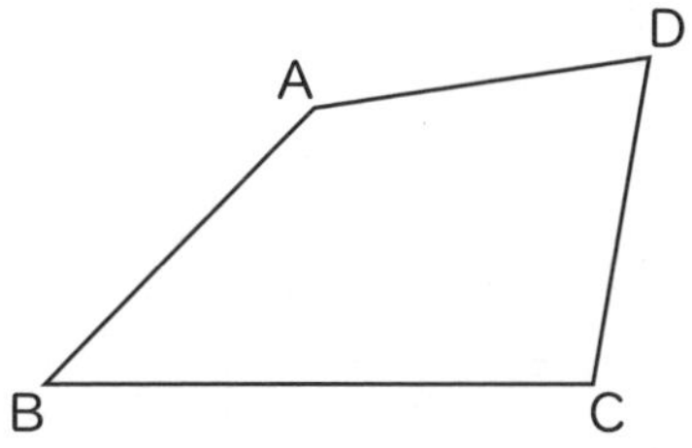

4 [縮図の利用] **80 m のきょりは，縮尺《しゅくしゃく》2000 分の 1 の地図上では何 cm ですか。**

(10点)

たいせつ

5 [縮図の利用] **右の図は，家から駅を通って学校までの縮図です。駅から学校までの実際の長さは 400 m です。**

(20点)1つ10

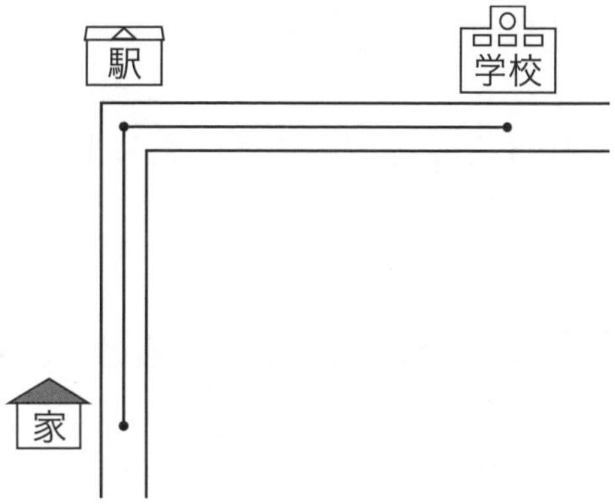

(1) 家から駅を通って学校までの実際の道のりは何 m ですか。

(2) 家から学校までのきょりは何 m ですか。

10 比例と反比例 ①

月　日

〈時間〉25分　〈合格〉80点　〈得点〉　／100

答え→別冊9ページ

たいせつ **1** [比例の関係を見つける] **次のことがらのうち，ともなって変わる2つの量が比例しているものを全部選び，記号で答えましょう。**（10点）

ア 正方形の1辺の長さと面積

イ 1個120円のケーキの個数と代金

ウ 350ページある本の，読んだページ数と残りのページ数

エ 分速70 mで歩くとき，歩いた時間と道のり

オ ばねにおもりをつるすとき，おもりの重さとばねの長さ

2 [長さと面積の関係] **右の表は，縦《たて》の長さがきまっている長方形の横の長さ x cmと面積 y cm^2 の関係を表したものです。**（24点）1つ6

横の長さ x(cm)	1	2	3	4
面積　y(cm^2)	12	24	36	48

(1) 長方形の縦の長さは何cmですか。

(2) 横の長さが7 cmのとき，面積は何cm^{2}ですか。

(3) この長方形の横の長さと面積は比例しますか。

(4) x と y の関係を式に表しましょう。

たいせつ **3** [長さと重さの関係] **次の表は，針金《はりがね》の長さ x mと重さ y gが比例しているようすを表したものです。**

長さ x(m)	1	2	3	4	5	6
重さ y(g)	㋐	㋑	㋒	24	㋓	㋔

(1) 表のあいているところに，あてはまる数を書きましょう。（10点）

(2) 重さが108 gのとき，針金の長さは何mですか。（6点）

復習のポイント！

２つの量 x と y で，x の値《あたい》が２倍，３倍，…となると，y の値も２倍，３倍，…となるとき，y は x に比例するといいます。比例のグラフは，０の点を通る直線です。

4 ［比例のグラフを読む］ **右のグラフは，同じ速さで走る自動車の走った時間 x 分と進んだ道のり y km の関係を表したものです。**（24点）1つ8

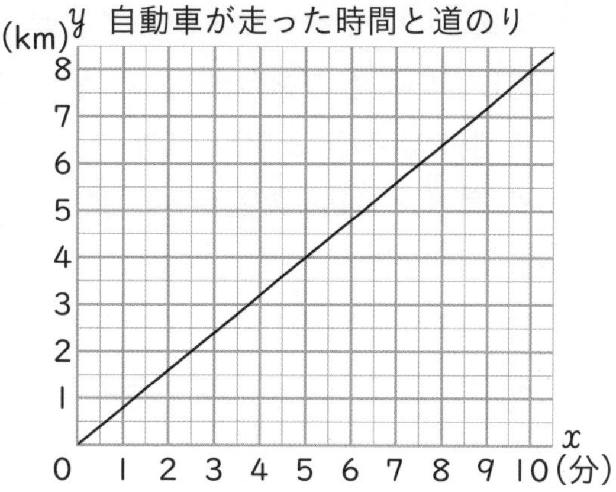

⑴ 自動車が５分間に進んだ道のりは何 km ですか。

⑵ 自動車が８km 進むのにかかった時間は何分ですか。

⑶ x と y の関係を式に表しましょう。

5 ［比例のグラフをかく］ **次の表は，空《から》の水そうに水を入れるとき，時間 x 分と水の深さ y cm が比例しているようすを表したものです。**

時間 x(分)	1	2	3	4	5	6	
深さ y(cm)	㋐	㋑	㋒	10	㋓	㋔	

⑴ 表のあいているところに，あてはまる数を書きましょう。（10点）

⑵ x と y の関係を式に表しましょう。（8点）

⑶ x と y の関係をグラフに表しましょう。（8点）

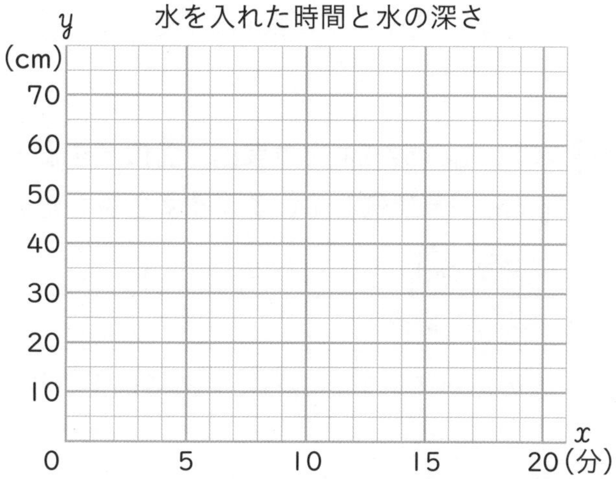

11 比例と反比例 ②

月	日

〈時間〉25分　〈合格〉80点　〈得点〉 /100

答え→別冊9ページ

1 [反比例の関係を見つける] **次のことがらのうち，ともなって変わる2つの量が反比例しているものを全部選び，記号で答えましょう。**（10点）

ア 空《から》の水そうに50Lの水を入れるとき，1分間に入れる水の量とかかる時間

イ 高さが5cmの三角形の底辺の長さと面積

ウ 正方形の1辺の長さとまわりの長さ

エ 4kmの道のりを歩くときの，歩く速さとかかる時間

オ 2L入りのペットボトルのジュースの，飲んだ量と残りの量

2 [縦《たて》と横の長さの関係] **右の表は，面積がきまっている長方形の縦の長さ x cmと横の長さ y cmの関係を表したものです。**（24点）1つ6

縦 x(cm)	1	2	3	4	
横 y(cm)	30	15	10	7.5	

(1) 長方形の面積は何 cm^2 ですか。

(2) 縦の長さが10cmのとき，横の長さは何cmですか。

(3) この長方形の縦の長さと横の長さは反比例しますか。

(4) x と y の関係を式に表しましょう。

たいせつ **3** [底辺と高さの関係] **次の表は，面積がきまっている三角形の底辺 x cmと高さ y cmが反比例しているようすを表したものです。**

底辺 x(cm)	1	2	3	4	5	
高さ y(cm)	㋐	㋑	㋒	6	㋓	

(1) 表のあいているところに，あてはまる数字を書きましょう。（8点）

(2) 高さが10cmのとき，底辺は何cmですか。（6点）

復習のポイント!

2つの量 x と y で，x の値《あたい》が2倍，3倍，…となると，y の値が $\frac{1}{2}$ 倍，$\frac{1}{3}$ 倍，…となるとき，y は x に反比例するといいます。反比例のグラフは，0の点を通らない曲線になります。

4 [水の量と時間の関係] **12 m³ の空《から》の水そうに水を入れるとき，水を入れるのにかかる時間は1時間に入れる水の量に反比例します。1時間に入れる水の量を x m³，かかる時間を y 時間として，x と y の関係を式に表しましょう。**（12点）

5 [時速と時間の関係] **48 km の道のりを行くとき，かかる時間は進む速さに反比例します。時速を x km，かかる時間を y 時間として，x と y の関係を式で表しましょう。**（12点）

6 [反比例のグラフをかく] **次の表は，面積がきまっている平行四辺形の底辺 x cm と高さ y cm の関係を表したものです。**

底辺 x(cm)	1	2	3	4	5	6	9	18
高さ y(cm)	㋐	㋑	㋒	4.5	㋓	㋔	2	㋕

(1) 表のあいているところに，あてはまる数を書きましょう。（12点）

(2) x と y の関係を式に表しましょう。（8点）

(3) x と y の関係をグラフに表しましょう。（8点）

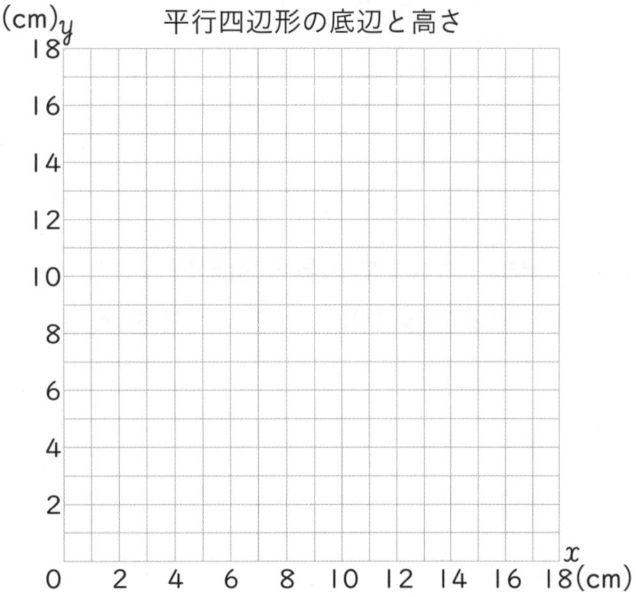

12 立体の体積

月　日
〈時間〉25分
〈合格〉80点
〈得点〉/100

答え → 別冊 10 ページ

たいせつ **1** 〔角柱の体積〕**次の角柱の体積を求めましょう。**（32点）1つ8

(1)

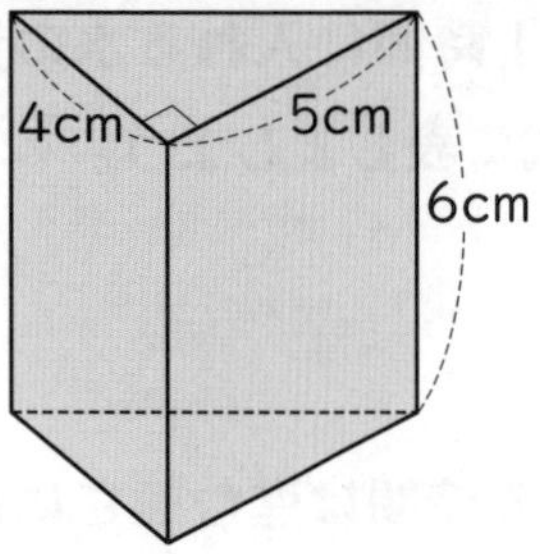

(2)

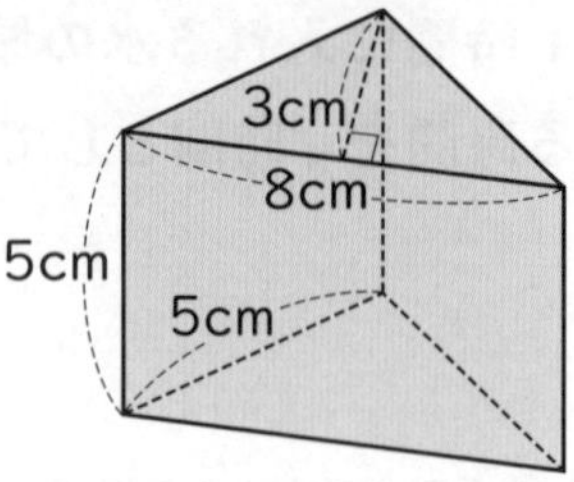

(3)

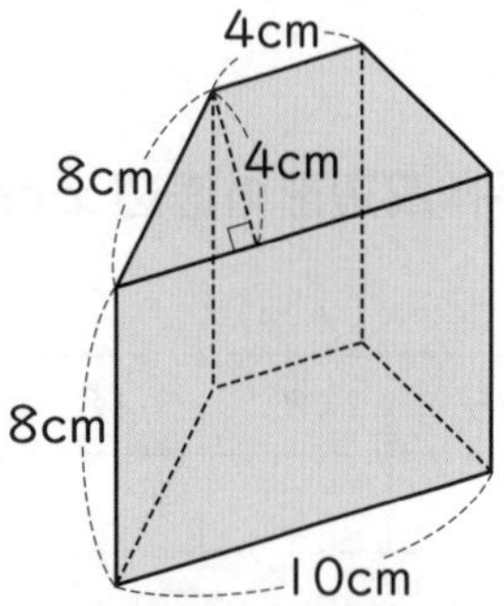

（底面は台形）

(4)

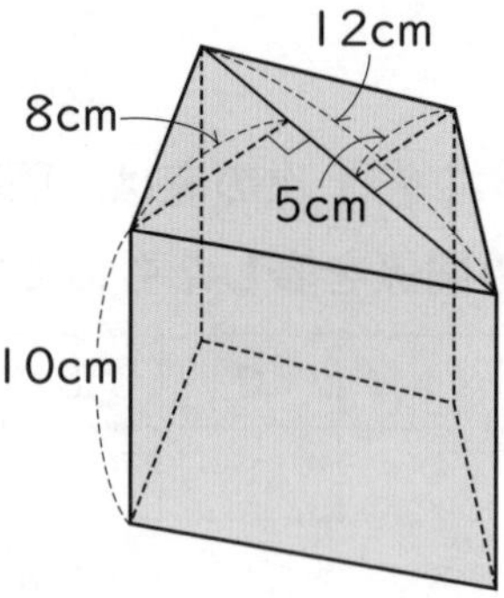

2 〔展《てん》開《かい》図《ず》と体積〕**右の展開図を組み立ててできる立体の体積は何 cm³ ですか。**（6点）

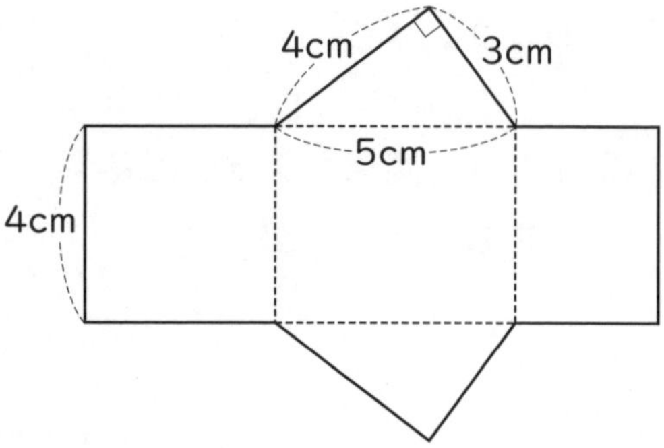

復習のポイント!

角柱や，円柱の底面の面積を，底面積といいます。角柱・円柱の体積は，底面積×高さ で求められます。

3 〔円柱の体積〕 **次の立体の体積を求めましょう。**（32 点）1 つ 8

(1)

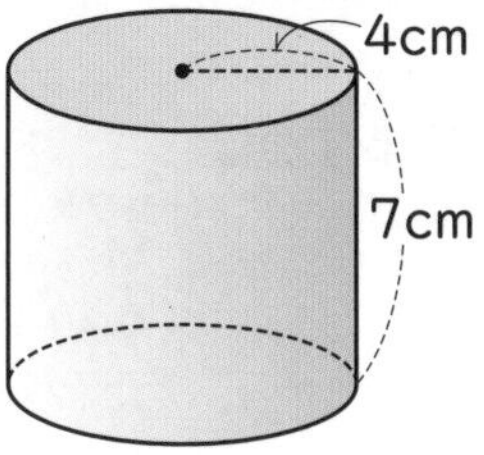

(2)

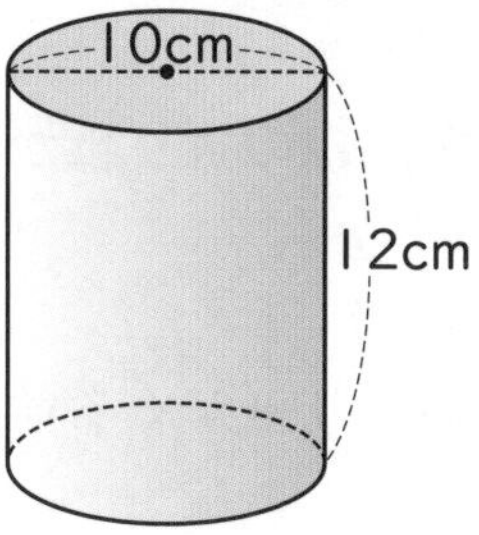

(3)

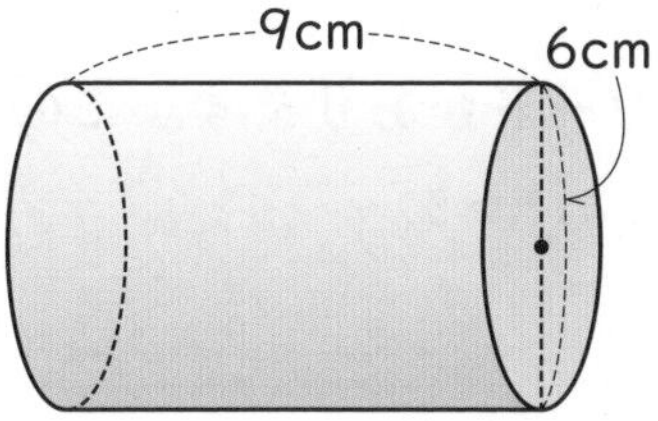

(4)

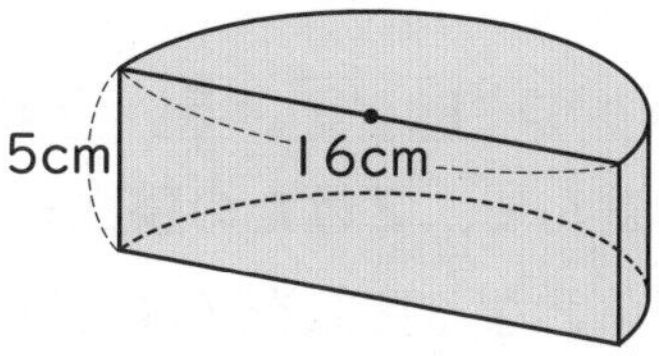

4 〔立体の底面積と高さ〕 **次のような立体の底面積や高さ，底面の半径を求めましょう。**（30 点）1 つ 10

(1) 体積が 120 cm^3 で，高さが 5 cm の三角柱の底面積

(2) 体積が 192 cm^3 で，底面積が 32 cm^2 の五角柱の高さ

(3) 体積が 942 cm^3 で，高さが 3 cm の円柱の底面の半径

13 場合の数

月　日

〈時間〉25分　〈合格〉80点　〈得点〉　／100

答え → 別冊10ページ

1 [折り紙の並《なら》べ方] **赤，青，黄，緑の折り紙があります。この折り紙を一列に並べます。**（15点）1つ5

(1) いちばん左から黄，緑の折り紙がくる並べ方は何通りありますか。

(2) いちばん左に赤の折り紙がくる並べ方は何通りありますか。

(3) 折り紙の並べ方は全部で何通りありますか。

たいせつ **2** [カードの並べ方] **1，3，5，7の4枚《まい》の奇数《きすう》のカードがあります。このうちの2枚を選んで，2けたの整数をつくります。**（15点）1つ5

(1) 十の位が1となる整数をすべて書きましょう。

(2) 2けたの整数は全部で何通りできますか。

(3) 35より大きい整数は全部で何通りできますか。

3 [10円玉の表と裏《うら》の出方] **10円玉が1枚あります。これを続けて4回投げます。**

（21点）1つ7

(1) 1回目に表が出る出方は何通りありますか。

(2) 1回だけ裏が出る出方は何通りありますか。

(3) 表と裏の出方は全部で何通りありますか。

復習のポイント!

並《なら》べ方や目の出方を考えるときは，図や表にかいて調べるとわかりやすいです。また，組み合わせ方では，たとえば，AとBと，BとAは同じ組み合わせなので，重ならないように気をつけましょう。

4 〔組み合わせ方〕 **A，B，C，Dの４人の中から，リレーの選手を２人選びます。**

（10点）1つ5

(1) Dが選ばれる選び方は何通りありますか。

(2) 全部の選び方は何通りありますか。

5 〔組み合わせ方〕 **右のような４種類のお金が１枚《まい》ずつあります。このうち，２枚を組み合わせます。** （18点）1つ6

(1) 100円玉を使う組み合わせ方は何通りありますか。

(2) ２枚を組み合わせてできる金額のうち，100円より小さい金額は何通りありますか。

(3) ２枚を組み合わせてできる金額は，全部で何通りありますか。

6 〔組み合わせ方〕 **男の子３人，女の子２人の中から，代表を２人選びます。**

（21点）1つ7

(1) ２人とも男の子となる選び方は何通りありますか。

(2) 男の子と女の子が１人ずつになる選び方は何通りありますか。

(3) 選び方は全部で何通りありますか。

14 資料のちらばり

月　日

〈時間〉25分　〈合格〉80点　〈得点〉　/100

答え→別冊11ページ

たいせつ **1** 〔資料の整理〕**次の表は，さくらさんのクラスの今朝の登校にかかった時間を調べたものです。**（40点）1つ10

番号	時間(分)	番号	時間(分)	番号	時間(分)	番号	時間(分)
①	13	⑧	24	⑮	4	㉒	18
②	5	⑨	8	⑯	7	㉓	12
③	17	⑩	13	⑰	12	㉔	19
④	20	⑪	13	⑱	16	㉕	8
⑤	4	⑫	18	⑲	24	㉖	10
⑥	14	⑬	21	⑳	12	㉗	13
⑦	19	⑭	9	㉑	11	㉘	14

(1) 平均《へいきん》値《ち》は何分ですか。

(2) ちらばりのようすを，ドットプロットに表しましょう。

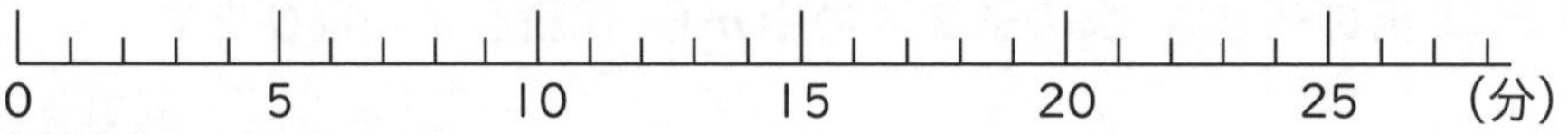

(3) 中央《ちゅうおう》値《ち》は何分ですか。

(4) 最頻《さいひん》値《ち》は何分ですか。

復習のポイント!

資料の値の平均を平均値《へいきんち》，資料の値を大きさの順に並べたときのちょうど真ん中の値を中央値《ちゅうおうち》，資料の中でいちばん多い値を最《さい》頻値《ひんち》といいます。

2 [ちらばりのようす] **右の度数分布表は，ある学級のソフトボール投げの結果を調べて，整理したものです。**

（60点）1つ 12

ソフトボール投げの記録

きょり（m）	人数（人）
以上　未満 5～10	2
10～15	6
15～20	
20～25	12
25～30	8
30～35	3
合計	40

⑴ 15 m 以上 20 m 未満の人数は何人ですか。

⑵ いちばん人数が多いのは，何 m 以上何 m 未満の階級ですか。

⑶ 投げたきょりが長い人から順に並《なら》んだとき，まん中に並ぶ2人は，何 m 以上何 m 未満の階級に入っていますか。

⑷ ちえ子さんは 15 m 投げました。ちえ子さんより投げたきょりが短い人は何人いますか。

⑸ この表を柱状グラフ（ヒストグラム）に表しましょう。

ソフトボール投げの記録

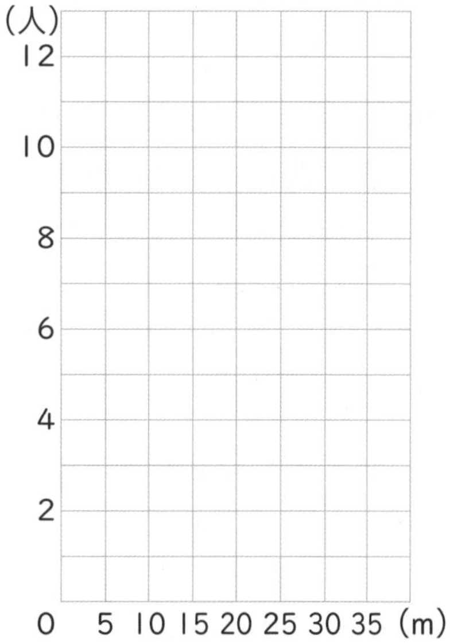

15 問題の考え方 ①

月　日

〈時間〉25 分

〈合格〉80 点

〈得点〉/100

答え → 別冊 11 ページ

1 〔速さの和や差を使って解く問題〕**普通《ふつう》列車は時速 75 km，急行列車は時速 90 km で走ります。**（30 点）1 つ 10

(1) 普通列車はＡ駅からＢ駅に向かい，急行列車はＢ駅からＡ駅に向かって同時に発車します。また，Ａ駅とＢ駅は 33 km はなれています。普通列車と急行列車は発車してから何分後にすれちがいますか。

(2) Ａ駅からＣ駅まで，普通列車で行くと 36 分かかります。Ａ駅からＣ駅まで，急行列車で行くと何分かかりますか。

(3) 普通列車がＡ駅を発車してから 12 分後に，同じ方向に進む急行列車がＡ駅を通過しました。普通列車が止まらずに走り続けているとき，急行列車が普通列車を追いこすのは，Ａ駅を通過してから何分後ですか。

たいせつ **2** 〔速さの和や差を考えて解く問題〕**ある池のまわりの遊歩道を 1 周するのに，兄は 20 分，弟は 25 分かかります。**（20 点）1 つ 10

(1) Ａ地点から反対方向に，同時に出発すると，兄と弟が出会うのは出発してから何分後ですか。

(2) Ａ地点から同じ方向に，同時に出発すると，兄が弟に追いつくのは出発してから何分後ですか。

復習のポイント！

速さ，道のり，時間の関係は，
速さ＝道のり÷時間，道のり＝速さ×時間，時間＝道のり÷速さ
で表されます。

たいせつ **3** ［グラフと速さ］**右のグラフは，姉と妹が家から 1200 m はなれた公園に行ったときの時間と道のりの関係を表しています。妹は家を出発してから 20 分後に公園に到着《とうちゃく》しました。**

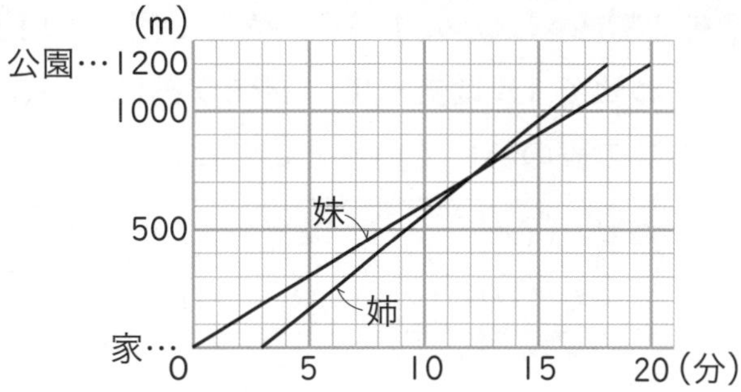

（30点）1つ 10

⑴ 姉が歩く速さは分速何 m ですか。

⑵ 姉が妹に追いつくのは，妹が家を出発してから何分後ですか。

⑶ 姉が妹に追いついた地点から公園まで何 m ありますか。

たいせつ **4** ［グラフと速さ］**右のグラフは，兄と弟が家を同時に出発して，図書館まで行ったときの時間と道のりの関係を表しています。兄は分速 200 m の自転車で休みなしで進み，弟は分速 80 m で歩き，バス停で少し待ってバスに乗り，兄と弟は同時に図書館に到着しました。**（20点）1つ 10

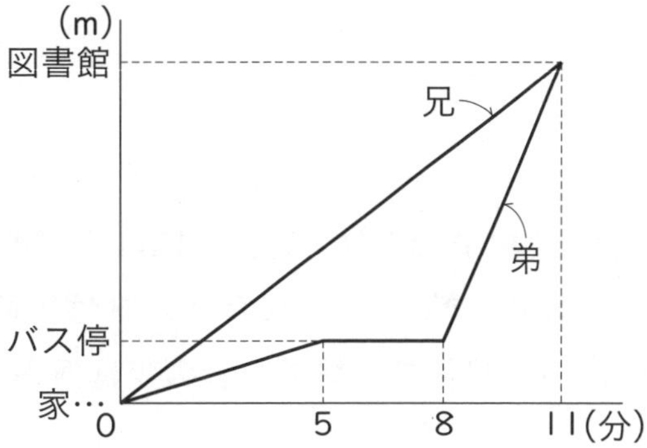

⑴ 弟がバスを待っていたのは何分間ですか。

⑵ バスの時速は何 km ですか。

16 問題の考え方 ②

月　日

〈時間〉25 分　〈合格〉80 点　〈得点〉　／100

答え → 別冊 12 ページ

1 〔表から変わり方のきまりを見つけて〕 **1 個 120 円のプリンと 1 個 160 円のケーキをあわせて 13 個買って，1760 円はらいました。**

(1) 次の表のあいているところにあてはまる数を書きましょう。（16 点）

プリン(個)	1	2	3	4	5	6	7	8	9	
ケーキ(個)	12	11	10	9	8	7	6	5	4	
代金（円）	2040	㋐	㋑	㋒	㋓	㋔	㋕	㋖	㋗	

(2) プリンとケーキはそれぞれ何個買いましたか。（4 点）

2 〔変わり方を調べて〕 **6 年生 136 人で，1 チーム 5 人のバスケットボールチームと 1 チーム 11 人のサッカーチームをつくると，あわせて 20 チームできました。バスケットボールチームとサッカーチームはそれぞれ何チームできましたか。**

（10 点）

たいせつ **3** 〔変わり方を調べて〕 **現在，姉は 2500 円，妹は 1000 円の貯金があります。今月から，姉は毎月 300 円，妹は毎月 200 円貯金していきます。**（20 点）1 つ 10

(1) 3 か月目の姉妹の貯金の差は何円ですか。

(2) 姉の貯金が妹の貯金の 2 倍になるのは何か月目ですか。

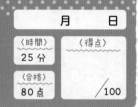

復習のポイント!

2つの量が比例しない問題では，表をかいて，変わり方のきまりを見つけると，簡単《かんたん》になります。また，割合《わりあい》を使う問題は，全体を1として他の数量を分数で表して問題を解くことができます。

4 ［変わり方を調べて］**320 ページある本を，兄は毎日 12 ページずつ，弟は毎日 8 ページずつ同時に読み始めました。兄の本の残りのページ数が，弟の本の残りのページ数の $\frac{1}{2}$ になるのは，読み始めてから何日目ですか。**（10 点）

5 ［割合《わりあい》の和を考えて解く問題］**プールに水を入れるのに，Aのポンプではいっぱいになるのに 20 時間かかりますが，Bのポンプでは5時間でいっぱいになります。**

（20 点）1つ 10

(1) Aのポンプを3時間使うと，プールに全体のどれだけの量の水がはいりますか。

(2) AとBの両方のポンプを同時に使って水を入れると，いっぱいになるのに何時間かかりますか。

たいせつ

6 ［割合を使った問題］**ある小学校では，全校児童の $\frac{3}{16}$ がめがねをかけています。そのうち，$\frac{2}{5}$ が男子で，36 人います。**（20 点）1つ 10

(1) めがねをかけている女子は何人いますか。

(2) この小学校には，何人の児童がいますか。

17 仕上げテスト

月　日

〈時間〉35分

〈合格〉80点

〈得点〉

/100

答え→別冊12ページ

1 ［分数の計算，小数と分数の混じった計算］**次の計算をしましょう。**（24点）1つ4

(1) $\frac{4}{35}\times 7$　　(2) $\frac{3}{5}\times\frac{10}{21}$　　(3) $1.2\times\left(\frac{1}{3}+\frac{5}{9}\right)$

(4) $16\div 4\frac{4}{9}$　　(5) $\frac{11}{18}\div\frac{22}{27}$　　(6) $2.8\div\frac{9}{5}+1.7\div\frac{9}{5}$

2 ［文字と式］**次の式の x にあてはまる数を求めましょう。**（16点）1つ4

(1) $6+x=15$　　(2) $x-9=27$

(3) $8\times x=152$　　(4) $x\div 4=32$

3 ［比を使った問題］**兄のおこづかいは3000円です。兄のおこづかいが200円増えると，兄のおこづかいと弟のおこづかいの比は16：9になります。弟のおこづかいは何円ですか。**（5点）

4 ［拡大図《かくだいず》と縮図《しゅくず》］**$\frac{1}{5000}$ の地図上で2.5 cmの長さは，実際は何mですか。**

（5点）

5 [比例・反比例の関係を見つける] **次のことがらのうち，ともなって変わる2つの量が比例しているものと反比例しているものをそれぞれ全部選び，記号で答えましょう。**（6点）

ア 6 km の道のりを歩くときの，歩く速さとかかる時間

イ 分速 120 m で走るとき，走った時間と道のり

ウ 280 ページある本の，読んだページ数と残りのページ数

エ 1個 150 円のプリンの個数と代金

オ 空《から》の水そうに 140 L の水を入れるとき，1分間に入れる水の量とかかる時間

6 [2つの量の関係] **右のグラフは，Aさんと B さんがそれぞれ自分の家を同時に出発し，学校まで歩いたときの時間と道のりの関係を表しています。**（16点）1つ8

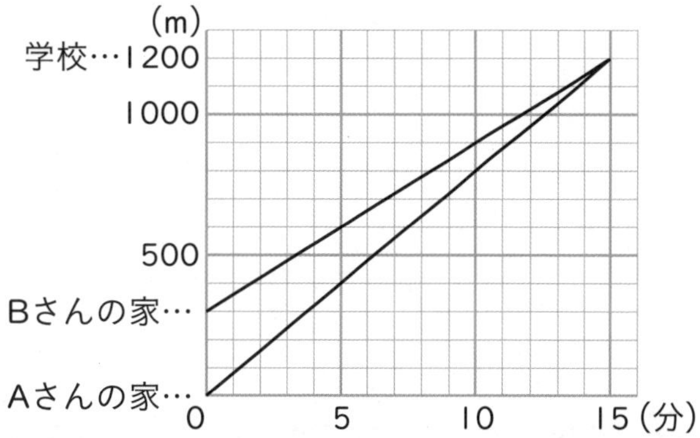

(1) Bさんの歩く速さは分速何 m ですか。

(2) Aさんがグラフと同じ速さで 1600 m はなれた図書館まで歩くとき，Aさんは図書館まで何分かかりますか。

7 [組み合わせ方] **10 円玉，50 円玉，100 円玉，500 円玉がそれぞれ1枚《まい》ずつあります。このうち，3枚を組み合わせてできる金額をすべて答えましょう。**

（8点）

8 〔対称《たいしょう》な図形〕 **次のア〜オの図形について，線対称でもあり，点対称でもある図形を全部選び，記号で答えましょう。**（4点）

ア 正三角形　**イ** ひし形　**ウ** 正方形　**エ** 円　**オ** 正八角形

9 〔円の面積と立体の体積〕 **次の図形で，⑴は色をつけた部分の面積，⑵は色をつけた部分の体積を求めましょう。**（8点）1つ4

⑴

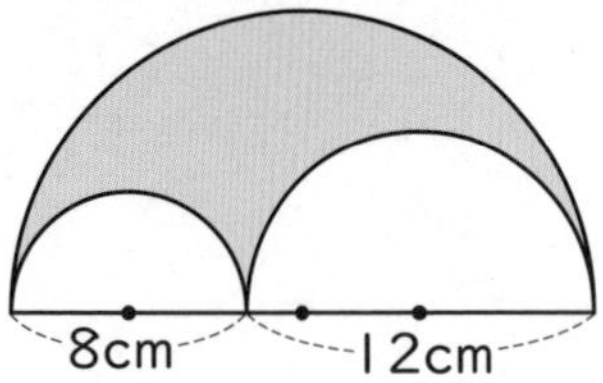

⑵

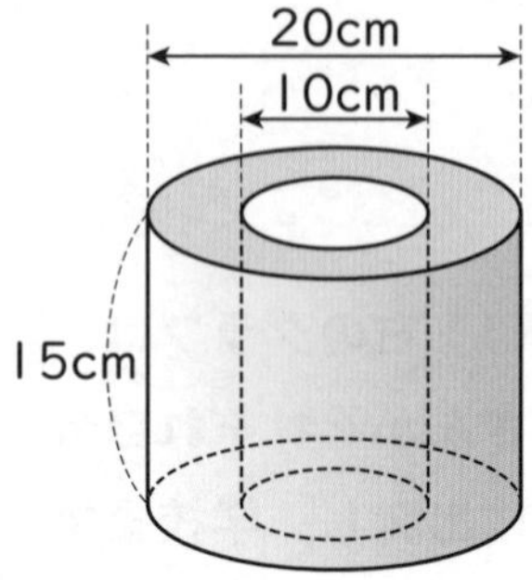

10 〔資料の整理〕 **右の表は，りくさんのクラスの男子児童が，昨日家で読書をした時間を調べたものです。**（8点）1つ4

番号	時間(分)	番号	時間(分)
①	22	⑧	23
②	18	⑨	28
③	14	⑩	15
④	26	⑪	20
⑤	24	⑫	23
⑥	17	⑬	16
⑦	18	⑭	23

⑴ ちらばりのようすを，ドットプロットに表しましょう。

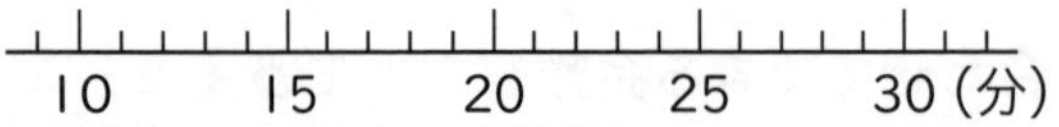

⑵ 平均値《へいきんち》，最頻値《さいひんち》，中央値《ちゅうおうち》をそれぞれ求めましょう。

6年 社会

はじめに

６年生の社会では，わたしたちが住んでいる国や市の政治のしくみ，さまざまな機関の役割《やくわり》を学びます。また，日本や世界の古代から現代までの歴史を学び，どのようなできごとがあって現在の日本や世界のしくみができたのかを考えます。さらに，これからのグローバル社会において，日本や世界の役割がどのようなものなのか，日本にかかわりが深い国や国際社会のしくみを学びながら，理解を深めていきます。

1 憲法《けんぽう》とくらし

月　日

〈時間〉20分　〈合格〉80点　〈得点〉　/100

答え→別冊13ページ

たいせつ **1** [日本国憲法《けんぽう》の3つの原則] **次のA～Cは日本国憲法の3つの原則です。これを見て，あとの問いに答えましょう。**

A　日本の政治の進め方を最終的に決めるのは，国民であるということ。

B　二度と戦争を行わず，世界の平和を求めていくこと。

C　人間が生まれながらにしてもつ，自由で平等に生きる権利《けんり》を大切にすること。

(1)　A～Cの原則をそれぞれ何というか，答えましょう。(12点)1つ4

A(　　　　　)　B(　　　　　)　C(　　　　　)

(2)　Aについて，次の問いに答えましょう。

①　右の図は，Aの原則の主な例を示したものです。図中のa～dにあてはまるものを，あとのア～エから選び，記号で答えましょう。(16点)1つ4

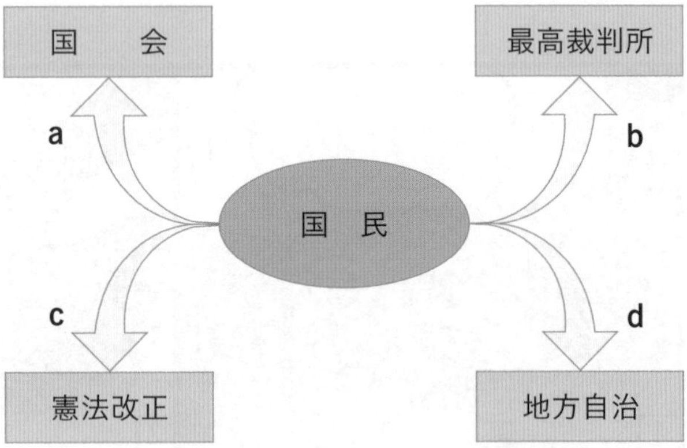

a(　　)　b(　　)　c(　　)　d(　　)

ア　国会議員の選挙

イ　国民投票

ウ　最高裁判所《さいばんしょ》の裁判官の国民審査《しんさ》

エ　首長・議員の選挙，条例の制定の請求《せいきゅう》

②　国民や代表者によって，国民のために行われる政治を何というか，答えましょう。(4点)

(　　　　　政治)

(3)　Bについて，次の問いに答えましょう。8点(1つ4)

①　Bの原則は，日本国憲法の前文と，第何条で定められていますか。

(第　　　条)

②　Bの原則にもとづいて，平和や核《かく》兵器をなくすことを宣言《せんげん》している市町村もあります。この宣言を何というか，答えましょう。

(　　　　　宣言)

復習のポイント！

日本国憲法《けんぽう》は，国のきまりのなかで最高のものです。そこに定められている基本的人権《じんけん》については，自分の権利《けんり》を主張することができると同時に，ほかの人の権利も大切にする必要があります。

たいせつ **2** ［基本的人権の内容］**次の文を読んで，あとの問いに答えましょう。**

A すべての国民は，法の下《もと》に平等であって，人種，信条，性別，社会的身分などによって差別されない。

B 国民は，個人の自由が保障《ほしょう》される。

C 国民には，a選挙権とb被《ひ》選挙権があたえられる。

D 国民は，だれでも健康で文化的な最低限度の生活を営む権利を有する。

E 国民には，裁判《さいばん》を受ける権利や，国や地方公共団体が国民にあたえた損害に対して賠償《ばいしょう》を請求《せいきゅう》する権利がある。

(1) 基本的人権は日本国憲法において，何に反しない限り永久の権利として認《みと》められると定められていますか。（5点）（　　　）

(2) 上の文はそれぞれ，何という基本的人権について説明したものですか。次から選び，記号で答えましょう。（25点）1つ5

A（　　）　B（　　）　C（　　）　D（　　）　E（　　）

ア 参政権　イ 社会権　ウ 自由権　エ 平等権　オ 請求権

(3) 文中の下線部aについて，選挙権があたえられるのは何才以上の国民ですか。

（　　　才以上）（5点）

(4) 文中の下線部bについて，被選挙権の年れいが異《こと》なるものを次から選び，記号で答えましょう。（5点）（　　）

ア 市(区)町村長　イ 都道府県知事　ウ 衆議院議員　エ 地方議会議員

(5) (4)で答えたものの被選挙権を次から選び，記号で答えましょう。（5点）（　　）

ア 20才以上　イ 25才以上　ウ 30才以上　エ 35才以上

3 ［国民の義務］**憲法では，国民に権利を認めているほか，義務を定めています。国民の義務について述べた次の文中の（　）にあてはまることばを答えましょう。**

（15点）1つ5

(1) 子どもに（　　　）を受けさせる義務

(2) （　　　）について働く義務

(3) （　　　）をおさめる義務

2 わたしたちのくらしと政治

月　日

〈時間〉20分　〈合格〉80点　〈得点〉/100

答え→別冊13ページ

1 〔住民の願いと政治〕**次の図は，住民の願いが実現されるまでの流れを示したものです。これを見て，あとの問いに答えましょう。**

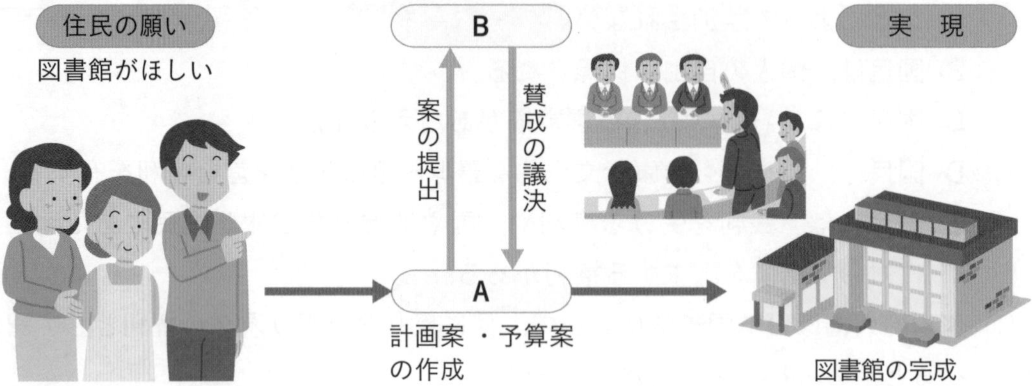

(1) 地方公共団体が地域《ちいき》の住民のためにつくる公共施設《しせつ》としてあてはまらないものを次から選び，記号で答えましょう。(5点)　(　　)

ア デパート　**イ** 公園　**ウ** 市民病院　**エ** 福祉《ふくし》センター

(2) 地方公共団体の仕事としてあてはまらないものを次から選び，記号で答えましょう。(5点)　(　　)

ア 郵便《ゆうびん》　**イ** 消防　**ウ** ごみの処理《しょり》　**エ** 水道

(3) 図中の**A**・**B**にあてはまることばを次から選び，記号で答えましょう。

A(　　)　B(　　)(10点)1つ5

ア 議会　**イ** 国会　**ウ** 市役所　**エ** 国土交通省

(4) 地方公共団体が制定する，その地域でのみ適用されるきまりを何というか，答えましょう。(5点)　(　　)

(5) 次の文中の(　)にあてはまることばを答えましょう。(10点)1つ5

①(　　)　②(　　)

- 地域の公共施設の建設には，住民や会社がおさめる(①)や，国から受ける補助金《ほじょきん》などが使われます。
- 公共施設の建設などのように，地域の住民たちが願いを自分たちの手で実現していくことを(②)といいます。

復習のポイント!

地方公共団体の政治は，知事・市(区)町村長と議員によって進められます。国の政治は，国会・内閣《ないかく》・裁判所《さいばんしょ》の３つの機関が仕事を分担《ぶんたん》して進めています。３つの機関の役割《やくわり》を理解しておきましょう。

たいせつ **2** 〔政治のしくみ〕 **次の表を見て，あとの問いに答えましょう。**

機関	役割
国会	選挙で選ばれた国会議員が，日本の政治の方針《ほうしん》を話し合って決める機関。(**a**)と参議院の二院で構成されている。
内閣	国会で決めた法律《ほうりつ》や予算にもとづいて，実際の政治を行う機関。最高責任者は(**b**)である。
裁判所	日本の最高法規である(**c**)や法律にもとづいて，人々の争いごとを解決したり，罪のあるなしを決めたりする機関。裁判所の(**d**)に納得《なっとく》できないときは，さらに上級の裁判所にうったえることができる。

⑴ 表中の **a**～**d** にあてはまることばを答えましょう。(20点)1つ5

a(　　　　　　) **b**(　　　　　　)

c(　　　　　　) **d**(　　　　　　)

⑵ 表中の下線部について，右の図は裁判所のしくみを表したものです。図中の **A**～**C** にあてはまることばを次の **ア**～**ウ** から選び，記号で答えましょう。(15点)1つ5

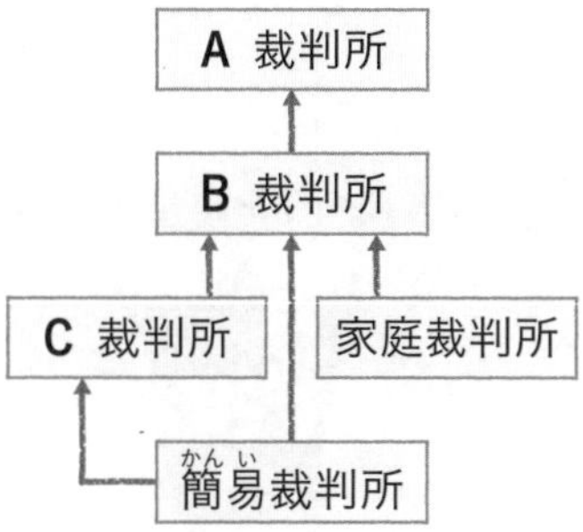

A(　　) **B**(　　) **C**(　　)

ア 高等　**イ** 地方　**ウ** 最高

⑶ 次の①～⑥について，国会の仕事には **A** を，内閣の仕事には **B** を(　)に書きましょう。(30点)1つ5

① 国の法律を定める。(　　)

② 外国と条約を結ぶ。(　　)

③ 国の収入《しゅうにゅう》と支出(予算)を決める。(　　)

④ 外国と結んだ条約を認《みと》める。(　　)

⑤ 裁判官を裁判する。(　　)

⑥ 法律案や予算案をつくる。(　　)

3 日本のあけぼの

月　日

〈時間〉20分　〈合格〉80点　〈得点〉　/100

答え → 別冊14ページ

たいせつ **1** ［縄文《じょうもん》・弥生《やよい》時代］ **次の年表を見て，あとの問いに答えましょう。**

時代	年	主なできごと
縄文時代[a]		かりや漁のくらしをする
弥生時代		大陸から伝えられた(b)が広まる
		各地に小さなくにができる
	239	(c)が中国に使いを送る

(1) 傍線部《ぼうせんぶ》 a について，当時の人々が食べ物の残りかすなどを捨《す》てたごみ捨て場のあとを何といいますか。(4点)　(　　　)

(2) (b)にあてはまることばを次から選び，記号で答えましょう。(4点)　(　　　)

ア キリスト教　**イ** 米づくり　**ウ** たて穴《あな》住居

(3) (c)について答えましょう。(8点)1つ4

① (c)にあてはまる，30あまりの小さなくにをしたがえていた女王の名まえを答えましょう。　(　　　)

② (c)が治めていたくにの名まえを答えましょう。　(　　　)

2 ［縄文・弥生時代の文化］ **次の絵を見て，あとの問いに答えましょう。**

A 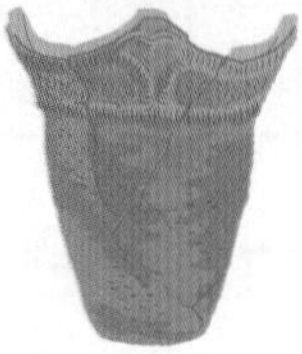
B 
C 
D 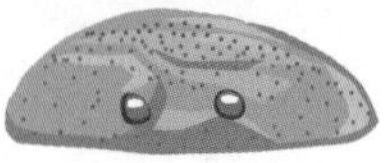

(1) 縄文時代のものをA～Dから1つ選び，記号で答えましょう。(6点)　(　　　)

(2) A～Dの説明として正しいものを次から選び，それぞれ記号で答えましょう。

A(　　　) B(　　　) C(　　　) D(　　　)(24点)1つ6

ア 表面に縄目《なわめ》の文様があるものが多く，厚いがもろい土器

イ 祭りのときなどに用いた金属器

ウ そうしょくが少なく，うすくてかたい土器

エ 稲《いね》の穂《ほ》をかり取るときに使う道具

復習のポイント！

弥生《やよい》時代になると人々は生活の中心である米づくりに便利な低地に定住するようになりました。また，３世紀後半ごろから，各地に大王《おおきみ》や豪族《ごうぞく》の墓である古墳《こふん》がつくられはじめました。

たいせつ

3 ［縄文《じょうもん》・弥生時代の遺跡《いせき》］ **次の地図を見て，あとの問いに答えましょう。**

⑴ 次の遺跡の位置を右の地図中の**ア**～**エ**から選び，記号で答えましょう。（18点）1つ6

A 登呂《とろ》遺跡　（　　）

B 三内丸山《さんないまるやま》遺跡　（　　）

C 吉野ヶ里《よしのがり》遺跡　（　　）

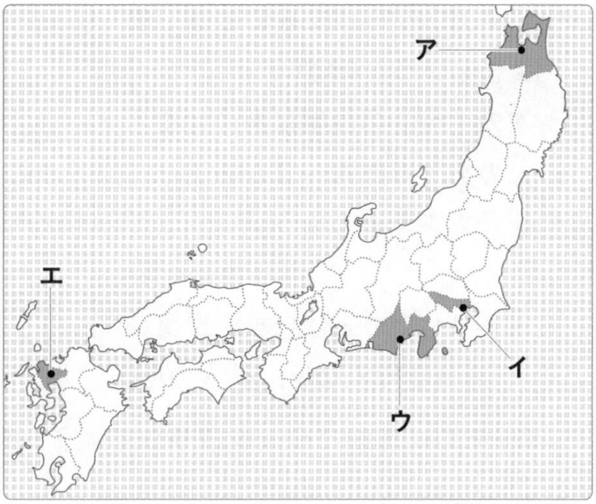

⑵ 次の説明にあてはまる遺跡を⑴の**A**～**C**から選び，記号で答えましょう。（12点）1つ6

① 高い物見やぐらがあり，周囲がほり・さくで囲まれている集落のあとがある弥生時代の遺跡である。　（　　）

② 巨大《きょだい》な掘立柱《ほったてばしら》の建物が復元されている縄文時代の遺跡である。　（　　）

4 ［大和朝廷《やまとちょうてい》］ **次の文を読んで，あとの問いに答えましょう。**（24点）1つ8

　４世紀ごろ，<u>近畿《きんき》地方</u>の奈良盆地《ならぼんち》を中心に大きなくにができ，まわりのくにの王をしたがえて日本の統一をはじめました。この政権を大和朝廷といいます。大和朝廷は５～６世紀ごろには，九州《きゅうしゅう》から東北《とうほく》の南部までをしたがえるようになりました。

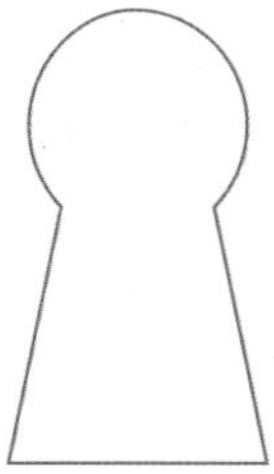

⑴ 下線部の地方などには，右の図のような巨大な古墳がたくさんつくられました。右の図のような形の古墳を何といいますか。

（　　　　）

⑵ 古墳のまわりに置かれた焼き物を何といいますか。

（　　　　）

⑶ ５～６世紀ごろに中国《ちゅうごく》や朝鮮《ちょうせん》から伝わったものとして正しいものを次から選び，記号で答えましょう。　（　　）

ア 土偶《どぐう》　**イ** 漢字　**ウ** 金属器　**エ** 石包丁《いしぼうちょう》

4 貴族《きぞく》の政治

月　日

〈時間〉20分
〈合格〉80点
〈得点〉／100

答え→別冊14ページ

1 ［飛鳥《あすか》・奈良《なら》時代の政治］**次の年表を見て，あとの問いに答えましょう。**

年	主なできごと
593	聖徳太子が推古《すいこ》天皇の(a)になる
603	A冠位十二階《かんいじゅうにかい》の制度を定める
604	B十七条の憲法《けんぽう》を定める
607	小野妹子《おののいもこ》がC遣隋使《けんずいし》としてはけんされる
	(b)が建てられる
743	D聖武天皇が大仏造立の詔《みことのり》を出す

(1) (a)にあてはまることばを答えましょう。(4点)（　　）

(2) 次の①〜③の説明にあてはまるものを下線部A〜Cから選び，記号で答えましょう。

(12点)1つ4

① 争いごとをなくす，天皇《てんのう》の命令を守るなど，役人の心がまえを示した。（　　）

② 能力に応じて役人を取り立てようとした。（　　）

③ 中国《ちゅうごく》の進んだ政治のしくみや文化を取り入れようとした。（　　）

(3) (b)にあてはまる，聖徳太子《しょうとくたいし》が建てた，現存《げんそん》する世界最古の木造建築の名まえを答えましょう。(4点)（　　）

(4) 下線部Dについて，聖武《しょうむ》天皇は仏教の力を借りて不安な世の中を安定させようとしました。聖武天皇が国ごとに建てることを命じたものを2つ答えましょう。

（　　）（　　）(8点)1つ4

2 ［大化《たいか》の改新《かいしん》］**大化の改新について，次の問いに答えましょう。**

(1) 中臣鎌足《なかとみのかまたり》とともに大化の改新の中心となった人物の名まえを答えましょう。

（　　）(6点)

(2) 次の文は，大化の改新が行われた理由について説明したものです。文中の(　)にあてはまることばを答えましょう。(12点)1つ6

天皇をしのぐほどの勢いをもつようになった(①　　)氏をたおして，(②　　)を中心とする新しい国をつくるため。

(3) 大化の改新によって，土地や人民を支配するようになったものを次から選び，記号で答えましょう。(6点)（　　）

ア 豪族《ごうぞく》　**イ** 国　**ウ** 僧《そう》　**エ** 農民

復習のポイント!

奈良《なら》時代には，遣唐使《けんとうし》によって進んだ中国《ちゅうごく》の文化や制度が取り入れられました。平安《へいあん》時代，遣唐使が停止されたころには，日本独自の国風《こくふう》文化が栄えました。

たいせつ **3** [摂関《せっかん》政治] **次の文を読んで，あとの問いに答えましょう。**（32点）1つ8

（ ① ）は4人のむすめを天皇《てんのう》や皇太子《こうたいし》と結婚《けっこん》させ，むすめの産んだ子を天皇にして，祖父として②政治の実権《じっけん》をにぎりました。その子の③頼通《よりみち》も約50年にわたって政治の実権をにぎりました。

(1) 次の歌は，（ ① ）にあてはまる人物がよんだものです。この人物の名まえを答えましょう。

（　　　　）

「この世をば　わが世とぞ思う　もち月の　かけたることも　なしと思えば」

(2) 下線部②について，（ ① ）の一族が摂政《せっしょう》や関白《かんぱく》の地位について行った政治を何といいますか。（　　　　）

(3) 下線部③について，この人物が建てた建物として正しいものを次から選び，記号で答えましょう。（　　）

ア 平等院鳳凰堂《びょうどういんほうおうどう》　**イ** 薬師寺《やくしじ》　**ウ** 東大寺《とうだいじ》　**エ** 唐招提寺《とうしょうだいじ》

(4) 上の文の時代について説明したものとしてまちがっているものを次から選び，記号で答えましょう。（　　）

ア 日本風の文化が生まれ，かな文字が発達した。

イ 世の中に対する不安から，極楽浄土《ごくらくじょうど》へのあこがれが強まった。

ウ 正月行事や端午《たんご》の節句，七夕《たなばた》，お月見など現在まで続く年中行事が盛《さか》んに行われた。

エ 行基《ぎょうき》は橋や池などをつくりながら仏教《ぶっきょう》を広め，鑑真《がんじん》は苦労のすえ唐《とう》から日本にわたり，仏教や薬草の知識を広めた。

4 [貴族《きぞく》の文化] **次の問いに答えましょう。**（16点）1つ8

(1) 平安時代に栄えた，日本の風土や生活に合った文化を何といいますか。（　　　　）

(2) 平安時代の貴族が住んでいた，右の図のようなやしきのつくりを何といいますか。

（　　　　造）

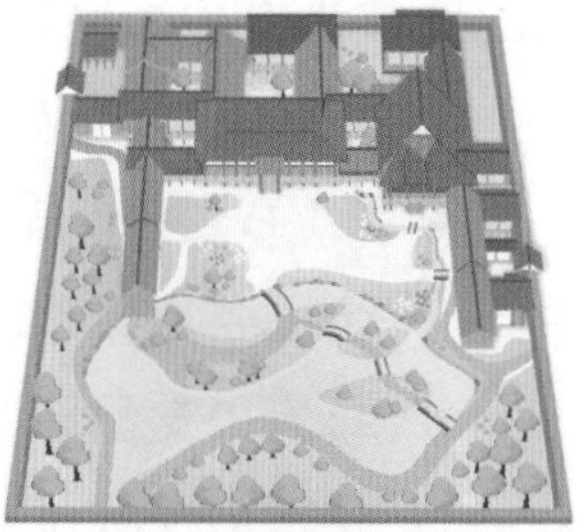

5 鎌倉幕府《かまくらばくふ》と室町《むろまち》幕府

月　日

〈時間〉20分　〈合格〉80点　〈得点〉　/100

答え→別冊14ページ

たいせつ **1** [平安《へいあん》～室町《むろまち》時代] **次の年表を見て，あとの問いに答えなさい。**

時代	年	主なできごと
平安時代	1167	平清盛《たいらのきよもり》が武士として初めて（ ① ）になる
	1185	②<u>壇ノ浦</u>で平氏がほろびる
鎌倉《かまくら》時代	1192	源頼朝《みなもとのよりとも》が（ ③ ）となる
	1221	朝廷が幕府をたおす命令を出し，④<u>承久《じょうきゅう》の乱《らん》</u>がおこる
	1232	武士の裁判《さいばん》の基準となる法律の（ ⑤ ）がつくられる
室町時代	1334	⑥<u>後醍醐天皇《ごだいごてんのう》が天皇中心の政治をはじめる</u>
	1338	足利尊氏《あしかがたかうじ》によって⑦<u>室町幕府</u>が開かれる
	1467	⑧<u>応仁《おうにん》の乱</u>がおこる

(1) （ ① ）・（ ③ ）について，あてはまる役職名を答えましょう。（10点）1つ5

①（　　　　）

③（　　　　）

(2) 下線部②について，壇《だん》ノ《の》浦《うら》は現在の何県にありますか。次から選び，記号で答えましょう。（5点）　（　　）

ア 長崎《ながさき》県　**イ** 岡山《おかやま》県　**ウ** 神奈川《かながわ》県　**エ** 山口《やまぐち》県

(3) 下線部④について，この乱の後，京都《きょうと》に置かれた，朝廷《ちょうてい》の監視《かんし》を行う役所を何といいますか。（5点）　（　　　　）

(4) （ ⑤ ）にあてはまることばを答えましょう。（5点）　（　　　　）

(5) 下線部⑥の政治を何といいますか。（5点）　（　　　　）

(6) 下線部⑦の室町幕府《ばくふ》のしくみを示しているほうを選び，記号で答えましょう。（5点）　（　　）

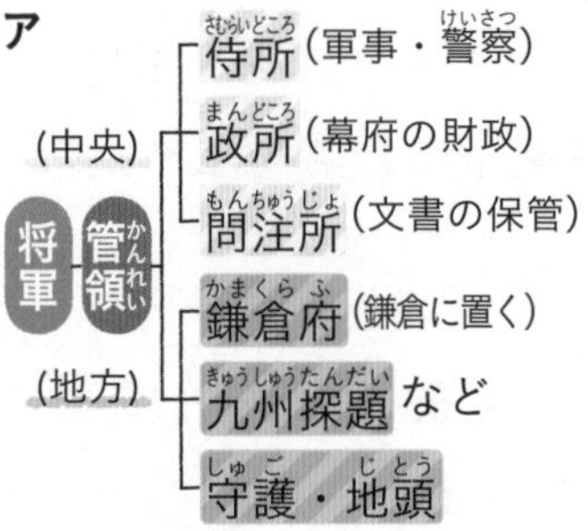

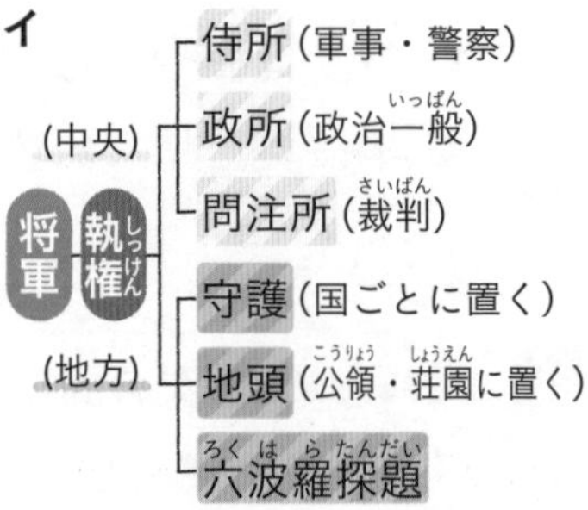

(7) 下線部⑧のえいきょうとしてあてはまらないものを次から選び，記号で答えましょう。（5点）　（　　）

ア 全国各地に戦いが広がり，戦国《せんごく》時代になった。

イ 幕府の支配地域《ちいき》が西日本にまで広がった。

ウ 将軍《しょうぐん》の権威《けんい》が弱まった。

復習のポイント！

鎌倉幕府《かまくらばくふ》と室町《むろまち》幕府のしくみの共通している部分と，執権《しっけん》と管《かん》領《れい》など，異《こと》なる部分をしっかりと理解しておきましょう。また，それぞれの幕府の権威《けんい》がおとろえ，ほろびていく流れも大切です。

たいせつ

2 ［元寇《げんこう》］**次の問いに答えなさい。**

⑴ 元寇のときの幕府の執権の名まえを答えましょう。（6点）（　　　）

⑵ 元寇のときの元の皇帝《こうてい》の名まえを答えましょう。（6点）（　　　）

⑶ 次の文で正しいものに○を，まちがっているものに×を書きましょう。（8点）1つ4

① 元軍は２度関東《かんとう》地方をせめにきた。（　　）

② 元軍は火薬を使った攻撃《こうげき》をした。（　　）

⑷ 元寇ののちのようすについて説明した文としてまちがっているものを次から選び，記号で答えましょう。（4点）（　　）

ア 幕府は，元との戦いに多額の費用を使い，財政が苦しくなった。

イ 戦いには勝ったものの，元から領土を得たわけではなかったので，戦いに参加した御家人《ごけにん》にあたえる土地がなかった。

ウ 徳政令《とくせいれい》によって，御家人の生活が楽になり，幕府は勢力を取りもどした。

3 ［鎌倉・室町時代の文化］**次の（　）内から正しいことばを選び，記号で答えましょう。**（20点）1つ5

⑴ 法然《ほうねん》は念仏《ねんぶつ》を唱《とな》えればだれでも救われると説き，（**ア** 浄土宗《じょうどしゅう》　**イ** 浄土真宗《じょうどしんしゅう》　**ウ** 臨済宗《りんざいしゅう》）を開いた。（　　）

⑵ 室町幕府３代将軍《しょうぐん》の足利義満《あしかがよしみつ》の保護を受け，観阿弥《かんあみ》・世阿弥《ぜあみ》父子は，（**ア** 狂言《きょうげん》　**イ** 能　**ウ** 生け花）を大成した。（　　）

⑶ 応仁《おうにん》の乱《らん》のころ（**ア** 千利休《せんのりきゅう》　**イ** 雪舟《せっしゅう》　**ウ** 北条政子《ほうじょうまさこ》）がすみ絵（水墨画《すいぼくが》）を大成した。（　　）

⑷ 室町幕府８代将軍の足利義政《よしまさ》は，別荘《べっそう》として（**ア** 中尊寺金色堂《ちゅうそんじこんじきどう》　**イ** 金閣《きんかく》　**ウ** 銀閣《ぎんかく》）を建てた。（　　）

4 ［人々の生活］**次の問いに答えましょう。**（16点）1つ8

⑴ 鎌倉・室町時代に広まった，同じ田畑で１年にちがう作物を２回つくることを何といいますか。（　　　）

⑵ 鎌倉・室町時代，品物の製造や販売《はんばい》を独占《どくせん》した手工業者や商人の同業者組合を何といいますか。（　　　）

6

3人の武将《ぶしょう》と全国統一

月　日

〈時間〉20分

〈合格〉80点

〈得点〉　/100

答え → 別冊15ページ

1 ［ヨーロッパ人の来航］ **次の文を読んで，あとの問いに答えましょう。**

A　1549年，スペイン人のフランシスコ=ザビエルがここに来航し，日本に（ ① ）を伝えた。

B　1543年，ポルトガル人の乗った船がここに漂着《ひょうちゃく》し，日本に（ ② ）が伝えられた。

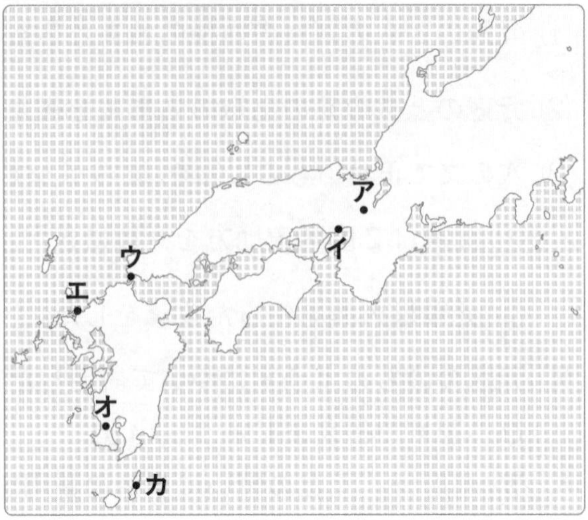

(1) 文中の（　）にあてはまることばを答えましょう。　(10点)1つ5

①（　　　　）

②（　　　　）

(2) 上の文中の下線部「ここ」にあてはまる場所を上の地図中の**ア**～**カ**から選び，記号で答えましょう。(10点)1つ5　A（　　）　B（　　）

2 ［3人の武将《ぶしょう》］ **次の表を見て，あとの問いに答えましょう。**

人　物	説　明
織田信長《おだのぶなが》	将軍《しょうぐん》の足利《あしかが》氏を京都《きょうと》から追い出して，（ ① ）幕府《ばくふ》をほろぼした。
豊臣秀吉《とよとみひでよし》	織田信長をうった（ ② ）を破り，その後，8年で天下統一をなしとげた。
徳川家康《とくがわいえやす》	豊臣方の大名を破ったのち，1603年に征夷大将軍《せいいたいしょうぐん》となり，（ ③ ）に幕府を開いた。

(1) 文中の（　）にあてはまることばや人物名を答えましょう。(15点)1つ5

①（　　　）　②（　　　）　③（　　　）

(2) 3人が拠点《きょてん》とした城《しろ》を次から選び，記号で答えましょう。(15点)1つ5

織田信長（　　）　豊臣秀吉（　　）　徳川家康（　　）

ア 安土城《あづちじょう》　**イ** 江戸《えど》城　**ウ** 姫路《ひめじ》城　**エ** 大阪《おおさか》城

(3) 下線部について，1600年におこった，徳川家康が豊臣方の大名を破った戦いを何といいますか。(5点)　（　　　　）

復習のポイント！

織田信長《おだのぶなが》，豊臣秀吉《とよとみひでよし》，徳川家康《とくがわいえやす》は，それぞれ異《こと》なる政策《せいさく》を行っています。それぞれどのような政策を行ったのかをしっかりと理解しておきましょう。

たいせつ **3** ［織田信長］**次の問いに答えましょう。**

(1) 織田・徳川軍が鉄砲《てっぽう》を使って武田《たけだ》軍をたおした戦いを次から選び，記号で答えましょう。（5点）　（　　）

ア 桶狭間《おけはざま》の戦い　**イ** 長篠《ながしの》の戦い　**ウ** 応仁《おうにん》の乱《らん》　**エ** 本能寺《ほんのうじ》の変《へん》

(2) 次の文中の（　）にあてはまることばを，あとの**ア**～**オ**から選び，記号で答えましょう。（10点）1つ5　①（　　）②（　　）

信長は，根拠地《こんきょち》とした城下町《じょうかまち》に，家来《けらい》の（ ① ）を住まわせ，商人や職人が自由に（ ② ）を行えるようにしたため，城下町は栄えました。

ア 農民　**イ** 武士　**ウ** 貴族《きぞく》　**エ** 農業　**オ** 商工業

たいせつ **4** ［豊臣秀吉］**次の秀吉の政策についての資料を見て，あとの問いに答えましょう。**

A

B

秀吉が出した命令（一部）

一　農民が弓・やり・鉄砲，そのほかの武器をもつことをかたく禁止する。不必要な武器をもち，ねんぐをおさめず，一揆《いっき》をくわだてて領主に反抗《はんこう》すれば罰《ばっ》する。

(1) **A**・**B**の政策を次から選び，記号で答えましょう。（12点）1つ6

A（　　）B（　　）

ア 奉公《ほうこう》　**イ** 刀狩《かたながり》　**ウ** 検地《けんち》　**エ** 摂政《せっしょう》

(2) **A**・**B**の目的を次から選び，記号で答えましょう。（12点）1つ6

A（　　）B（　　）

ア 農民の生活を豊かにするため。

イ 農民が武器を使って抵抗《ていこう》するのを防ぐため。

ウ 農民の不安をしずめるため。

エ 農民に決められたねんぐをおさめさせるため。

(3) 秀吉が，2度にわたって大軍を送りこんだ国を次から選び，記号で答えましょう。（6点）　（　　）

ア 中国《ちゅうごく》　**イ** 朝鮮《ちょうせん》　**ウ** インド

7 江戸幕府《えどばくふ》と江戸の文化

月　日

〈時間〉20分　〈合格〉80点　〈得点〉　/100

答え → 別冊15ページ

たいせつ **1** [江戸幕府《えどばくふ》のしくみ] **江戸幕府について，次の問いに答えましょう。**

(1) 右の地図は，江戸時代はじめごろのおもな大名の配置を表しています。この地図を参考にして，次の①・②の大名をそれぞれ何というか答えましょう。

(12点)1つ6

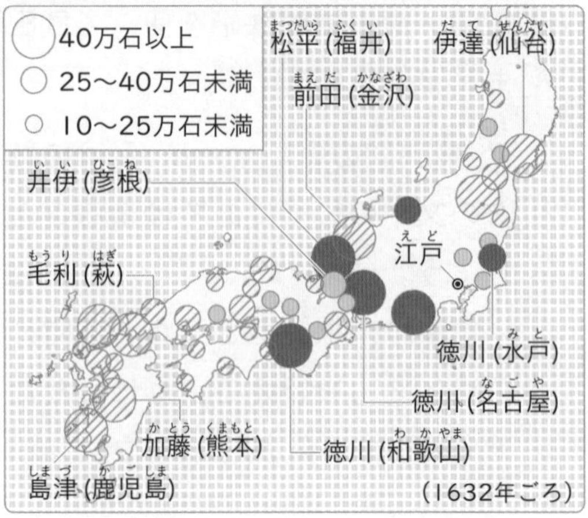

① 地図中に▨で示されている，幕府から遠い場所に配置された大名。 (　　　)

② 地図中に●で示されている，徳川《とくがわ》家《け》の親類にあたり，幕府にとって重要な場所に配置された大名。(　　　)

(2) 右の資料は，江戸幕府が定めた，大名が守らなければならないきまりの一部です。これについて，次の問いに答えましょう。(12点)1つ6

> 一　<u>大名は江戸に参勤《さんきん》すること。</u>
> 一　城《しろ》を修理する場合は，とどけ出ること。

① 資料のようなきまりを何というか答えましょう。 (　　　)

② 下線部の制度を何というか答えましょう。 (　　　)

たいせつ **2** [外国とのつながり] **次の文を読んで，あとの問いに答えましょう。**

1637年，九州《きゅうしゅう》地方でキリスト教信者を中心として一揆《いっき》がおこりました。これをきっかけに，幕府は外国との貿易を<u>長崎《ながさき》</u>だけで行うようになりました。このように，貿易を制限したり，日本人が外国に行くことを禁止したりした江戸時代の政策《せいさく》を鎖国《さこく》といいます。

(1) 鎖国中も貿易が認《みと》められていた国を次から2つ選び，記号で答えましょう。

(　　　)(　　　)(14点)1つ7

ア スペイン　**イ** ポルトガル　**ウ** オランダ　**エ** 中国《ちゅうごく》

(2) 下線部の場所に，貿易のためにつくられた人工の島の名まえを答えましょう。

(　　　)(7点)

復習のポイント！

江戸幕府《えどばくふ》のしくみや江戸時代の外国とのつながりは特に重要です。大名《だいみょう》の配置や取りしまるための制度，貿易のようすなどをしっかり理解しておくようにしましょう。

3 ［三大改革《かいかく》］**次の文を読んで，あとの問いに答えましょう。**

A 評定所《ひょうじょうしょ》の前に（ ① ）を置き，だれでも自由に投書できるようにして，将軍《しょうぐん》自ら見て政治の参考にした。

B ききんに備えて，大名に（ ② ）をたくわえさせた。

C 物価《ぶっか》の上昇《じょうしょう》をおさえるために，営業を独占《どくせん》していた（ ③ ）を解散させた。

⑴ （ ① ）～（ ③ ）にあてはまることばを答えましょう。（9点）1つ3

①（　　　　）　②（　　　　）　③（　　　　）

⑵ **A**～**C**は，享保《きょうほう》の改革，寛政《かんせい》の改革，天保《てんぽう》の改革のどの説明ですか。（9点）1つ3

A（　　　　）　**B**（　　　　）　**C**（　　　　）

⑶ **A**～**C**の改革を行った人物を次から選び，記号で答えましょう。（9点）1つ3

A（　　）　**B**（　　）　**C**（　　）

ア 水野忠邦《みずのただくに》　**イ** 田沼意次《たぬまおきつぐ》　**ウ** 徳川吉宗《とくがわよしむね》　**エ** 松平定信《まつだいらさだのぶ》

4 ［江戸時代の文化］**江戸時代について，次の問いに答えましょう。**

⑴ 17世紀後半～18世紀前半に上方《かみがた》で栄えた文化を何といいますか。（4点）

（　　　　）

⑵ 次の①～⑤の人物の説明として正しいものをあとの**ア**～**オ**から選び，記号で答えましょう。（20点）1つ4

① 杉田玄白《すぎたげんぱく》（　　）　② 歌川広重《うたがわひろしげ》（　　）　③ 本居宣長《もとおりのりなが》（　　）

④ 伊能忠敬《いのうただたか》（　　）　⑤ 近松門左衛門《ちかまつもんざえもん》（　　）

ア 『古事記伝《こじきでん》』の作者で，国学を研究した。

イ 全国を測量して歩き，日本地図を作成した。

ウ 「東海道五十三次《とうかいどうごじゅうさんつぎ》」で，江戸から京都《きょうと》までの風景をえがいた。

エ 町人の生活や風情《ふぜい》を，しばいの台本にえがいた。

オ オランダ語で書かれた人体かいぼう書をほん訳《やく》した。

⑶ 江戸時代の農民や町人の子どものための学校を何といいますか。（4点）

（　　　　）

8

開国と明治維新《めいじいしん》

月　日

〈時間〉20分　〈合格〉80点　〈得点〉　／100

答え→別冊16ページ

たいせつ

1 〔開国〕**次の年表を見て，あとの問いに答えましょう。**

時代	年	主なできごと
江戸《えど》時代	1853	(a)がb浦賀《うらが》に来航する
	1854	(c)を結ぶ
	1858	d日米修好通商条約《にちべいしゅうこうつうしょうじょうやく》を結ぶ
	1866	(e)と薩摩藩が手を結ぶ
	1867	f幕府が朝廷に政権を返す

⑴ (a)にあてはまる，軍艦《ぐんかん》4せきを率いてアメリカから日本に来た人物の名まえを答えましょう。(5点)

(　　　)

⑵ 下線部bの位置を右の地図中の**ア**～**オ**から選び，記号で答えましょう。(5点)　(　　)

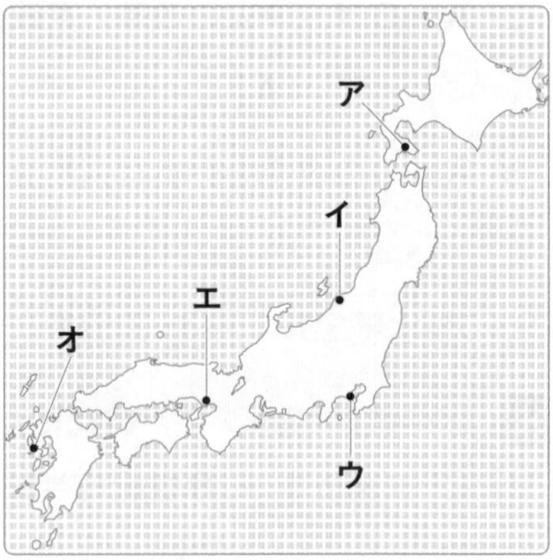

⑶ (c)にあてはまる，アメリカと結んだ条約名を答えましょう。(5点)

(　　　　条約)

⑷ 次の文は，下線部dについて説明したものです。文中の(　)にあてはまることばを，あとの**ア**～**オ**から選び，記号で答えましょう。(15点)1つ5

A(　　)　B(　　)　C(　　)

この条約では，アメリカに(**A**)を認《みと》めたため，アメリカ人が日本で罪をおかしても，日本は処罰《しょばつ》できなかった。また，日本には(**B**)がなく，輸入品に自由に税金をかけることはできなかった。このように(**C**)な条約であった。

ア 主権《しゅけん》　**イ** 関税自主権《かんぜいじしゅけん》　**ウ** 領事裁判権《りょうじさいばんけん》(治外法権《ちがいほうけん》)

エ 不平等　**オ** 平等

⑸ (e)について，答えましょう。(10点)1つ5

① 江戸幕府《えどばくふ》をたおす運動の中心となった(e)の藩《はん》を答えましょう。(　　　藩)

② 土佐《とさ》藩出身の武士で，(e)と薩摩《さつま》藩が同盟《どうめい》を結ぶときに仲介《ちゅうかい》した人物の名まえを答えましょう。(　　　)

⑹ 下線部fについて，政権《せいけん》を朝廷《ちょうてい》に返した，15代将軍《しょうぐん》の名まえを答えましょう。

(　　　)(5点)

復習のポイント！

明治政府《めいじせいふ》は，富国強兵《ふこくきょうへい》を実現するために，さまざまな政策《せいさく》を実行していきます。それぞれの政策が，いつごろ，何を目標に行われたのかをしっかりと理解しておきましょう。

たいせつ **2** ［明治政府の政策］ **次の文は，明治政府の政策について説明したものです。これらの文を読んで，あとの問いに答えましょう。**

A　国民はすべて平等であるとされ，農民や町人は平民《へいみん》とされた。

B　各地を治めていた大名たちに，土地と人民を天皇《てんのう》へ返還《へんかん》させた。

C　産業をさかんにするために，各地に国費で工場を建設した。

D　ヨーロッパの制度にならい，20 才以上の男子は軍隊に入ることとした。

⑴　A～Dに関係の深いことばを次から選び，記号で答えましょう。（20点）1つ5

A（　　）B（　　）C（　　）D（　　）

ア　版籍奉還《はんせきほうかん》　イ　徴兵令《ちょうへいれい》　ウ　官営工場　エ　四民平等《しみんびょうどう》

⑵　Aについて，それまでの大名・公家《くげ》と武士はそれぞれ何とよばれるようになりましたか。（10点）1つ5

大名・公家（　　）武士（　　）

⑶　Bののち，1871 年に行われた，藩《はん》を廃止《はいし》して府県を置く政策を何といいますか。（5点）（　　）

⑷　Cについて，国費で建設された工場のうち，群馬《ぐんま》県の富岡《とみおか》に建設されたものを答えましょう。（5点）（　　）

⑸　Dによる軍隊が鎮圧《ちんあつ》した，西南《せいなん》戦争をおこした人物を答えましょう。（5点）

（　　）

3 ［明治維新《いしん》］ **明治維新について，次の問いに答えましょう。**（10点）1つ5

⑴　右の資料は，明治時代はじめの新政府が定めた基本方針《ほうしん》です。この方針を何といいますか。（　　）

⑵　この方針は，だれの名で定められましたか。次から選び，記号で答えましょう。（　　）

ア　伊藤博文《いとうひろぶみ》　イ　大久保利通《おおくぼとしみち》

ウ　木戸孝允《きどたかよし》　エ　明治天皇《てんのう》

一　政治は，広く会議を開いて，多くの人々が意見を述べ合ったうえで決定しよう。

一　国民が心を一つにして，新政策をさかんに行おう。

一　役人も人々も，自分の願いを実現するようにしよう。

9

憲法《けんぽう》の発布《はっぷ》と日清《にっしん》・日露《にちろ》戦争

月　日

〈時間〉20分　〈合格〉80点　〈得点〉　/100

答え→別冊16ページ

たいせつ

1 [憲法《けんぽう》の発布《はっぷ》と条約改正] **次の年表を見て，あとの問いに答えましょう。**

年	主なできごと
1871	岩倉《いわくら》使節団がアメリカと条約改正の交渉《こうしょう》を行う
1886	（ A ）がおこる
1889	（ B ）憲法が制定される
1894	領事裁判権《りょうじさいばんけん》（治外法権《ちがいほうけん》）の撤廃《てっぱい》に成功する……………………C
	日清《にっしん》戦争がおこる
1904	日露《にちろ》戦争がおこる
1911	関税自主権《かんぜいじしゅけん》を回復する…………D

(1) 条約改正について答えましょう。

① （ A ）のできごとによって，国民の間に不平等条約改正を求める声が高まりました。（ A ）にあてはまる事件の名まえを答えましょう。(7点)

（　　　　　　　　）

② ①の事件は，どのようなことが問題となった事件ですか。次の**ア**・**イ**から選び，記号で答えましょう。(7点)　（　　）

ア 外国の人が日本で勝手な行動をしても軽い罰《ばつ》ですむ。

イ 外国から安い商品が大量に入ってくる。

③ **C**・**D**をなしとげた外務大臣の名まえをそれぞれ次から選び，記号で答えましょう。(12点)1つ6　**C**（　　）　**D**（　　）

ア 大隈重信《おおくましげのぶ》　**イ** 岩倉具視《いわくらともみ》　**ウ** 陸奥宗光《むつむねみつ》　**エ** 小村寿太郎《こむらじゅたろう》

(2) （ B ）憲法《けんぽう》について答えましょう。(18点)1つ6

第1条　日本は永久に続く同じ家系《かけい》の天皇《てんのう》が治める。
第3条　天皇は神のように尊《とうと》いものである。

① 右の資料は，（ B ）憲法の一部です。憲法の名まえを答えましょう。（　　　　憲法）

② （ B ）憲法の作成に関わった初代内閣総理大臣《ないかくそうりだいじん》の名まえを答えましょう。（　　　　）

③ （ B ）憲法発布の翌年《よくねん》には最初の選挙が行われました。このときの選挙で選挙権を認《みと》められた者を次から選び，記号で答えましょう。（　　）

ア 25才以上の男子で，一定の金額以上の税をおさめている者

イ 20才以上の男子で，一定の金額以上の税をおさめている者

ウ 20才以上のすべての男女

復習のポイント！

日清《にっしん》戦争と日露《にちろ》戦争は，日本が欧米諸国《おうべいしょこく》に認《みと》められるきっかけとなりました。それぞれの戦争のきっかけと結果をしっかりと理解しておきましょう。

たいせつ 2 〔日清戦争〕日清戦争の講和条約について，次の問いに答えましょう。

（32点）1つ8

⑴ この条約の名まえを答えましょう。 (　　　　)

⑵ この条約が結ばれた場所として正しいものを地図中の**A**〜**D**から選び，記号で答えましょう。 (　　)

⑶ この条約ののち三国干渉《かんしょう》がおこりました。三国干渉を行った国にふくまれない国を次から選び，記号で答えましょう。 (　　)

ア アメリカ　　**イ** ロシア

ウ フランス　　**エ** ドイツ

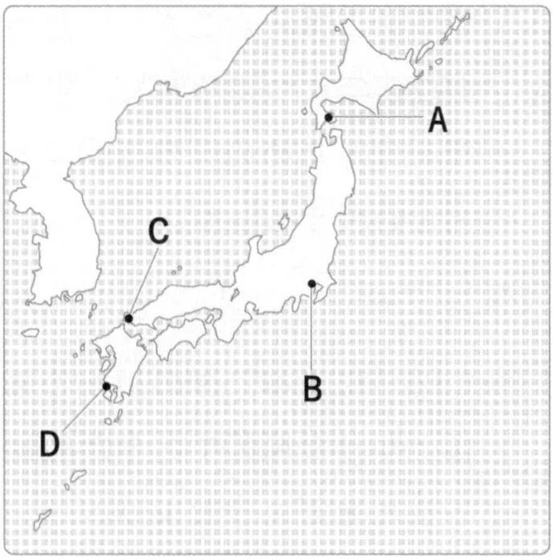

⑷ 日本はこの講和条約で得た賠償金《ばいしょうきん》の一部を使って北九州に製鉄所をつくりました。この製鉄所の名まえを答えましょう。 (　　　　)

3 〔日露戦争〕日露戦争について，次の問いに答えましょう。（24点）1つ6

⑴ 1902年にロシアに対抗《たいこう》するため，日本と同盟《どうめい》を結んだ国を次から選び，記号で答えましょう。 (　　)

ア アメリカ　　**イ** イギリス

ウ ドイツ　　**エ** フランス

⑵ 右の詩は，日露戦争に反対する気持ちをよんだ詩です。この詩をよんだ人物の名まえを答えましょう。 (　　　　)

ああおとうとよ　君を泣く
君死にたまうことなかれ
末に生まれし君なれば
親のなさけはまさりしも
親は刃《やいば》をにぎらせて
人を殺せとおしえしや
人を殺して死ねよとて
二十四までをそだてしや

⑶ 日露戦争で，ロシア艦隊《かんたい》を破り，日本を勝利に導いた人物の名まえを答えましょう。 (　　　　)

⑷ 日露戦争後の1910年に，日本が併合《へいごう》して植民地とした国を次から選び，記号で答えましょう。 (　　)

ア 中国《ちゅうごく》　**イ** 韓国《かんこく》　**ウ** ロシア　**エ** インド

10 長く続いた戦争と新しい日本

月　日

〈時間〉20分　〈合格〉80点　〈得点〉　/100

答え→別冊16ページ

たいせつ **1** [大正《たいしょう》・昭和《しょうわ》時代] **次の年表を見て，あとの問いに答えましょう。**(54点)1つ6

時代	年	主なできごと
大正時代	1914	①第一次世界大戦がおこる
	1918	(②)がおこる
昭和時代	1932	③五・一五事件がおこる
	1936	(④)がおこる
	1937	日中《にっちゅう》戦争がおこる
	1940	⑤三国同盟《さんごくどうめい》を結ぶ
	1941	日本が⑥真珠湾を攻撃《こうげき》する
	1945	アメリカ軍が(⑦)に上陸する
		⑧原子爆弾が投下される
		戦後の民主化が始まる
	1946	⑨日本国憲法が公布される
	1956	日本が国際連合に加盟《かめい》する

(1) 下線部①について，このような戦争を二度とおこさないために1920年につくられた，世界平和を守るための国際機関の名まえを答えましょう。

(　　　　)

(2) (②)に入る，米の値段《ねだん》の急な値上がりが原因でおきた暴動の名まえを答えましょう。

(　　　　)

(3) 下線部③の事件で，海軍の将校《しょうこう》らによって射殺《しゃさつ》された内閣総理《ないかくそうり》大臣《だいじん》の名まえを答えましょう。

(　　　　)

(4) (④)には陸軍の青年将校らが政府高官をおそった事件が入ります。あてはまる事件名を答えましょう。

(　　　　)

(5) 下線部⑤の三国ではない国を次から選び，記号で答えましょう。

(　　)

ア イタリア　**イ** 日本　**ウ** イギリス　**エ** ドイツ

(6) 下線部⑥の真珠湾《しんじゅわん》がある場所を次から選び，記号で答えましょう。

(　　)

ア ハワイ　**イ** アラスカ　**ウ** ロサンゼルス　**エ** ニューヨーク

(7) (⑦)に入る，アメリカ軍が上陸して多くの犠牲《ぎせい》者がでた都道府県名を次から選び，記号で答えましょう。

(　　)

ア 北海道《ほっかいどう》　**イ** 沖縄《おきなわ》県　**ウ** 東京《とうきょう》都　**エ** 大阪《おおさか》府

(8) 下線部⑧について，原子爆弾《げんしばくだん》が投下された都市を，投下された順番に答えましょう。

(　　市・　　市)

(9) 下線部⑨について，日本国憲法《けんぽう》が公布された日を答えましょう。

(　　月　　日)

復習のポイント!

日本は，第二次世界大戦をさかいに大きく変化します。どのような改革《かいかく》が行われて，その結果どのようなことがおこったのかをしっかりと理解しておきましょう。

2 ［第二次世界大戦中の国民の生活］ **次の問いに答えましょう。**（16点）1つ4

(1) 中学生や若い女性たちが軍需《ぐんじゅ》工場などで働かされたことを何といいますか。

（　　　　）

(2) 爆撃機《ばくげきき》が大都市に爆弾《ばくだん》を落として攻撃《こうげき》することを何といいますか。（　　　　）

(3) 小学生が(2)をさけるために，親元をはなれていなかに避難《ひなん》したことを何といいますか。（　　　　）

(4) 次の文中の(　)にあてはまることばを答えましょう。（　　　　）

国民生活に必要な物資の生産が少なくなったため，食料や衣類が不足した。とくに米は(　)制がとられ，自由に手に入らなくなった。

たいせつ **3** ［戦後の民主化改革］ **次の問いに答えましょう。**（10点）1つ5

(1) 日本の占領政策《せんりょうせいさく》をすすめた連合国軍最高司令官の名まえを答えましょう。

（　　　　）

(2) 右のグラフは，自作地と小作地の割《わり》合《あい》の変化を示しています。この変化の原因となった政策を答えましょう。

（　　　　）

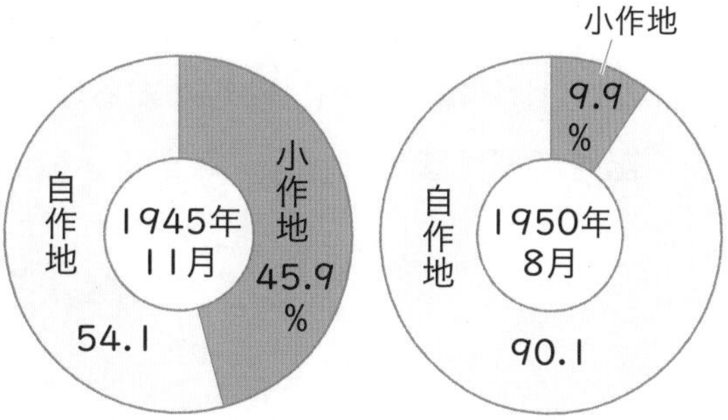

4 ［日本の国際復帰］ **次の問いに答えましょう。**（20点）1つ5

(1) 日本が結んだ第二次世界大戦の講和条約を何といいますか。

（　　　　）

(2) (1)の条約と同時に締結《ていけつ》され，アメリカ軍の日本駐留《ちゅうりゅう》を認《みと》めた条約を何といいますか。（　　　　）

(3) (1)の条約を結ばなかったソ連との間で戦争状態《じょうたい》を終わらせるために結ばれたものを答えましょう。（　　　　）

(4) (3)の締結によって日本が加盟《かめい》を認められた国際機関を答えましょう。

（　　　　）

世界の中の日本 ①

月　日

〈時間〉20分　〈合格〉80点　〈得点〉　/100

答え→別冊17ページ

たいせつ **1** 〔日本とつながりの深い国々〕**日本とつながりの深い国々について，次の問いに答えましょう。**

(1) 次の①～③の国の正式名称《めいしょう》を答えましょう。また，その国の国旗を，あとの**ア**～**ウ**から選び，記号で答えましょう。(36点)1つ6

① アメリカ　正式名称（　　　　　　　　　）　国旗（　　　）

② 中国《ちゅうごく》　正式名称（　　　　　　　　　）　国旗（　　　）

③ 韓国《かんこく》　正式名称（　　　　　　　　　）　国旗（　　　）

ア

イ

ウ

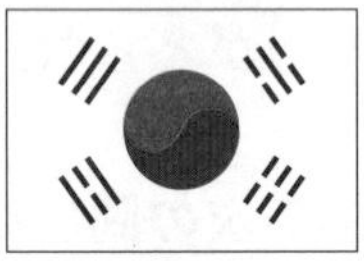

(2) 次の①～④の説明にあてはまる国の位置を地図中の**A**～**E**からそれぞれ選び，記号で答えましょう。(24点)1つ6

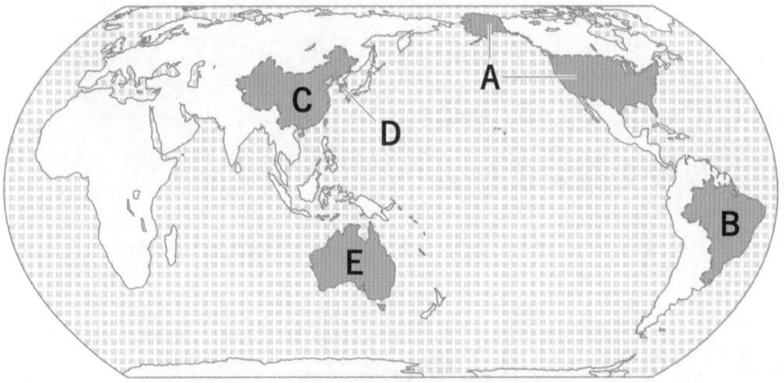

① 人口は約14億人で世界一多く，面積は日本の約25倍の広さがある。ことばや習慣のちがう50以上の民族がくらしており，日本とは古くから交流がある。（　　　）

② 日本との貿易額が多い国の1つである。世界じゅうの国々で親しまれているハンバーガーやホットドッグは，この国で生まれた。（　　　）

③ 日本にもっとも近い国で，この国で生まれたキムチは日本でも食べられ，民族衣装《いしょう》のチマ・チョゴリも有名である。（　　　）

④ 日本から見て地球の真裏《まうら》にある国で，かつて日本から多くの人が移住した。コーヒーの産地として知られている。（　　　）

復習のポイント！

アメリカ合衆国《がっしゅうこく》・サウジアラビア・中国《ちゅうごく》・韓国《かんこく》など，日本とつながりの深い国々について，各国の特ちょうや，どのようなものを輸出・輸入しているのかをしっかりと理解しておきましょう。

2 ［アメリカ合衆国とサウジアラビア］**アメリカ合衆国とサウジアラビアについて，次の問いに答えましょう。**

(1) アメリカ合衆国とサウジアラビアの首都を，それぞれ答えましょう。(8点)1つ4

アメリカ合衆国（　　　　　　　　）　サウジアラビア（　　　　　）

(2) 右のグラフは，日本とサウジアラビアの貿易を表したものです。これについて，次の問いに答えましょう。

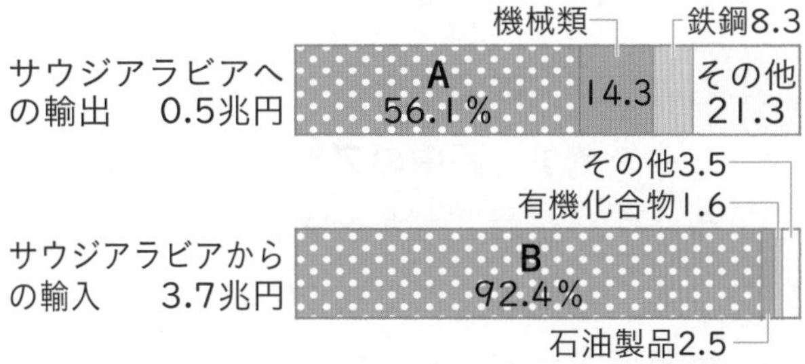

(2018年)　(2019/20年版「日本国勢図会」)

① 日本からサウジアラビアへの輸出額と，サウジアラビアからの輸入額では，どちらが多いですか。輸出額・輸入額のどちらかで答えましょう。(4点)（　　　　）

② グラフ中の**A**・**B**にあてはまる品目を次から選び，記号で答えましょう。

A（　　　）　**B**（　　　）(8点)1つ4

ア 自動車　　**イ** プラスチック　　**ウ** 石炭　　**エ** 原油

(3) サウジアラビアに関する次の文中の(　)にあてはまることばを，あとの**ア**～**エ**から選び，記号で答えましょう。(8点)1つ4　①（　　　）②（　　　）

サウジアラビアでは，(①)を信じている人々が多い。(①)信者は聖地《せいち》である(②)に向かって1日5回，いのりをささげている。

ア キリスト教　　**イ** イスラム教　　**ウ** メッカ　　**エ** ソウル

3 ［中国と韓国］**中国と韓国について，次の問いに答えましょう。**

(1) 中国の首都をカタカナで答えましょう。(3点)（　　　　　）

(2) 次の文は，中国と韓国のどちらかについて説明したものです。中国の説明には**A**を，韓国の説明には**B**を(　)に書きましょう。(9点)1つ3

① 15世紀なかばにつくられたハングル文字を使っている。（　　　）

② 一部の地域《ちいき》を経済《けいざい》特区に指定して，外国企業《きぎょう》を受け入れている。（　　　）

③ 冬の寒さが厳《きび》しく，オンドルという床暖《ゆかだん》ぼうの設備がある。（　　　）

12 世界の中の日本 ②

月　日

〈時間〉20分　〈合格〉80点　〈得点〉　/100

答え→別冊17ページ

たいせつ **1** 〔国際連合のはたらき〕**次の問いに答えましょう。**

⑴ 次の文は，国際連合に関する文です。(　)にあてはまることばを，あとの**ア**～**エ**から選び，記号で答えましょう。(10点)1つ5　a(　　)　b(　　)

国際連合は，世界の(a)と(b)を守り，国と国との争いを(a)的な方法で解決することを目的としている。

ア 平等　**イ** 安全　**ウ** 平和　**エ** 自由

⑵ 右の図は，国際連合のしくみを示したものです。図中の**ア**～**ウ**のうち，争いごとがおこったときに中心となって，戦争の広がりを防いだりする機関はどれですか。記号で答えましょう。(5点)　(　　)

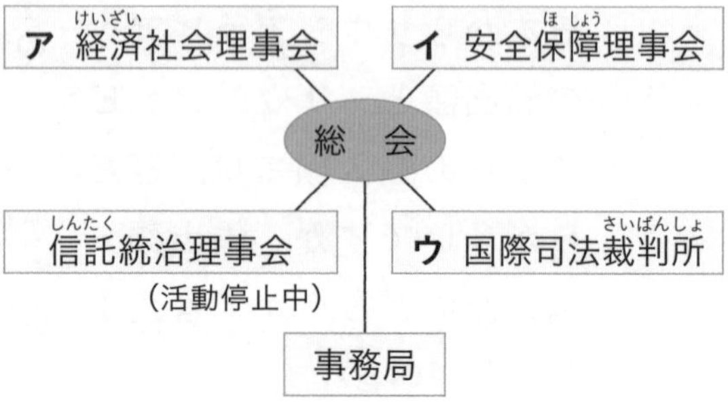

⑶ 国際連合の目的やしくみなどが定められているものを何というか，答えましょう。(5点)　(　　)

⑷ 次の表は，国際連合に属する機関と，そのはたらきをまとめたものです。これを見て，あとの問いに答えましょう。

機関	はたらき
A	教育・科学・文化などを通じて，平和な社会をつくることを目的としている。
B	世界の子どもたちが平和で健康なくらしができるように，援助《えんじょ》する活動をしている。募金《ぼきん》活動も行っている。
C	予防接種をするなど，保健・衛生を通じて，よりよい生活の実現をめざしている。

① **A**～**C**にあてはまる機関名を次から選び，記号で答えましょう。

A(　　)　B(　　)　C(　　)(15点)1つ5

ア ユニセフ　**イ** ユネスコ　**ウ** WHO

② **A**の機関が登録を行って保護している，貴重《きちょう》な自然遺産《いさん》や文化遺産などを何といいますか。(5点)　(　　)

復習のポイント！

第二次世界大戦終了後，世界の平和を維持《いじ》するために国際連合がつくられた後も，各地で多くの紛争《ふんそう》がおこりました。それらの紛争・戦争や，環境《かんきょう》問題をしっかりとまとめておきましょう。

2 ［戦争と世界平和，国際協力］**世界平和や国際協力について，次の問いに答えましょう。**

⑴ 戦争や紛争のため，自分の国から出なければならなくなった人々のことを，何といいますか。（8点）　（　　　）

⑵ 世界平和に対する日本の立場を説明した次の文中の（　）にあてはまる語句を答えましょう。（16点）1つ8

日本は，世界で唯一《ゆいいつ》の被爆国《ひばくこく》として，（①　　　）兵器を「もたず，つくらず，もちこませず」という（②　　　　）をかかげている。

⑶ 国際協力の活動について，次の問いに答えましょう。（16点）1つ8

① 主にアフリカなどの発展《はってん》途《と》上国《じょうこく》に，農業，教育，保健衛生などについて指導する青年を派遣《はけん》する国際協力活動の組織を何といいますか。

（　　　　　　隊）

② 開発や人権《じんけん》などさまざまな分野で国際協力を行っている民間の組織を何といいますか。次から選び，記号で答えましょう。　（　　）

ア ODA　　**イ** NGO　　**ウ** IMF

3 ［環境問題］**環境問題について，次の問いに答えましょう。**

⑴ 次のことがらに関係の深いものを，あとの**ア**～**エ**から選び，記号で答えましょう。（15点）1つ5

① 工場のけむりや自動車の排気《はいき》ガスにふくまれる有害な物質が，雨にとけて地上に降《ふ》り，川や湖，樹木《じゅもく》に被害《ひがい》をあたえている。　（　　）

② 大気中の二酸化炭素が増えて，気温が上がり，海面の上昇《じょうしょう》などのえいきょうをあたえている。　（　　）

③ 大気中のフロンガスが原因で，地球上の生物を紫外線《しがいせん》から守る大気の層《そう》がこわれている。　（　　）

ア オゾン層の破壊《はかい》　**イ** さばく化　**ウ** 地球の温暖化《おんだんか》　**エ** 酸性雨

⑵ 環境問題について，2015年に国連本部で「国連（　）サミット」が開かれました。（　）にあてはまることばを答えましょう。（5点）　（　　　　）

13 仕上げテスト

月　日

〈時間〉30分

〈合格〉80点

〈得点〉　/100

答え→別冊17ページ

たいせつ **1** 〔日本国憲法《けんぽう》〕**次の問いに答えましょう。**

(1) 日本国憲法の３つの柱となるように，次の(　)にあてはまることばを答えましょう。(9点)1つ3

①（　　　）主権《しゅけん》　②（　　　　　）の尊重《そんちょう》　③（　　　　）主義

(2) 次の文中の(　)にあてはまることばや数字を答えましょう。(6点)1つ3

国民が選挙で代表者を選ぶことができる権利を（①　　　　）といい，（②　　　）才以上のすべての国民にあたえられている。

2 〔政治のしくみ〕**次の問いに答えましょう。**

(1) 次の①～③は，国会・内閣《ないかく》・裁判所《さいばんしょ》のうち，どの機関が行っているはたらきか，答えましょう。(12点)1つ4

① 法にもとづいて，人々の争いごとを解決する。（　　　）

② 法律《ほうりつ》や予算にもとづいて実際に政治を行う。（　　　）

③ 国の法律を定めたり，予算を決めたりする。（　　　）

(2) 国会は二院で構成されています。その２つの議院の名まえを答えましょう。

（　　　）（　　　）(8点)1つ4

たいせつ **3** 〔古代から近代までの政治〕**次の年表を見て，あとの問いに答えましょう。**

(1) 年表中の(　)にあてはまることばや人物名を答えましょう。(15点)1つ3

①（　　　）

②（　　　）

③（　　　）

④（　　　）

⑤（　　　）

年	主なできごと
239	(①)の卑弥呼《ひみこ》が中国《ちゅうごく》に使いを送る
593	聖徳太子が(②)の摂政《せっしょう》になる……………A
752	聖武天皇《しょうむてんのう》が大仏をつくる
1016	(③)が摂政となる
1192	(④)が征夷大将軍《せいいたいしょうぐん》となる
1338	足利尊氏《あしかがたかうじ》が京都《きょうと》に(⑤)を開く
1590	豊臣秀吉《とよとみひでよし》が全国を統一する……………B
1603	徳川家康《とくがわいえやす》が江戸幕府《えどばくふ》を開く
1641	鎖国《さこく》が完成する……………C
1881	板垣退助《いたがきたいすけ》が自由党《じゆうとう》をつくる……………D

(2) 年表中のAについて，聖《しょう》徳太子《とくたいし》の政治の説明としてまちがっているものを

次から選び，記号で答えましょう。（3点）　(　　)

ア 遣隋使《けんずいし》を送り，中国《ちゅうごく》と対等の国交を開こうとした。

イ 冠位十二階《かんいじゅうにかい》の制度を定め，家柄《いえがら》に関係なく有能な人材を採用しようとした。

ウ 平城京《へいじょうきょう》に都を移した。

エ 十七条の憲法《けんぽう》を定め，役人の心がまえを示した。

⑶ 年表中の**B**について，豊臣秀吉《とよとみひでよし》が行った政策《せいさく》のうち，農民から武器を取り上げたことを何といいますか。（3点）　(　　)

⑷ 年表中の**C**について，この政策を行った将軍《しょうぐん》の名まえを答えましょう。（3点）

(　　)

⑸ 年表中の**D**について，板垣退助《いたがきたいすけ》が自由民権運動《じゆうみんけんうんどう》を行って主張したこととして正しいものを次から選び，記号で答えましょう。（3点）

(　　)

ア 議会を開いて，選挙で選ばれた代表者による政治を行うべきだ。

イ 朝鮮《ちょうせん》を武力で開国させて，日本が支配するべきだ。

ウ ロシアと戦争をして，満州《まんしゅう》を日本の勢力下におくべきだ。

4 ［江戸《えど》～昭和《しょうわ》時代の人々のくらし］ **次の文を読んで，あとの問いに答えましょう。**

A 江戸時代には，当時の世の中のようすをえがいた（ ① ）という絵が人気であった。

B 明治《めいじ》時代になると，西洋の制度や技術が人々の生活に変化をあたえる（ ② ）がおこった。

C 太平洋戦争がおこると食料やものが少なくなり，人々の生活は苦しくなった。

⑴ （ ① ）・（ ② ）にあてはまることばを答えましょう。（10点）1つ5

①(　　)　②(　　)

⑵ **C**の下線部の説明として正しいものを次から選び，記号で答えましょう。

(　　)（3点）

ア この戦争で，日本は台湾《たいわん》を植民地にした。

イ この戦争で，日本は中国の満州《まんしゅう》の鉄道を手に入れた。

ウ この戦争で，日本は輸出が増えて好景気になった。

エ この戦争で，沖縄《おきなわ》が国内で唯一《ゆいいつ》の戦場になった。

5 ［第二次世界大戦後の世界と日本］**次の問いに答えましょう。**

⑴ 第二次世界大戦後に，連合国軍の指導によって行われた戦後改革《かいかく》としてまちがっているものを次から選び，記号で答えましょう。（3点）　(　　)

ア 農地《のうち》改革　　**イ** 女性の参政権《さんせいけん》の保障《ほしょう》

ウ 日本国憲法《けんぽう》の制定　　**エ** 領事裁判権《りょうじさいばんけん》(治外法権《ちがいほうけん》)の撤廃《てっぱい》

⑵ 1950年代の中ごろから，1973年まで続いた，日本の経済《けいざい》が急速に発展《はってん》した時期を何といいますか。（4点）　(　　)

⑶ 1964年には，アジアで初めての東京オリンピックが開かれました。このできごとより前のできごとを次から選び，記号で答えましょう。（3点）

(　　)

ア 沖縄《おきなわ》が日本に復帰する。

イ 東西ドイツが統一される。

ウ 日本が国際連合《れんごう》に加盟する。

エ 日中平和友好《にっちゅうへいわゆうこう》条約が結ばれる。

6 ［日本とかかわりの深い国］**次の説明にあてはまる国名を答えましょう。**（9点）1つ3

⑴ 朝鮮《ちょうせん》半島の南部にある国。造船・鉄鋼《てっこう》・自動車などの工業が発達し，機械類の輸出もさかんである。

(　　)

⑵ 日本の主な貿易相手国の１つであり，小麦，だいず，とうもろこしの輸出量は世界有数である。　(　　)

⑶ イスラム教が国の宗教《しゅうきょう》になっている。原油の産出量が多く，日本もこの国から原油を最も多く輸入している。

(　　)

7 ［国際連合と国際協力］**次の説明にあてはまる機関や組織を，あとのア～ウから選び，記号で答えましょう。**（6点）1つ3

⑴ 世界の子どもたちが平和で健康なくらしができるよう援助《えんじょ》活動をしている。

(　　)

⑵ 発展途上国《はってんとじょうこく》の人々のくらしや産業を向上させるために，日本から送られた隊員がさまざまな活動をしている。　(　　)

ア ユニセフ　　**イ** ユネスコ　　**ウ** 青年海外協力隊

6年　理科

はじめに

６年生の理科では，ものの燃え方や植物のはたらきに加えて，水《すい》よう液《えき》の性質やてこのはたらきなどについて勉強します。また，私《わたし》たちが呼《こ》吸《きゅう》したり，食べたものを栄養分としてからだの中にとり入れたりするしくみなどについても学んでいきます。身のまわりの出来事や現象について，実験や観察を通して考える力を身につけていきましょう。

1 ものの燃え方と空気

月　日

〈時間〉20分　〈合格〉80点　〈得点〉　/100

答え → 別冊 18 ページ

1 [ものの燃え方] **右の図のように，火のついたろうそくにガラスのつつをかぶせたときの燃え方を調べました。これについて，次の問いに答えましょう。**（20点）1つ5

(1) ガラスのつつの中のろうそくの火はどうなりますか。次から選び，記号で答えましょう。（　　）

ア 燃え続ける。　**イ** しばらく燃えてから消える。　**ウ** すぐに消える。

(2) ガラスのつつにふたをするとどうなりますか。（　　）

(3) ねんどを切りとってつつの底にすきまをつくり，線こうのけむりを近づけて空気の動きを調べました。空気はどのように動きますか。次から選び，記号で答えましょう。（　　）

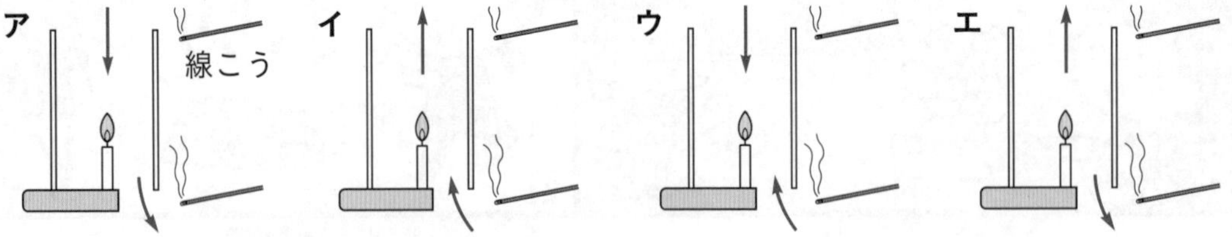

(4) (3)のとき，ろうそくの火はどうなりますか。（　　）

たいせつ **2** [ものを燃やす気体] **図1のように，酸素を集めました。これについて，次の問いに答えましょう。**

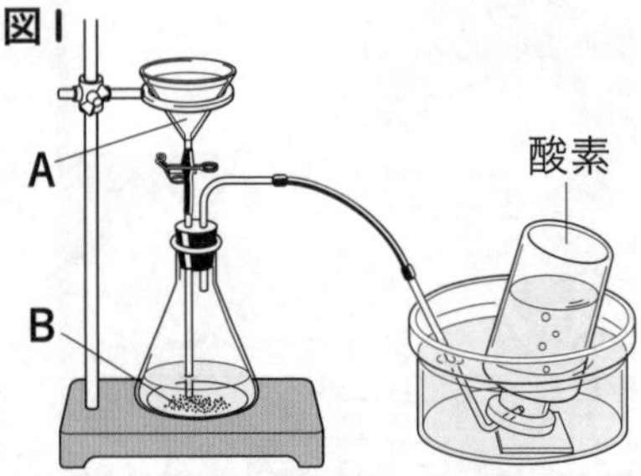

(1) **図1**の**A**，**B**の薬品の名前を答えましょう。（12点）1つ6

A（　　　　）　B（　　　　）

(2) **図2**のように，**P**には空気，**Q**には酸素，**R**にはちっ素を入れた集気びんに，火のついたろうそくを入れてふたをしたときのようすを調べました。**P**～**R**に入れたろうそくの火はそれぞれどうなりますか。次から選び，記号で答えましょう。（18点）1つ6

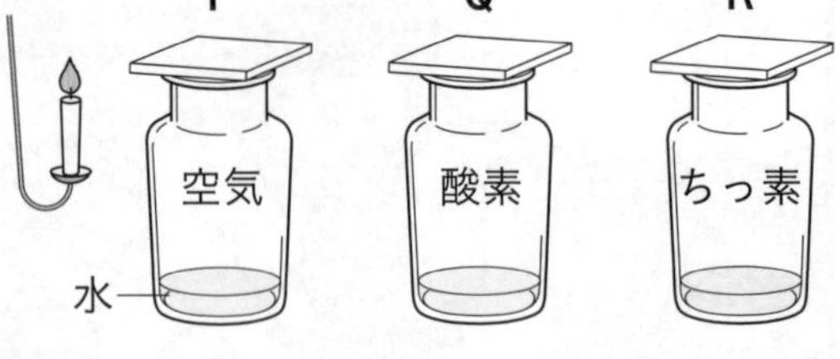

P（　　）　Q（　　）　R（　　）

ア はげしく燃える。　**イ** 少し燃えてから消える。　**ウ** すぐに消える。

復習のポイント!

- ものが燃えているときの空気の流れを調べましょう。
- ものが燃えたときの酸素と二酸化炭素の変化について学習しましょう。

たいせつ **3** 〔ものが燃えたあとの空気〕 **図のように，石灰水《せっかいすい》を入れた集気びんの中でろうそくを燃やしました。次の問いに答えましょう。**

(1) ろうそくの火が消えたあと，集気びんをよくふると石灰水はどうなりますか。（5点）

（　　　　　）

(2) (1)より，ろうそくが燃えると何ができますか。（5点）

（　　　　　）

(3) 次の①，②のようにしたとき，石灰水が(1)のときと同じになるものには○，ならないものには×をつけましょう。（10点）1つ5

① 図の集気びんの中で，紙を燃やす。（　　）

② 図の集気びんの中に，木へんを入れておく。（　　）

たいせつ **4** 〔ものが燃える前後の空気の変化〕 **図1のような気体検知管を使って，ろうそくを燃やす前と燃やしたあとの気体の割合《わりあい》の変化を調べました。図2は，空気の成分の体積の割合を表しています。これについて，次の問いに答えましょう。**

図1

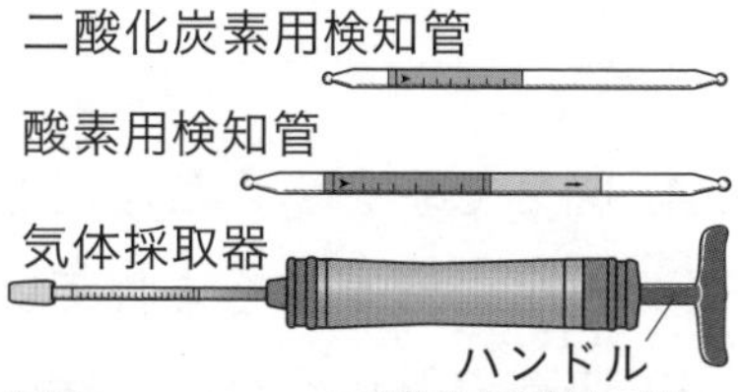

図2

(1) 気体検知管の使い方が正しい順になるように，次の**ア**～**エ**をならべかえましょう。（6点）

（　　→　　→　　→　　）

ア 決められた時間がたってから，気体検知管をはずして目もりを読む。
イ 気体検知管の両はしを折り，ゴムのカバーをつける。
ウ 気体採取器にある本体の印を合わせてから，ハンドルを引く。
エ 気体採取器に，気体検知管を差しこむ。

(2) **図2のA，B**にあてはまる気体はそれぞれ何ですか。（12点）1つ6

A（　　　　）　B（　　　　）

(3) 集気びんの中でろうそくを燃やすと，二酸化炭素と酸素の割合は，ろうそくを燃やす前と比べて，それぞれどう変化しますか。（12点）1つ6

二酸化炭素（　　　　）　酸素（　　　　）

2 人や動物のからだ ①

月　　日

〈時間〉20分　〈合格〉80点　〈得点〉　/100

答え → 別冊18ページ

たいせつ **1** 〔吸《す》う息とはく息の空気の変化〕**図1は，吸う息（まわりの空気）とはく息にふくまれる気体の体積の割合《わりあい》を表しています。次の問いに答えましょう。**

図1

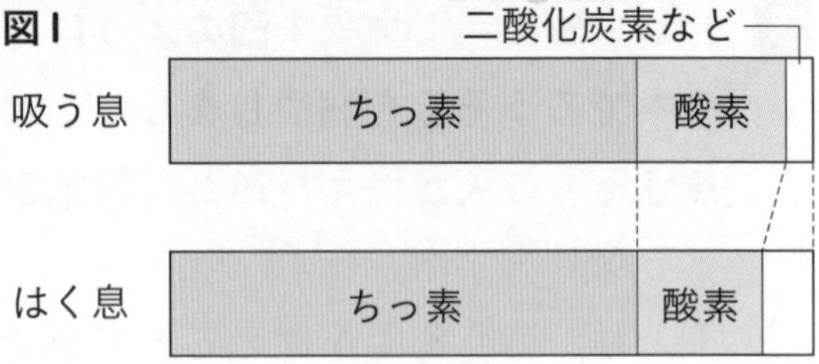

(1) 呼吸《こきゅう》によって空気中から体内にとり入れられる気体は何ですか。（5点）
（　　　　　）

(2) 呼吸によって体内から空気中に出される気体は何ですか。（5点）
（　　　　　）

(3) 図2のように，ポリエチレンのふくろAにはまわりの空気を入れ，Bには息をふきこみました。石灰水《せっかいすい》をそれぞれのふくろに入れてよくふると，石灰水はそれぞれどうなりますか。（10点）1つ5

A（　　　　　）　B（　　　　　）

図2

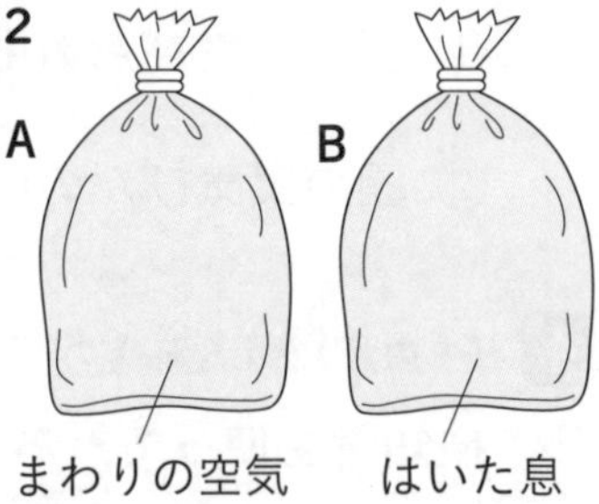

(4) 図2で息をふきこんだとき，ふくろの内側が白くくもりました。これは，はいた息に何がふくまれているからですか。（5点）
（　　　　　）

(5) 吸う息とはく息の気体の変化を調べるには，石灰水のほかに何を使って調べるとよいですか。（5点）
（　　　　　）

たいせつ **2** 〔呼吸のためのつくり〕**右の図は，人の呼吸に関係するつくりを表しています。次の問いに答えましょう。**

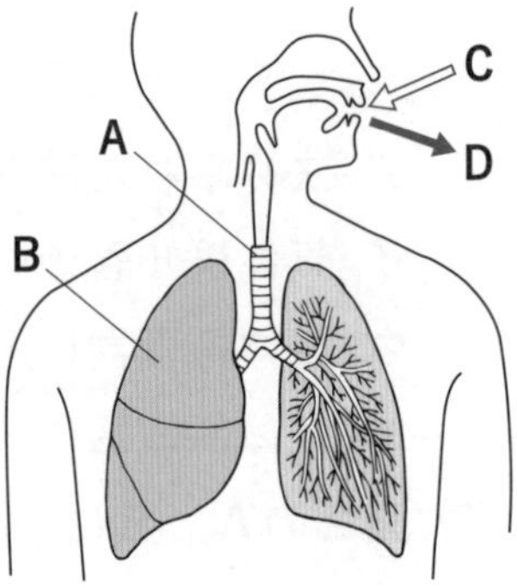

(1) 図のA，Bの部分をそれぞれ何といいますか。
（8点）1つ4　A（　　　）　B（　　　）

(2) 図のC（体内にとり入れる気体），D（体内から出す気体）はそれぞれ何ですか。（8点）1つ4

C（　　　　　）　D（　　　　　）

(3) 次の文の，(　)にあてはまることばを答えましょう。（4点）

図のBの部分にはたくさんの(　)が通っていて，ここでCが血液にとり入れられ，血液からDが出される。
（　　　　　）

復習のポイント!

- 呼吸《こきゅう》によって，空気中の気体の割合《わりあい》がどのように変化するか学習しましょう。
- 食べ物の通り道とそのはたらきを覚えましょう。

たいせつ **3** 〔消化と吸収《きゅうしゅう》のためのつくり〕 **右の図は，人の消化に関係するつくりを表しています。これについて，次の問いに答えましょう。**

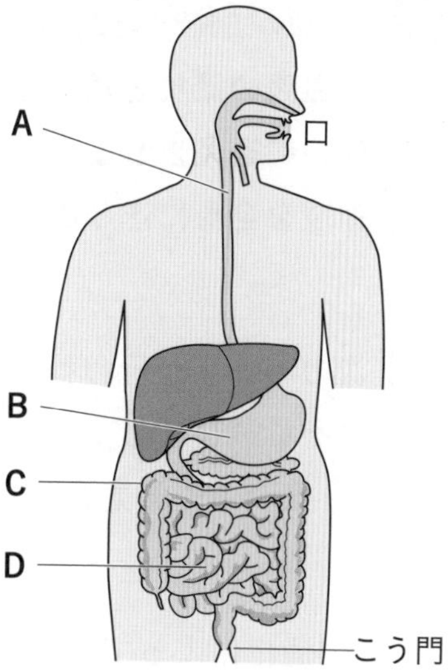

(1) 図の**A**～**D**の部分の名前を答えましょう。
(20点)1つ5　　**A**(　　　)　**B**(　　　)
C(　　　)　**D**(　　　)

(2) 図の**A**～**D**を，口から入った食べ物がこう門から出るまでに通る順にならべましょう。(5点)
口→(　　→　　→　　→　　)→こう門

(3) 口からこう門までの食べ物の通り道を何といいますか。(5点)　(　　　)

(4) 食べ物は，(3)を通る間に，からだに吸収されやすいものに変化します。このはたらきを何といいますか。(5点)　(　　　)

(5) (4)でできたものは，おもに図の**A**～**D**のどこから吸収されますか。(5点)
(　　　)

4 〔だ液のはたらき〕 **右の図のように，でんぷんの液を入れた試験管を２本用意し，一方にだ液を入れて，その変化を調べる実験をしました。次の問いに答えましょう。**(10点)1つ5

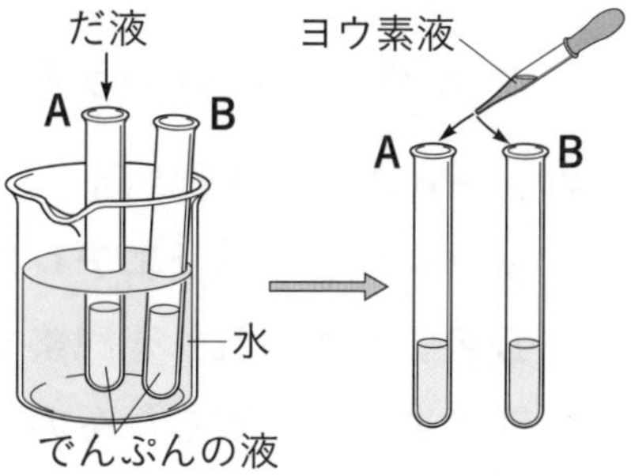

(1) ヨウ素液を加えたとき，**A**，**B**の液はどうなりますか。　(　　　)

ア　**A**は青むらさき色になるが，**B**は変化しない。
イ　**A**は変化しないが，**B**は青むらさき色になる。
ウ　どちらも青むらさき色になる。　**エ**　どちらも変化しない。

(2) この実験の結果から，どのようなことがわかりますか。次の文の(　)にあてはまることばを答えましょう。

でんぷんは，(　　　)のはたらきで別のものに変化した。

3 人や動物のからだ ②

月	日
〈時間〉20分	〈得点〉
〈合格〉80点	/100

答え→別冊19ページ

1 〔血液の流れとそのはたらき〕**右の図は，からだの中をめぐる血液の流れを表したものです。これについて，次の問いに答えましょう。**（25点）1つ5

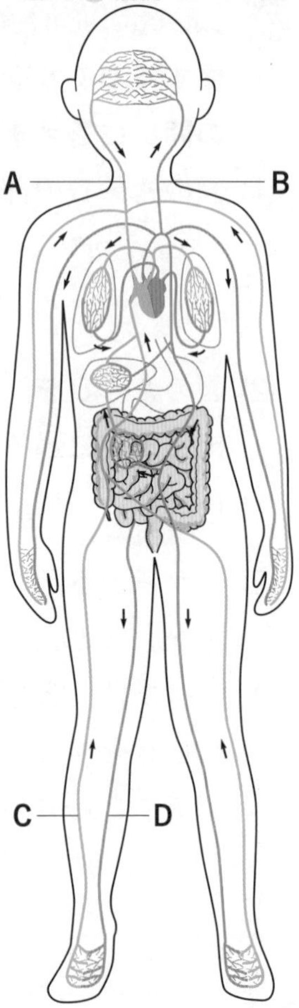

(1) 血液を全身に送り出している部分を何といいますか。

（　　　）

(2) 次の①，②が行われる部分はどこですか。あとからそれぞれ選びましょう。

① 血液中に酸素をとり入れ，二酸化炭素を出す。

（　　　）

② 消化によってできた養分を血液中にとり入れる。

（　　　）

ア 胃　**イ** 気管　**ウ** 大腸

エ 肺《はい》　**オ** 小腸　**カ** 食道

(3) 酸素を多くふくむ血液は，図の**A**～**D**のどれですか。すべて選びましょう。

（　　　）

(4) 人のからだで，手でさわると脈はくを感じるところはどこですか。次から選びましょう。

（　　　）

ア 鼻　**イ** 耳たぶ

ウ 手首　**エ** 足のうら

2 〔血液の流れの観察〕**図1のように，メダカと水をチャックつきのポリエチレンのふくろに入れて，けんび鏡で血液の流れを観察しました。図2は，そのときのようすを表したものです。これについて，次の問いに答えましょう。**（10点）1つ5

図1

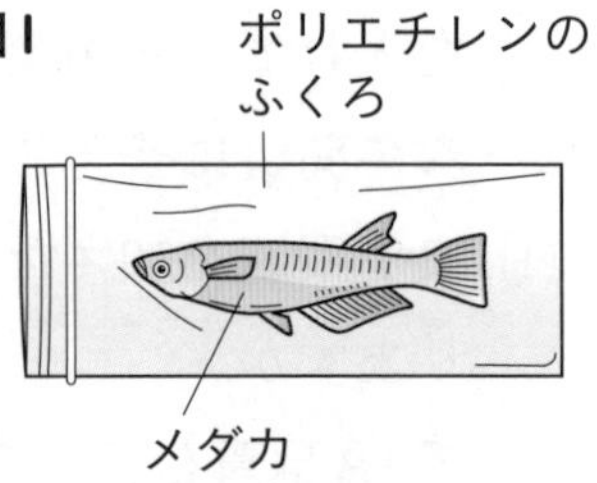

図2

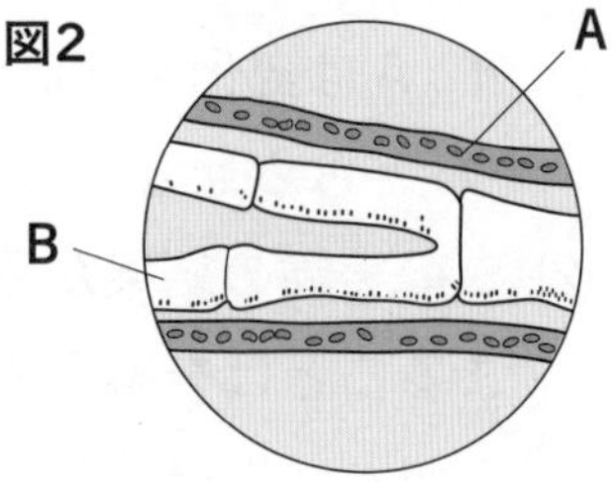

(1) この観察では，メダカのからだのどこを見ればよいですか。次から選びましょう。

（　　　）

ア 頭　**イ** えら　**ウ** はら　**エ** おびれ

(2) 血液の流れは，図2の**A**，**B**のどちらですか。

（　　　）

復習のポイント!

- 心臓《しんぞう》から送り出された血液は全身をめぐり，酸素や養分をからだの各部分にわたし，二酸化炭素を受けとってもどります。
- かん臓やじん臓がある位置とはたらきを調べましょう。

たいせつ **3** 〔人のからだのつくり〕 **右の図は，人のからだのつくりを示しています。次の問いに答えましょう。**

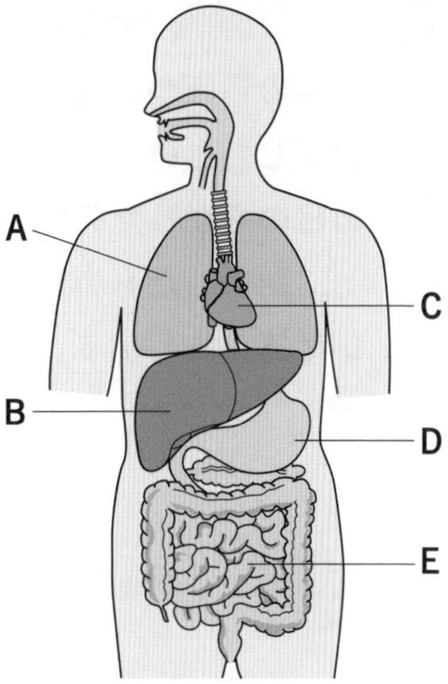

⑴ 次の①～④のはたらきをするのは，図のA～Eのどの部分ですか。また，その名前を答えましょう。

① 血液を全身に送り出す。(40点)1つ5

記号(　　)　名前(　　　　)

② 消化された養分を血液中に吸収《きゅうしゅう》する。

記号(　　)　名前(　　　　)

③ ②で吸収した養分をたくわえる。

記号(　　)　名前(　　　　)

④ 血液中に酸素をとり入れ，二酸化炭素を出す。

記号(　　)　名前(　　　　)

⑵ 消化管にふくまれるものは，図のA～Eのどの部分ですか。すべて選びましょう。(5点)

(　　　　)

たいせつ **4** 〔人のからだのつくり〕 **右の図は，人のからだのつくりを表したものです。次の問いに答えましょう。**

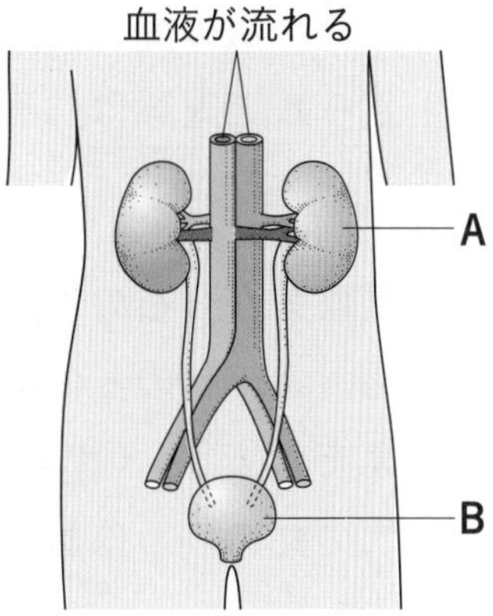

⑴ 図のA，Bの部分をそれぞれ何といいますか。(10点)1つ5

A(　　　　)　B(　　　　)

⑵ 図のA，Bのはたらきを，次からそれぞれ選びましょう。(10点)1つ5　A(　　)　B(　　)

ア 血液中から，いらなくなったものをとりのぞく。

イ 血液によって運ばれた養分をたくわえ，必要があれば送り出す。

ウ ちぢんだり，ゆるんだりして，全身に血液を送り出す。

エ にょうを一時的にためる。

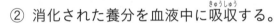

4 月と太陽

月　日

〈時間〉20分

〈合格〉80点

〈得点〉　/100

答え→別冊19ページ

1 〔月の形と太陽の位置〕**図1は，ある日の日ぼつ直後の月を観察し，記録したものです。図2は，別の日のちがった時《じ》刻《こく》に月を観察し，記録したものです。次の問いに答えましょう。**

図1

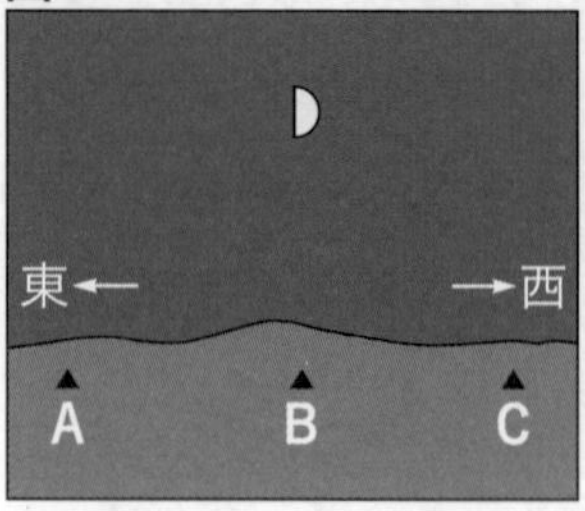

図2

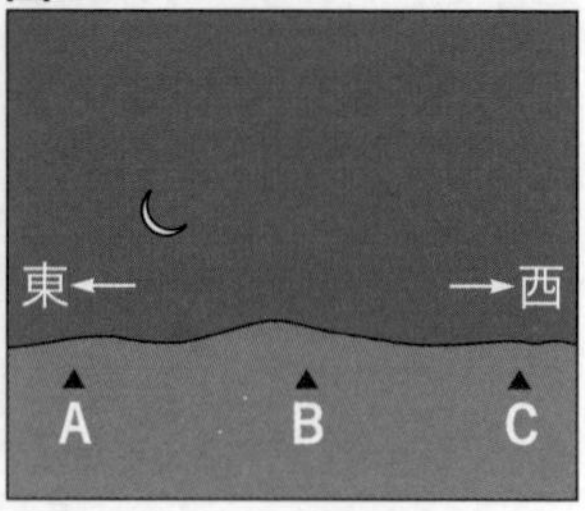

⑴ 図1，図2で，太陽はそれぞれ**A**～**C**のどの位置にありますか。（10点）1つ5

図1（　　　）　図2（　　　）

⑵ 図2のような形の月が見られるのは，朝，夜のどちらですか。（5点）（　　　）

たいせつ **2** 〔月の形と太陽の位置関係〕**月の形が日によって変わって見える理由を調べるため，暗くした部屋で，右の図のようにボールに電球の光をあてて，どの部分が明るく光って見えるかを観察しました。次の問いに答えましょう。**

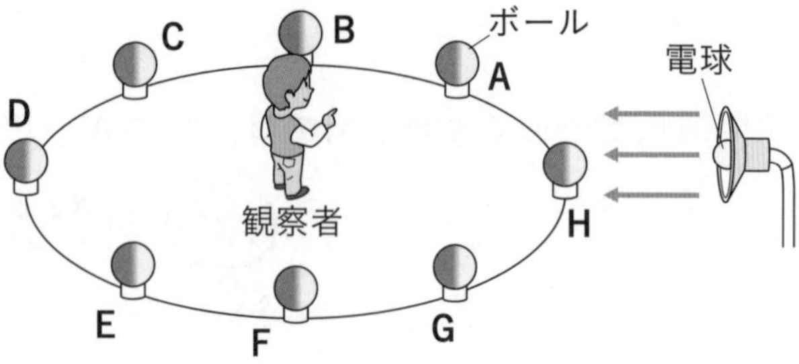

⑴ ボールと電球は，それぞれ何を表していますか。（12点）1つ6

ボール（　　　）　電球（　　　）

⑵ 観察者から右の①，②のように見えるのは，ボールが図の**A**～**H**のどの位置にあるときですか。それぞれ答えましょう。（12点）1つ6　①（　　　）　②（　　　）

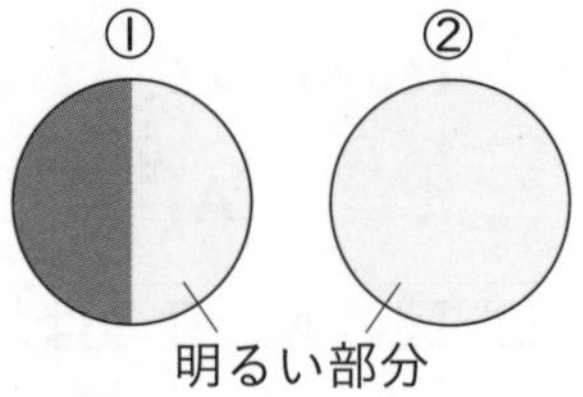

⑶ 次の文の（　）にあてはまることばを答えましょう。（12点）1つ6

この観察から，月の形が日によって変わって見えるのは，（①　　　）の位置が日ごとに変わっていくため，（②　　　）の光があたる部分の見え方が変わるからであるとわかる。

復習のポイント！

- 月は太陽の光を受けた部分がかがやいて見えるので，月と太陽の位置の関係が変わると，月の形は変わって見えます。
- 太陽と月の特ちょうを覚えましょう。

3 〔月の形と太陽の位置〕

右の図は，地球（観察者）から見た太陽と月の位置の関係を表したものです。

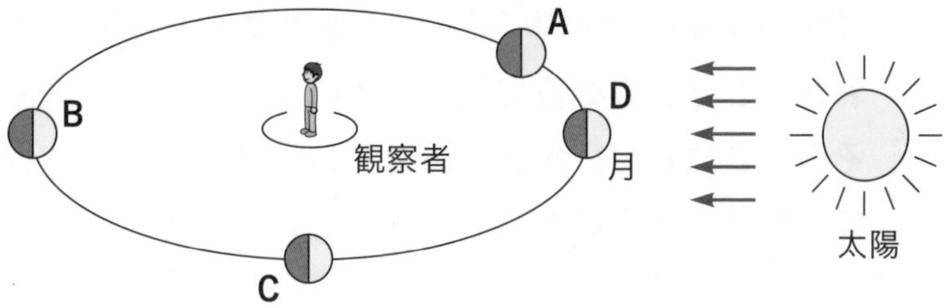

これについて，次の問いに答えましょう。

⑴ A～Cの位置に月があるとき，地球からはどのような形に見えますか。次からそれぞれ選び，記号で答えましょう。（15点）1つ5

A（　　）
B（　　）
C（　　）

⑵ Dの位置に月があるとき，月は太陽と同じ方向にあるため見ることができません。このときの月を何といいますか。（5点）（　　）

⑶ Bの位置にあるときに見えた月の形がふたたびもとの形にもどるのにどのくらいかかりますか。次から選び，記号で答えましょう。（5点）（　　）

ア 約１週間　**イ** 約２週間　**ウ** 約１か月　**エ** 約２か月

たいせつ **4** 〔月と太陽の特ちょう〕**あとのア～カの文は，月と太陽の特ちょうを説明したものです。⑴～⑶にあてはまるものをすべて選び，記号で答えましょう。**（24点）1つ8

⑴ 月と太陽のどちらにもあてはまる特ちょうはどれですか。（　　）

⑵ 月だけにあてはまる特ちょうはどれですか。（　　）

⑶ 太陽だけにあてはまる特ちょうはどれですか。（　　）

ア 自分で光を出してかがやいている。
イ 自分では光を出さない。
ウ 球形をしている。
エ 表面にはクレーターとよばれるくぼみが見られる。
オ 表面から強い光を出している。
カ 表面は砂《すな》や岩石でできている。

5 植物のはたらき

月　日

〈時間〉20分

〈合格〉80点

〈得点〉 /100

答え → 別冊20ページ

たいせつ **1** 〔日光とでんぷんのでき方〕 **ジャガイモの葉A・Bに，アルミニウムはくをかぶせておきました。次の日の朝，図1のようにAのアルミニウムはくをはずし，Bはそのままにして，午後2時まで日光によくあてました。このA・Bの葉をとり，図2のような実験をしました。これについて，あとの問いに答えましょう。**

図1

図2

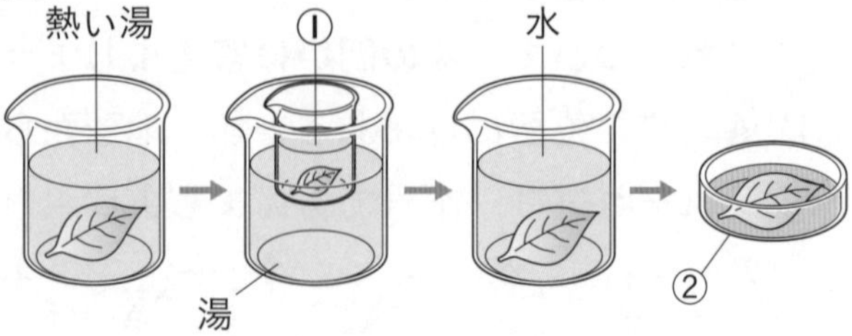

⑴ 図2で，①，②に入れる薬品には何を使えばよいですか。それぞれの薬品の名前を書きましょう。(12点)1つ6　①(　　　　)　②(　　　　)

⑵ 図2の①に入れると，A・Bの葉はどちらも同じような色になりました。どのような色ですか。最も近いものを次から選び，記号で答えましょう。(6点)　(　　)

ア 青色　**イ** 白色　**ウ** 黒色　**エ** だいだい色

⑶ 図2の②につけると青むらさき色になったのは，A・Bのどちらですか。(6点)　(　　)

⑷ ⑶で青むらさき色になったのは，葉に何という養分ができたからですか。(6点)　(　　　　)

⑸ この実験で，朝にAのアルミニウムはくをはずしてすぐに，図2と同じ実験をすると，②につけたときのAの葉の色はどうなると考えられますか。次から選び，記号で答えましょう。(6点)　(　　)

ア 青むらさき色になる。

イ 午後2時まで日光によくあてた場合よりもこい青むらさき色になる。

ウ ほとんどかわらない。

⑹ この実験から，植物の葉に養分ができるには，何が必要であることがわかりますか。(6点)　(　　　　)

復習のポイント!

- 葉のでんぷんを調べる実験について学習しましょう。
- 根・くき・葉には水の通り道があります。根からとり入れた水がどこを通ってからだじゅうにいきわたるかを調べましょう。

たいせつ **2** [植物の水の通り道] **右の図のように，ホウセンカを食紅《しょくべに》で色をつけた水にさして，しばらくそのままにしておきました。これについて，次の問いに答えましょう。**

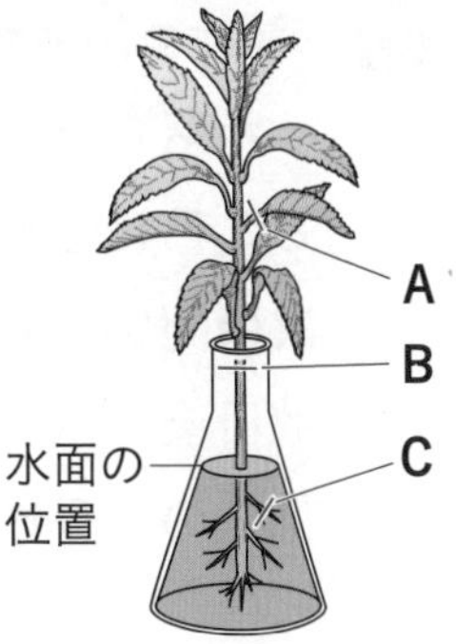

(1) ホウセンカのからだ全体がそまってから，図のA～Cの部分を横に切って，切り口を調べました。切り口はそれぞれどうなっていますか。次から選び，記号で答えましょう。ただし，赤色の部分が，そまった部分を表しています。

(21点)1つ7　A(　　　)　B(　　　)　C(　　　)

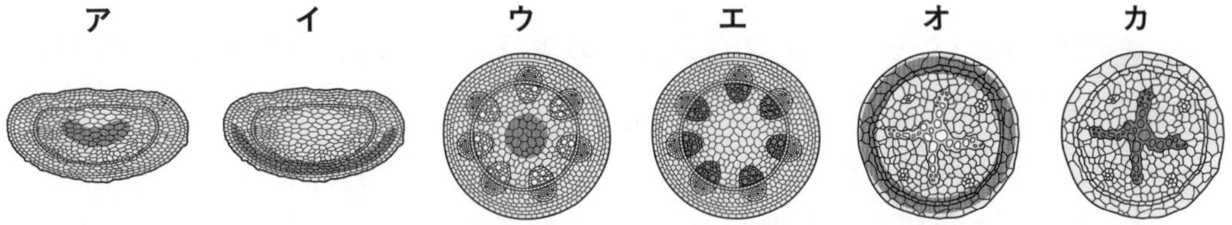

(2) 次の日，フラスコの中の水面の位置は，はじめと比べてどうなりましたか。

(7点)　(　　　　　)

3 [植物にとり入れられた水のゆくえ] **晴れた日に，右の図のように，葉のついたホウセンカと，葉をすべてとりさったホウセンカにポリエチレンのふくろをかぶせて口を閉じ，10分間そのままにしておきました。次の問いに答えましょう。**

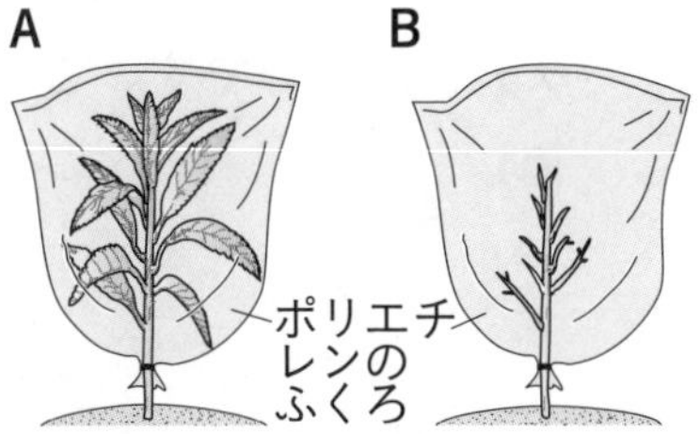

(1) ふくろの内側がくもったのは，A・Bのどちらですか。(6点)　(　　　)

(2) 次の文の(　)にあてはまることばをあとから選び，記号で答えましょう。

(18点)1つ6　①(　　　)　②(　　　)　③(　　　)

植物の(①)からとり入れられ，(②)を上がってきた水の大部分は，(③)の表面にある小さなあなから水蒸《すいじょう》気《き》になって出ていく。

ア 葉　**イ** くき　**ウ** 根

(3) 植物のからだの中から水が水蒸気になって出ていくことを何といいますか。

(6点)　(　　　　)

6 生き物と環境《かんきょう》 ①

月　日

〈時間〉20分
〈合格〉80点
〈得点〉　/100

答え → 別冊 20 ページ

1 〔動物の食べ物〕 **右の図のように，ペトリ皿にしめった落ち葉と数ひきのダンゴムシを入れて，暗いところに数日置いておきました。これについて，次の問いに答えましょう。**（21点）1つ7

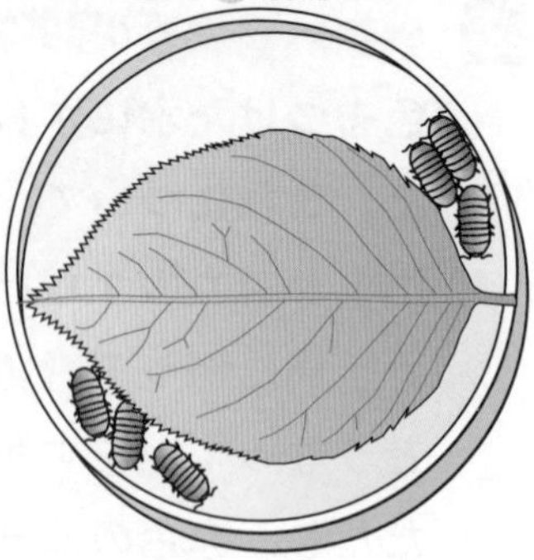

(1) 数日後，ペトリ皿を観察すると，落ち葉のようすはどのようになっていますか。

（　　　　　）

(2) (1)から，ダンゴムシは，何を食べているとわかりますか。　（　　　　）

(3) 観察が終わったら，ダンゴムシはどのようにすればよいですか。次から選び，記号で答えましょう。　（　　）

ア そのまま飼育する。

イ つかまえた場所にもどす。

ウ 他の動物のえさにする。

たいせつ **2** 〔水中の小さな生き物〕 **図1は，池の中の小さな生き物をけんび鏡で観察し，スケッチしたものです。これについて，あとの問いに答えましょう。**

図1

A　B　C　D

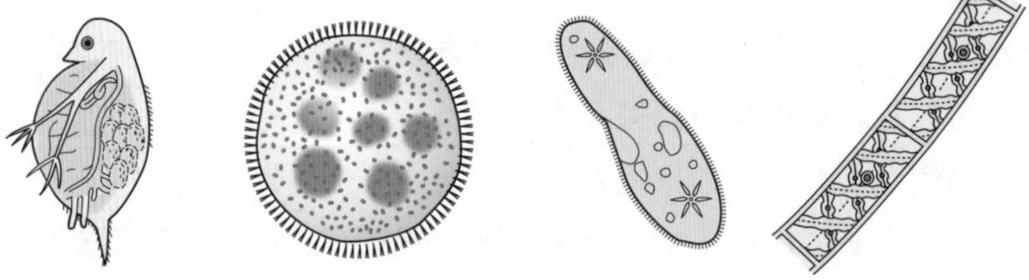

(1) 図1の**A**～**D**の生き物の名前を答えましょう。（28点）1つ7

A（　　　　　）　**B**（　　　　　）

C（　　　　　）　**D**（　　　　　）

図2

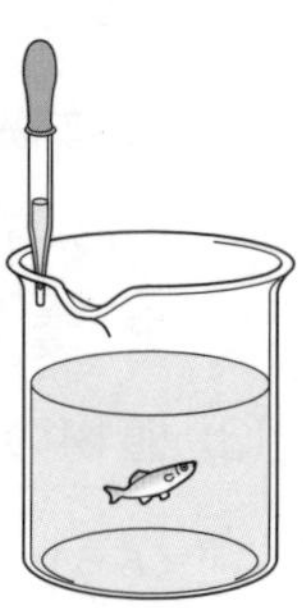

(2) 図2のように，**A**の生き物をメダカにあたえると，メダカはどうしますか。（8点）　（　　　　　）

復習のポイント！

食べる・食べられるという関係は，陸上だけでなく，水の中や土の中でも見られます。動物の食べ物のもとをたどると，植物にいきつくことを覚えましょう。

たいせつ **3** ［草原にすむ生き物の食べ物］ **次の図は，ある草原にすむ生き物を示しています。これについて，あとの問いに答えましょう。**

A カマキリ

B チョウ

C ヒバリ

D 植物

⑴ 図の**A**～**D**の生き物を，食べられるものから食べるものになるように，順にならべかえましょう。（8点）　（　　→　　→　　→　　）

⑵ 植物を食べる動物を何といいますか。（7点）　（　　　）

⑶ ほかの動物を食べる動物を何といいますか。（7点）　（　　　）

⑷ ⑴のように，生き物が食べる・食べられるという関係でつながっていることを何といいますか。（7点）　（　　　）

⑸ ⑷のつながりは，海の中でも見られます。海の中にいる生き物を，食べられるものから食べるものになるようにならべたものはどれですか。次から選び，記号で答えましょう。（7点）　（　　）

ア 水中の小さな生き物→オキアミ→アジ→カツオ
イ 水中の小さな生き物→オキアミ→カツオ→アジ
ウ アジ→水中の小さな生き物→オキアミ→カツオ
エ アジ→水中の小さな生き物→カツオ→オキアミ
オ オキアミ→水中の小さな生き物→アジ→カツオ
カ オキアミ→水中の小さな生き物→カツオ→アジ

⑹ 動物の食べ物のもとをたどると，すべて何にいきつきますか。（7点）

（　　　）

7

生き物と環《かん》境《きょう》 ②

月　日

〈時間〉20分

〈合格〉80点

〈得点〉 /100

答え → 別冊 20 ページ

たいせつ **1** ［生き物と空気］**次の図は，生き物と空気の関わりについて示したものです。これについて，あとの問いに答えましょう。**

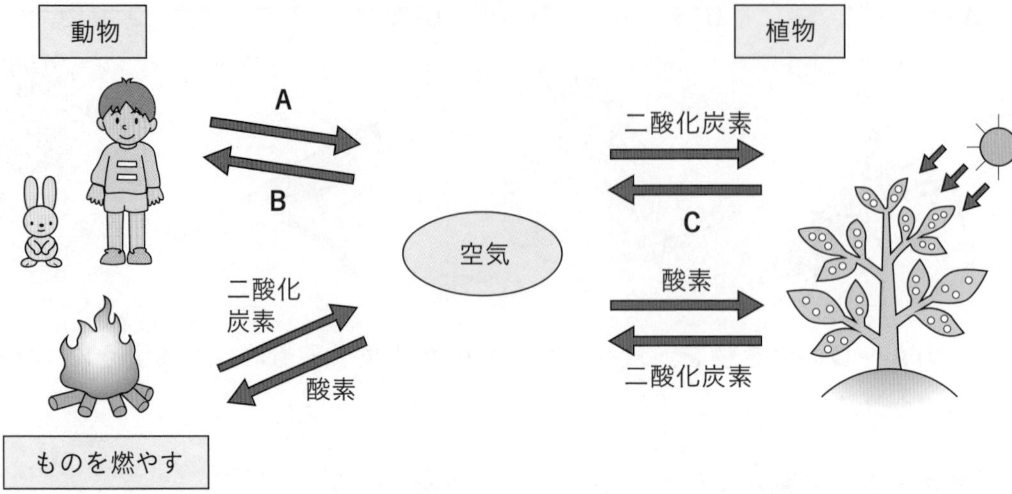

⑴ 図の**A**，**B**にあてはまる気体はそれぞれ何ですか。（14点）1つ7

A（　　　　　）　**B**（　　　　　）

⑵ 動物が**B**をとり入れ，**A**を出すはたらきを何といいますか。（7点）（　　　　）

⑶ 植物に日光があたると，二酸化炭素をとり入れ，空気中に**C**の気体を出します。**C**は何ですか。（7点）（　　　　）

⑷ 1日のうちで，植物が酸素をとり入れ，二酸化炭素を出すのはいつですか。次から選び，記号で答えましょう。（7点）（　　）

ア 昼だけ

イ 夜だけ

ウ 1日中

⑸ 空気中の酸素がなくならないのは，何のおかげですか。次から選び，記号で答えましょう。（7点）（　　）

ア 動物

イ 植物

ウ 燃やすもの

復習のポイント！

植物や動物などの生き物は，水と空気がなくては，生きていけません。人をふくめた動物や植物の水，空気を通してのかかわりについて整理しましょう。

たいせつ **2** ［生き物と水］**次の図は，いろいろな生き物のからだにふくまれている水の割合《わりあい》を表したものです。これについて，あとの問いに答えましょう。**

A 人　　B ジャガイモ　　C ウシ

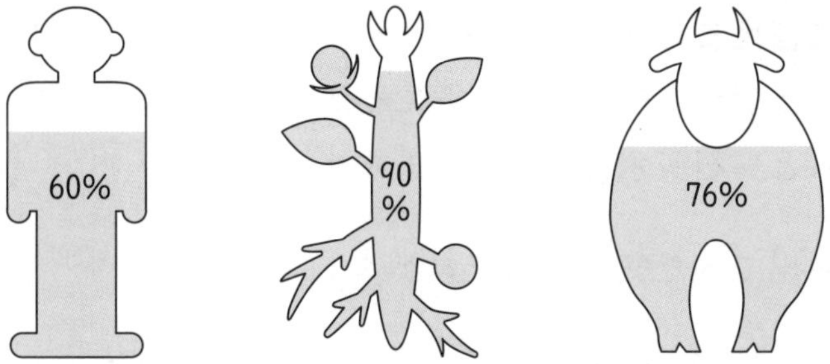

(1) 図のA～Cの生き物のうち，水をとり入れなくても生きていけるものには○を，水がなければ生きていけないものには×をつけましょう。（21点）1つ7

A（　　） B（　　） C（　　）

(2) 植物がとり入れた水の多くは，どうなりますか。次から選び，記号で答えましょう。（7点）（　　）

ア 葉やくきにためられている。

イ 水蒸気《すいじょうき》となって，根から出ていく。

ウ 水蒸気となって，葉から出ていく。

(3) 地球上で，空気中の水蒸気は上空に運ばれて何になりますか。（7点）（　　）

たいせつ **3** ［生き物と環境《かんきょう》］**生き物と環境の関わり合いについて，次の問いに答えましょう。**

(1) 人や動物，植物は，何を通して関わり合って生きていますか。食べ物のほかに，2つ答えましょう。（16点）1つ8（　　）（　　）

(2) 地球上で，生きていくために必要な養分や酸素をつくり出しているものは植物・動物・人のどれですか。次から選び，記号で答えましょう。（7点）（　　）

ア 植物だけ

イ 動物だけ

ウ 人だけ

エ 植物と動物

オ 動物と人

8 水よう液の性質 ①

月　日

〈時間〉20分　〈合格〉80点　〈得点〉　/100

答え → 別冊21ページ

たいせつ **1** 〔炭酸水から出る気体の性質〕**図1のようにして，水を入れたプラスチックの容器に，炭酸水から出てくる気体を集めました。これについて，次の問いに答えましょう。**（56点）1つ8

図1

(1) 気体を集めたプラスチックの容器に石灰水《せっかいすい》を入れてふると，石灰水はどうなりますか。　（　　　　）

(2) 炭酸水から出てきた気体は何ですか。　（　　　　）

(3) 図2のように，(2)の気体を半分くらい集めたプラスチックの容器にふたをしてよくふりました。容器はどうなりますか。次から選び，記号で答えましょう。　（　　）

ア 容器が大きくふくらむ。　**イ** 容器がへこむ。

ウ 容器の内側に白いものがつく。　**エ** 何も変化しない。

図2

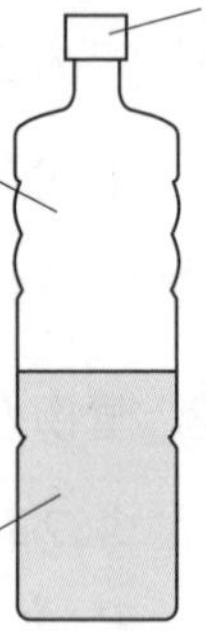

(4) (3)のようになるのはなぜですか。簡単《かんたん》に答えましょう。

（　　　　　　　　　　　　）

(5) (3)で，容器をふったあと，ふたをとって中の水よう液の性質を調べました。この水よう液の性質として正しいものを，次からすべて選び，記号で答えましょう。　（　　　　）

ア うすい緑色で，とう明である。

イ 無色で，とう明である。

ウ においはしない。

エ 鼻につんとくるようなにおいがする。

オ 石灰水を入れてふると，白くにごる。

カ 石灰水を入れてふっても変化しない。

(6) (5)で調べた容器の中の水よう液を何といいますか。　（　　　　）

(7) (5)で，水よう液の性質を調べるとき，少しなめて味を調べてもよいですか。よい，よくないのいずれかで答えましょう。　（　　　　）

復習のポイント！

- 水よう液は，とけているものによって，それぞれ性質がちがいます。いろいろな水よう液の性質を覚えましょう。
- 化学薬品を安全にあつかう方法を学習しましょう。

たいせつ **2** ［水よう液にとけているもの］ **次のア～カの水よう液を蒸発皿《じょうはつざら》に少しとり，それぞれ右の図のようにして熱しました。これについて，あとの問いに答えましょう。**（20点）1つ5

ア 塩酸　　**イ** アンモニア水　　**ウ** 石灰水《せっかいすい》

エ 食塩水　　**オ** 炭酸水　　**カ** ホウ酸水

⑴ 熱しているとき，強いにおいがするものはどれですか。すべて選び，記号で答えましょう。（　　　）

⑵ 水よう液を熱して水を蒸発させたとき，蒸発皿に何も残らないものはどれですか。すべて選び，記号で答えましょう。（　　　）

⑶ ⑵で選んだものを熱したときに，蒸発皿に何も残らなかったのはなぜですか。

（　　　　　　　　　　）

⑷ 蒸発させたとき，蒸発皿につぶが残った水よう液には，どのようなものがとけているといえますか。（　　　）

3 ［化学薬品のあつかい方］ **化学薬品をあつかうときの注意について，次の問いに答えましょう。**（24点）1つ8

⑴ 水よう液のにおいをかぐときは，どのようにしてかぐのがよいですか。次から選び，記号で答えましょう。（　　　）

ア 水よう液に鼻を近づけて，強く吸《す》いこむ。

イ 蒸発皿に少しとって熱し，顔を近づけてにおいをかぐ。

ウ 顔を近づけないで，手であおぐようにしてにおいをかぐ。

⑵ 薬品が手についてしまったときは，どうすればよいですか。次から選び，記号で答えましょう。（　　　）

ア 水道水で洗《あら》い流す。　　**イ** すぐに消毒用の薬をつける。

ウ かわいた布でよくふきとる。　　**エ** ぬれた布でよくふきとる。

⑶ 実験に使った薬品は，どのようにしてかたづけますか。次から選び，記号で答えましょう。（　　　）

ア すべて１つの容器に集める。　　**イ** それぞれ決まった容器に集める。

ウ 水でうすめて流し場に流す。　　**エ** そのまま流し場に流す。

9 水よう液の性質 ②

月　日

〈時間〉20分
〈合格〉80点
〈得点〉 /100

答え → 別冊21ページ

たいせつ **1** 〔水よう液を区別する方法〕**右の図のように，リトマス紙を使って水よう液の性質を調べました。次の問いに答えましょう。**

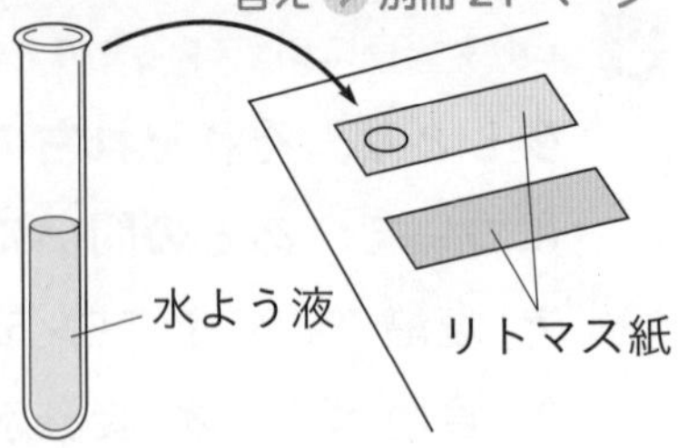

(1) リトマス紙を容器からとり出すとき，何を使ってリトマス紙をつまみますか。(4点)
(　　　　　)

(2) 水よう液をリトマス紙につけるとき，どのようにするのがよいですか。次から選び，記号で答えましょう。(4点)　(　　)

ア リトマス紙を水よう液の中に入れる。

イ 試験管をかたむけて，リトマス紙に水よう液をかける。

ウ 水よう液をゆびにつけ，それをリトマス紙につける。

エ 水よう液をガラス棒《ぼう》につけ，それをリトマス紙につける。

(3) 酸性・アルカリ性の水よう液は，それぞれ何色のリトマス紙を何色に変えますか。(8点)1つ4　酸性(　　→　　)　アルカリ性(　　→　　)

(4) 2種類のリトマス紙の，どちらの色も変えない水よう液があります。このような水よう液の性質を何といいますか。(4点)　(　　　　)

2 〔水よう液の性質〕**次の問いに答えましょう。**

(1) 次の**ア**～**カ**の水よう液のうち，酸性の水よう液とアルカリ性の水よう液をそれぞれすべて選び，記号で答えましょう。(14点)1つ7

ア 石灰水《せっかいすい》　**イ** 食塩水　**ウ** 水酸化ナトリウム水よう液

エ うすい塩酸　**オ** アンモニア水　**カ** 炭酸水

酸性(　　　　)　アルカリ性(　　　　)

(2) ふつうの雨水は，どんな性質をもっていますか。次から選び，記号で答えましょう。(7点)　(　　)

ア 弱い酸性　**イ** 弱いアルカリ性　**ウ** 中性

(3) 工場のけむりや自動車のはい気ガスがとけこんで，(2)の性質が強くなった雨を何といいますか。(7点)　(　　　　)

復習のポイント!

水よう液をリトマス紙によって区別する方法を覚えましょう。また，金属をとかす水よう液と，とけてできたものについて学習しましょう。

たいせつ **3** ［水よう液に金属を入れたときの変化］ **右の図のように，うすい塩酸の入ったA，Bの２本の試験管に，よくみがいた鉄とアルミニウムをそれぞれ入れると，表面からあわが出ました。これについて，次の問いに答えましょう。**

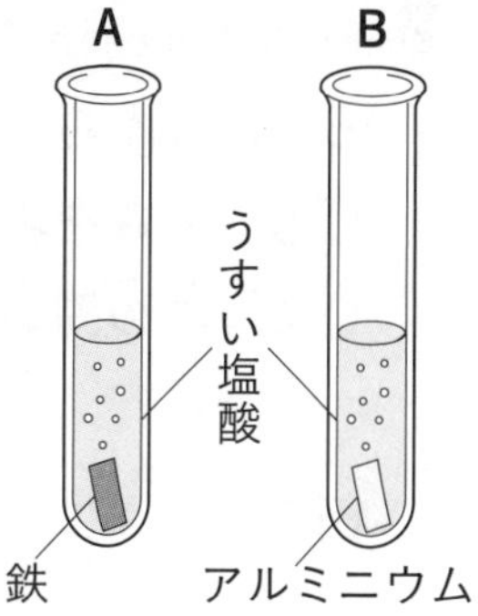

⑴ 塩酸の性質は何性ですか。（7点） （　　　　性）

⑵ このままほうっておくと，A，Bの試験管の金属はどうなっていきますか。それぞれについて答えましょう。

（14点）1つ7 A（　　　　） B（　　　　）

⑶ 次に，水酸化ナトリウム水よう液の入った２本の試験管を用意し，それぞれに鉄とアルミニウムを入れました。このときのようすとして正しいものを，次から選び，記号で答えましょう。（7点） （　　）

ア どちらの金属からも，あわが出る。

イ 鉄からはあわが出るが，アルミニウムからはあわが出ない。

ウ 鉄からはあわが出ないが，アルミニウムからはあわが出る。

エ どちらの金属からも，あわは出ない。

たいせつ **4** ［金属がとけてできるもの］ **うすい塩酸にアルミニウムがとけた液を，右の図のように蒸発皿《じょうはつざら》にとって熱すると，Aの粉が残りました。次の問いに答えましょう。**（24点）1つ6

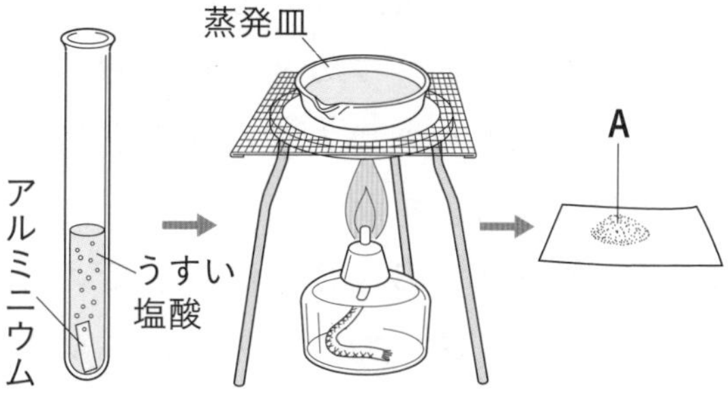

⑴ Aは何色ですか。 （　　色）

⑵ Aの粉をうすい塩酸に入れるとどうなりますか。次から選び，記号で答えましょう。 （　　）

ア あわを出してとける。　**イ** とけるが，あわは出ない。　**ウ** とけない。

⑶ アルミニウムとAの粉は同じものだといえますか。 （　　）

⑷ アルミニウムが塩酸にとけるときの変化は，食塩が水にとけるときの変化と同じですか。 （　　）

10 てこのはたらき ①

月　日

〈時間〉20分

〈合格〉80点

〈得点〉/100

答え → 別冊22ページ

たいせつ **1** ［棒《ぼう》でものを動かすしくみ］**図1は，棒を使って砂《すな》ぶくろを入れたバケツを持ち上げるしくみを表しています。これについて，次の問いに答えましょう。**

（56点）1つ8

図1

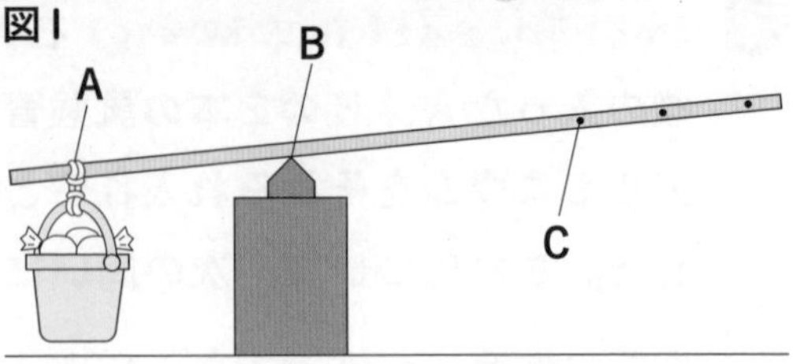

⑴ **図1**のようにして棒を使ったしくみを何といいますか。（　　　）

⑵ **図1**の**A**は，棒が動かすものにふれて力をはたらかせているところです。**A**の点を何といいますか。（　　　）

⑶ **図1**の**B**は，棒を支えているところです。**B**の点を何といいますか。（　　　）

⑷ **図1**の**C**は，棒をおして力を加えるところです。**C**の点を何といいますか。（　　　）

⑸ **図1**のしくみを使って，できるだけ小さな力で，バケツを持ち上げる方法を考えました。ただし，バケツに入れる砂ぶくろの数は変えないものとします。

① **図2**で，**A**，**B**の位置を変えないとき，**ア**～**ウ**のどの点をおすといちばん小さい力でバケツを持ち上げられますか。（　　　）

図2

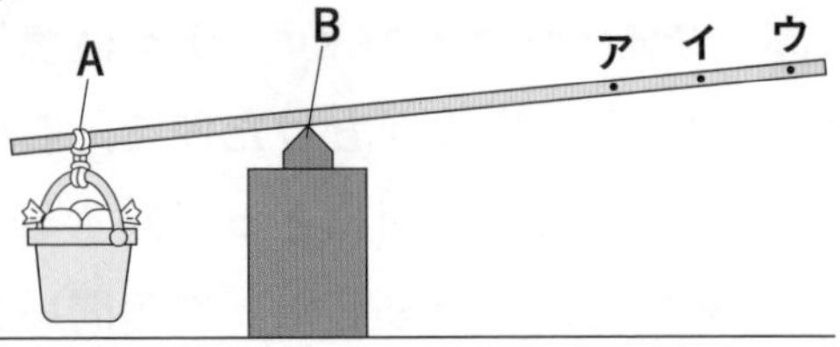

② **図3**で，**B**，**C**の位置を変えないとき，**エ**～**カ**のどの点にバケツをつるすといちばん小さい力でバケツを持ち上げられますか。（　　　）

図3

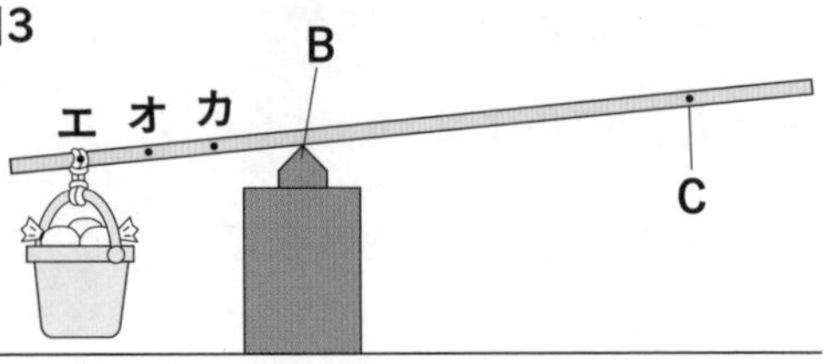

③ **図4**で，**A**，**C**の位置を変えないとき，**キ**～**ケ**のどの点で棒を支えるといちばん小さい力でバケツを持ち上げられますか。（　　　）

図4

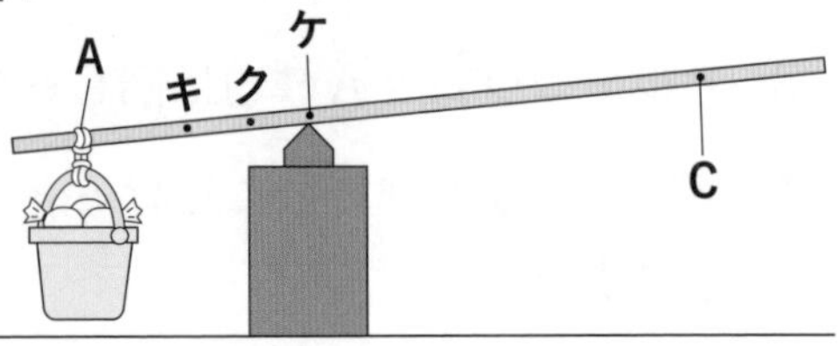

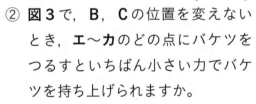

復習のポイント！

棒《ぼう》を支点《してん》で支え，力点《りきてん》に力を加え，作用点《さようてん》で力がはたらくようにしたものをてこといいます。てこのはたらきと３つの点のきょりとの関係を整理して覚えましょう。

たいせつ **2** ［てこのしくみ］ **右の図のように，棒《ぼう》を使って大きな石を動かします。これについて，次の問いに答えましょう。**

（24点）1つ8

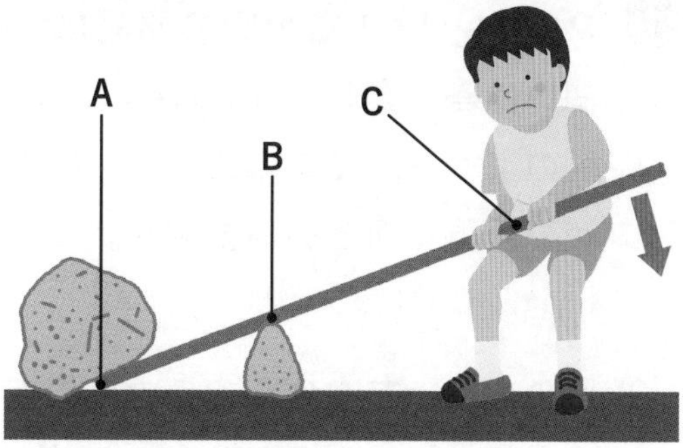

⑴ 図で，棒を支えているのは**A**～**C**のどの点ですか。（　　）

⑵ 図の**A**と**B**の間のきょりはそのままで，**B**と**C**の間のきょりを長くすると，棒をおしたときの手ごたえはどうなりますか。次から選び，記号で答えましょう。（　　）

ア 小さくなる。　**イ** 大きくなる。　**ウ** 変わらない。

⑶ 図の**B**と**C**の間のきょりはそのままで，**A**と**B**の間のきょりを長くすると，棒をおしたときの手ごたえはどうなりますか。次から選び，記号で答えましょう。

ア 小さくなる。　**イ** 大きくなる。　**ウ** 変わらない。（　　）

3 ［てこの利用］ **てこを利用した道具について，次の問いに答えましょう。**

⑴ 右の図のくぎぬきは，てこを利用した道具です。支点は図の**A**～**D**のどこですか。（5点）（　　）

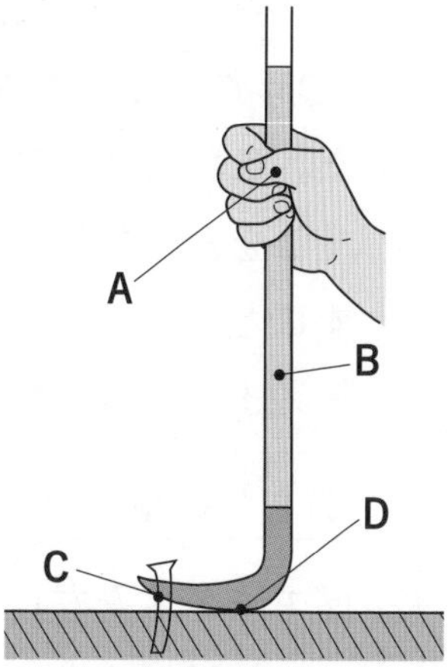

⑵ 次の文の（　）にあてはまることばを，下から選び，記号で答えましょう。（10点）1つ5

てこのはたらきを利用したくぎぬきは，（ ① ）のきょりにくらべて（ ② ）のきょりが長くなるようにつくられているので，小さな力でくぎをぬくことができます。

ア 支点から力点まで

イ 支点から作用点まで

ウ 力点から作用点まで　①（　　）②（　　）

⑶ てこを利用した道具のうち，作用点が支点と力点の間にあるものを次から選び，記号で答えましょう。（5点）（　　）

ア ピンセット　**イ** はさみ　**ウ** せんぬき　**エ** ペンチ

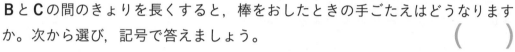

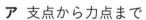

11 てこのはたらき ②

月　日
〈時間〉20分
〈合格〉80点
〈得点〉　／100

答え→別冊22ページ

たいせつ **1** ［てこのつりあい］**右の図の器具について，次の問いに答えましょう。**（24点）1つ6

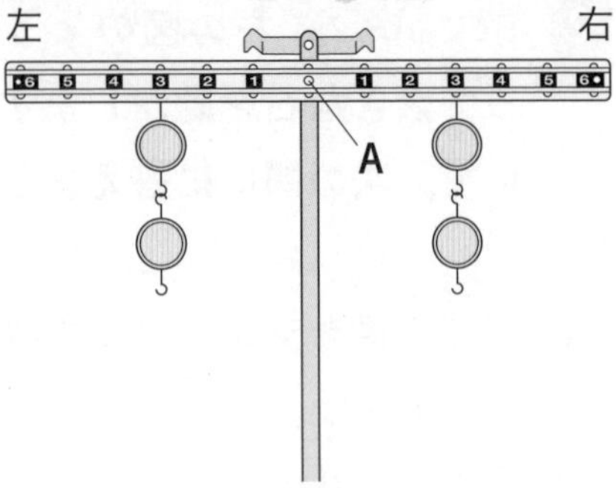

⑴ 図のような，てこのつりあいの実験をするための器具を何といいますか。
（　　　　　）

⑵ 図のAは，左右のうでの中央の点です。この点を何といいますか。（　　　　　）

⑶ 左右のうでに書かれている数字は何を表していますか。次から選び，記号で答えましょう。（　　）

ア その点につるすおもりの数

イ うでの太さ

ウ Aからのきょり

⑷ 図のおもりをすべてはずしたとき，左右のうではどうなりますか。
（　　　　　　　　）

たいせつ **2** ［てこをかたむけるはたらき］**右の図のように，1個10gのおもりをてこのうでにつり下げました。これについて，次の問いに答えましょう。**

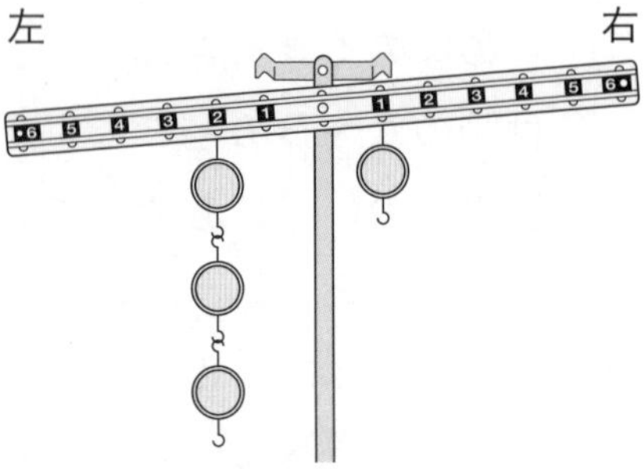

⑴ てこをかたむけるはたらきは，次のように表すことができます。（　）にあてはまる記号を答えましょう。（8点）

おもりの重さ（　　）支点《してん》からのきょり（目もり）

⑵ 図で，てこを左にかたむけるはたらきと右にかたむけるはたらきは，それぞれどれだけですか。（16点）1つ8

左にかたむけるはたらき（　　　　　）

右にかたむけるはたらき（　　　　　）

⑶ 図のてこを，おもりの数を変えずに，水平につりあわせます。左のうでの3このおもりはそのままにしておくとき，右のうでのおもりを何番の目もりの位置につり下げるとよいですか。（8点）

（　　　　　番）

復習のポイント！

- てこをかたむけるはたらきは，おもりの重さと支点《してん》からのきょりの積で表され，右と左のかたむけるはたらきが等しいとき，てこは水平につりあいます。

3 〔てこのつりあいのきまり〕 **次のようにてこのうでにおもりをつるし，てこのつりあいについて調べました。てこが水平につりあうものには○，左にかたむくものには左，右にかたむくものには右と答えましょう。ただし，おもり１個の重さはすべて同じで，10 g であるものとします。** (20点)1つ5

(1)

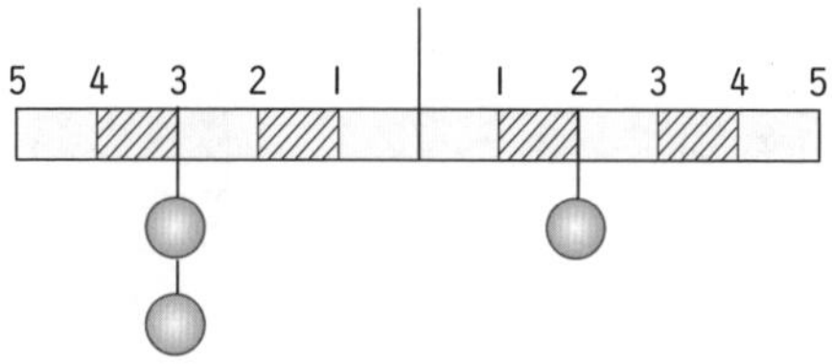

(2)

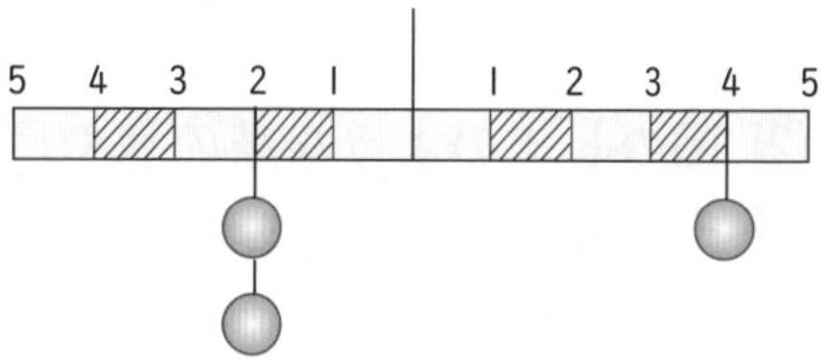

(3)

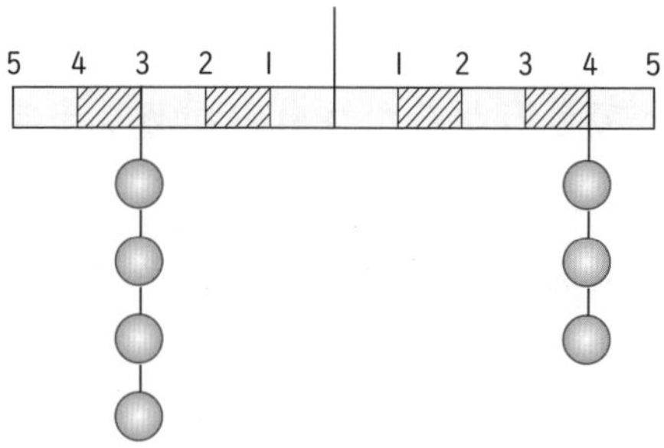

(4)

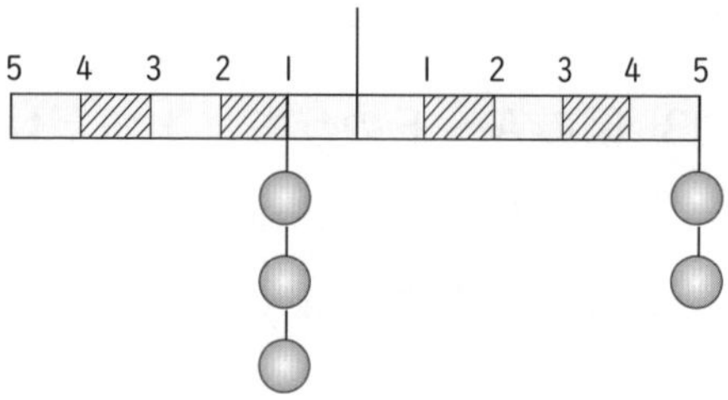

(1)(　　) (2)(　　) (3)(　　) (4)(　　)

4 〔てこのつりあい〕 **右の図のように，てこのうでにおもりをつり下げたところ，てこが一方にかたむきました。これについて，次の問いに答えましょう。** (24点)1つ8

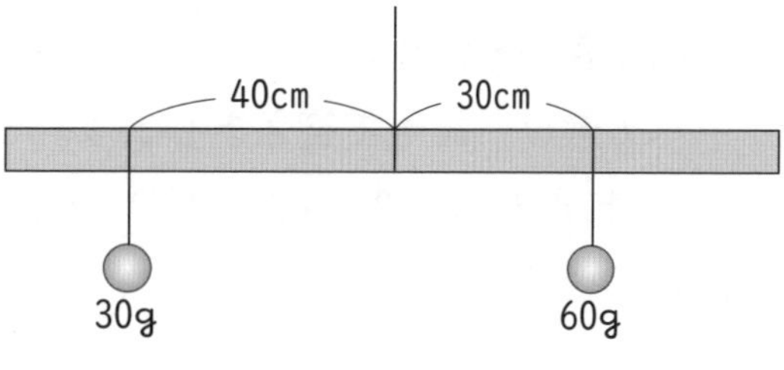

(1) てこは左と右のどちらにかたむきますか。 (　　)

(2) おもりの重さは変えずに，右のおもりをつり下げる位置を変えて，てこを水平につりあわせるためには，右のおもりをつり下げる位置を支点から何 cm にすればよいですか。 (　　cm)

(3) おもりをつり下げる位置は変えずに，右のおもりの重さを変えて，てこを水平につりあわせるためには，右のおもりの重さを何 g にすればよいですか。 (　　g)

12 土地のつくりと変化

月　日

〈時間〉20分　〈合格〉80点　〈得点〉 /100

答え → 別冊 22 ページ

たいせつ **1** [地層《ちそう》のようすとでき方] **図は，あるがけで，しまのような層になっているところを観察し，スケッチしたものです。次の問いに答えましょう。**

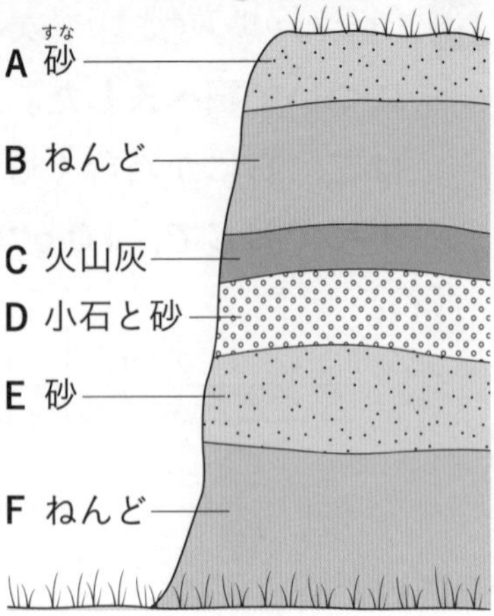

(1) 図のようなしまのような層を何といいますか。(5点)　(　　　)

(2) 図のしまのような層の色や厚さは，どれも同じですか，ちがいますか。それぞれ答えましょう。(10点)1つ5

色(　　　)　厚さ(　　　)

(3) 図の**A**～**F**のうち，1つだけ他のものとでき方がちがうものがあります。それはどれですか。記号で答えましょう。(5点)　(　　　)

(4) (3)はどのようなできごとによってできたものですか。(5点)

(　　　)

(5) (3)以外の部分は，すべて何のはたらきによってできたものですか。(5点)

(　　　)

(6) 図の**A**～**F**のうち，おし固められて次の①～③の岩石になるものをそれぞれすべて選び，記号で答えましょう。(15点)1つ5

① れき岩　② 砂岩《さがん》　③ でい岩

①(　　　)　②(　　　)　③(　　　)

(7) **E**の層から貝の化石が見つかりました。このことから，どのようなことがわかりますか。次から選び，記号で答えましょう。(5点)　(　　　)

ア 大昔，森林であった。**イ** 大昔，海底であった。

ウ 大昔，火山のふん火があった。

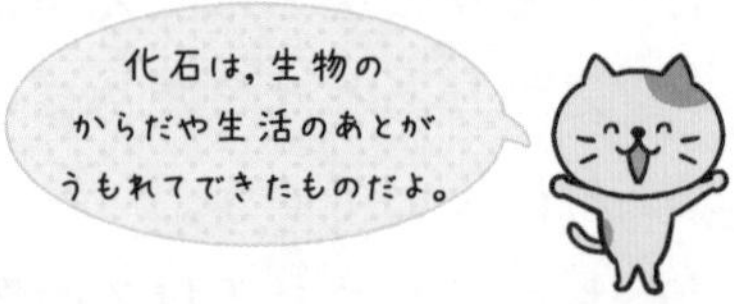

(8) 化石について説明した次の文のうち，正しいものを選び，記号で答えましょう。(5点)　(　　　)

ア 植物は化石にならない。　**イ** 動物の生活のあとも化石になる。

ウ 土の中にすむ動物のからだだけが化石になる。

復習のポイント！

- 地層《ちそう》には，流れる水のはたらきでできたものと，火山のふん火でできたものがあります。
- 地しんなどで土地がどのように変化するか学習しましょう。

たいせつ **2** ［火山のふん火による土地の変化］ **次の写真は，火山のふん火によって土地が変化してできたものです。これについて，あとの問いに答えましょう。**

A

中禅《ちゅうぜん》寺《じ》湖《こ》（栃木《とちぎ》県）

B

桜島《さくらじま》（鹿《か》児《ご》島《しま》県）

C

(1) A，Bは，どのようにしてできましたか。次からそれぞれ選び，記号で答えましょう。（14点）1つ7　A（　　）　B（　　）

ア よう岩が流れ出て，陸続きになった。

イ よう岩によって，川がせきとめられた。

ウ 海底で火山がふん火し，海面に出て島になった。

(2) Cは，火山のふん火で神社の鳥居《とりい》がうまったようすの写真です。鳥居をうめたものは何ですか。（7点）　（　　）

たいせつ **3** ［地しんによる土地の変化］ **右の写真は，地しんによってできた地面のずれのようすです。これについて，次の問いに答えましょう。**（24点）1つ8

(1) このような地面のずれを何といいますか。　（　　）

(2) (1)について正しく述べているものを，次から選び，記号で答えましょう。　（　　）

ア 地しんが起こると，必ずできる。

イ ずれているのは，表面の部分だけである。

ウ ずれは広いはん囲にわたっている。

(3) 地しんによって起こる土地の変化には，地面がずれるほかにどのようなものがありますか。次からすべて選び，記号で答えましょう。　（　　）

ア 山がくずれる。　**イ** 新しい山ができる。　**ウ** 土地が高くなる。

エ 川原ができる。　**オ** 川はばが広くなる。

13 電気の利用

月　日

〈時間〉20分　〈合格〉80点　〈得点〉　/100

答え→別冊23ページ

たいせつ **1** 〔電気をつくる〕 **右の図のように，手回し発電機に①〜④の器具をつないで，ハンドルを矢印の向きに動かしたときのようすを調べました。次の問いに答えましょう。**

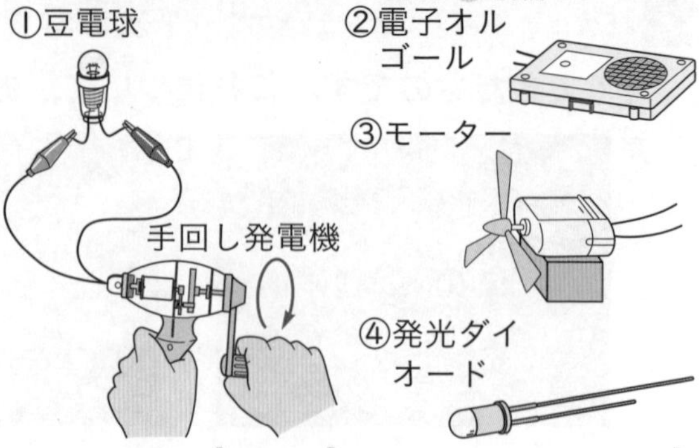

⑴ ハンドルを回すと，①〜④の器具はそれぞれどうなりますか。(20点)1つ5

①(　　　　)　②(　　　　)

③(　　　　)　④(　　　　)

⑵ ①と④では，どちらのほうがハンドルを回す手ごたえが大きいですか。(5点)

(　　)

⑶ ハンドルを回す速さをはやくすると，はじめと比べて①の豆電球はどうなりますか。(5点)

(　　　　)

⑷ ハンドルを回す向きを逆にすると，はじめと比べて③のモーターはどうなりますか。(5点)

(　　　　)

たいせつ **2** 〔電気をたくわえる〕 **図1のように，手回し発電機にコンデンサーをつないでハンドルを回しました。次に，図2のように，コンデンサーに豆電球をつなぐと，豆電球の明かりがつきました。次の問いに答えましょう。**(15点)1つ5

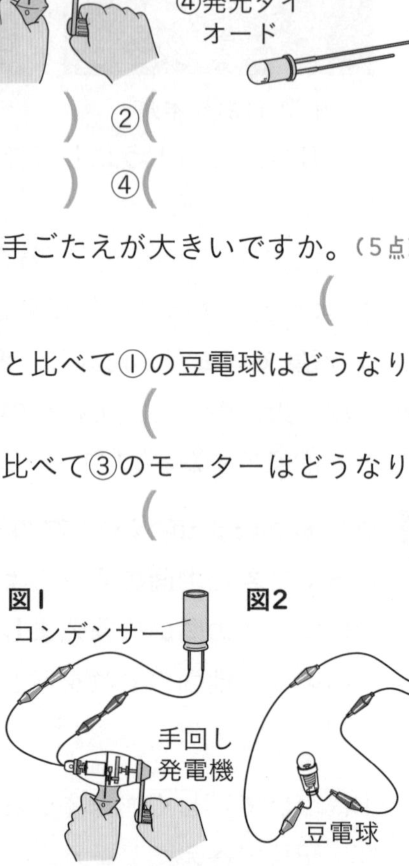

⑴ 豆電球がついたことから，コンデンサーにはどのようなはたらきがあることがわかりますか。

(　　　　)

⑵ **図1**で手回し発電機のハンドルを回す回数を多くすると，**図2**で豆電球の明かりがついている時間はどうなりますか。

(　　　　)

⑶ **図1**で手回し発電機のハンドルを回す回数が同じとき，**図2**の豆電球のかわりに発光ダイオードをつなぐと，明かりがついている時間は豆電球のときと比べてどうなりますか。

(　　　　)

復習のポイント!

- 電気は，つくり出したりたくわえたりすることができ，光や熱などに変えることができます。
- 光電池のはたらきについて学習しましょう。

たいせつ **3** ［光電池のはたらき］**右の図のようにして光電池に日光をあてると，モーターが回りました。これについて，次の問いに答えましょう。**

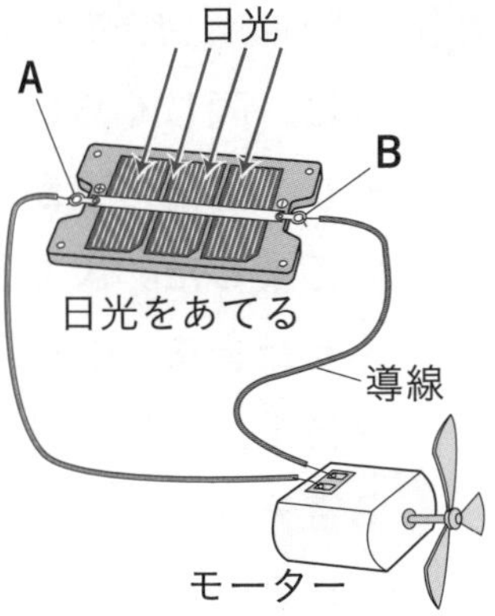

(1) 次の①，②のようにしたとき，モーターがはやく回るほうを選び，それぞれ記号を書きましょう。(12点)1つ6　①(　　)　②(　　)

① **ア** 光電池を太陽に向ける。
　 イ 光電池を太陽に対してななめに向ける。

② **ア** 光電池に鏡１枚で反しゃさせた光をあてる。
　 イ 光電池に鏡３枚で反しゃさせた光をあてる。

(2) モーターからの導線を**A**と**B**で逆につなぐと，モーターはどうなりますか。次から選び，記号で答えましょう。(6点)　(　　)

ア 同じ向きに同じ速さで回る。　**イ** 同じ向きにはやく回る。
ウ 逆向きに回る。　**エ** とまってしまう。

たいせつ **4** ［電気の利用と発電］**次の図は，わたしたちが電気をいろいろなものに変かんして利用している例を示しています。あとの問いに答えましょう。**

A 電気スタンド

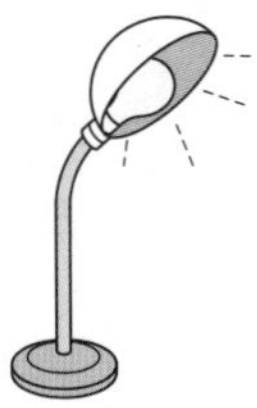

B ドライヤー

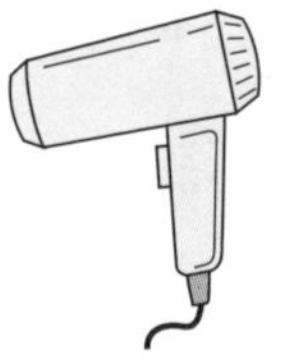

C 防犯ブザー

D 電気自動車

(1) 図の**A**～**D**では，電気を最終的に何に変かんして利用していますか。次から選び，それぞれ記号で答えましょう。(20点)1つ5

A(　　)　**B**(　　)　**C**(　　)　**D**(　　)

ア 熱　**イ** 音　**ウ** 光　**エ** 運動

(2) 次の①，②のような発電を何といいますか。(12点)1つ6

① 大きな羽を風で回して電気をつくる。　(　　　)

② 光電池に日光をあてて電気をつくる。　(　　　)

14 仕上げテスト

月　日

〈時間〉30分

〈合格〉80点

〈得点〉　/100

答え→別冊23ページ

1 [植物のからだのはたらき] **右の図のように，同じくらいの植物を２本用意し，前日の夜から箱をかぶせておきました。よく日，①は箱をかぶせたまま，②は箱を外して日光をあて，数時間後，葉にできている養分を調べました。これについて，次の問いに答えましょう。**

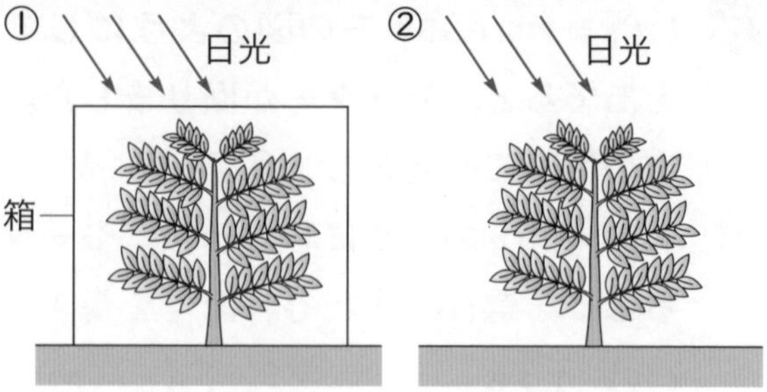

(1) 葉に養分ができているかどうかを調べるために使う薬品は何ですか。（3点）

（　　　　）

(2) 養分ができていれば，(1)で葉は何色になりますか。（3点）　（　　　　色）

(3) ①，②の葉には，それぞれ養分ができていますか，できていませんか。

（6点）1つ3　①（　　　　）　②（　　　　）

(4) この実験の結果から，葉で養分がつくられるために必要と考えられるものは何ですか。（3点）　（　　　　）

2 [生き物と環《かん》境《きょう》] **右の図は，自然の中での気体のやりとりを表したものです。これについて，次の問いに答えましょう。**

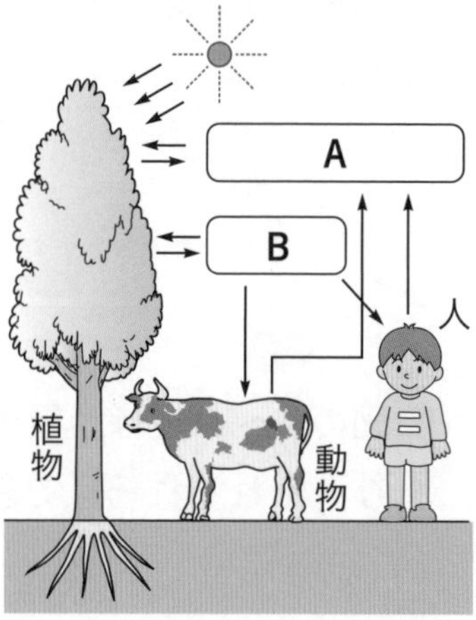

(1) 図の**A**，**B**にあてはまる気体の名前を答えましょう。（8点）1つ4

A（　　　　）　**B**（　　　　）

(2) **B**をとり入れて**A**を出すはたらきを何といいますか。（4点）　（　　　　）

(3) 人，動物，植物のうち，次の①，②にあてはまるものをすべて答えましょう。（8点）1つ4

① 自分で養分をつくり出すことができる。　（　　　　）

② 水がないと生きていけない。　（　　　　）

3 [動物のからだのはたらき] **右の図は，人のからだのつくりを表しています。これについて，次の問いに答えましょう。**

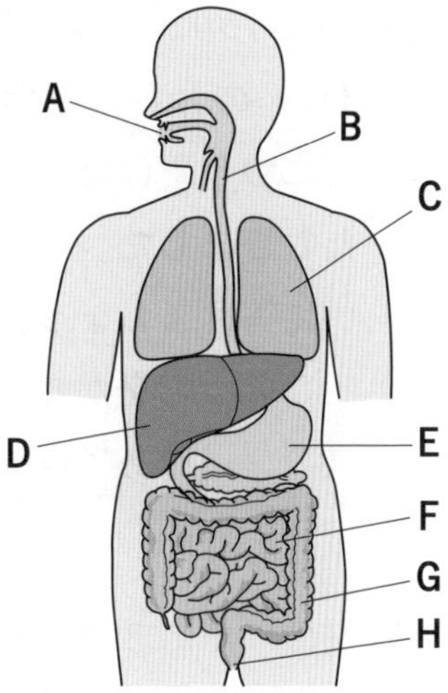

(1) 図の**A**～**H**の中で，消化管ではない部分をすべて選び，記号で答えましょう。(3点) (　　　　)

(2) 消化された養分を吸収《きゅうしゅう》するはたらきをする部分を**A**～**H**から選び，記号で答えましょう。また，その部分の名前を答えましょう。(6点)1つ3

記号(　　　) 名前(　　　　)

(3) (2)の部分で吸収された養分は，図の**A**～**H**のどこでたくわえられますか。(3点) (　　)

4 [ものの燃え方と気体] **右の図のように，①～③の集気びんにそれぞれ空気，二酸化炭素，酸素を入れ，火のついた線こうを入れました。これについて，次の問いに答えましょう。**

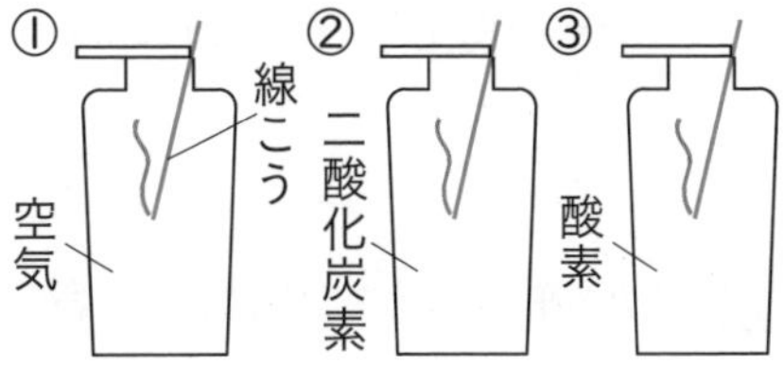

(1) ①～③の線こうの燃え方を次から選びましょう。(9点)1つ3

①(　　) ②(　　) ③(　　)

ア すぐに消える。　**イ** しばらく燃えてから消える。

ウ しばらくほのおをあげて燃えてから消える。

(2) 火が消えたあとで石灰水《せっかいすい》を入れてふると，白くにごるのはどれですか。①～③からすべて選びましょう。(3点) (　　　　)

5 [水よう液の性質] **右の図のAは強いにおいのする水よう液，Bはにおいのない水よう液で，Aは青色リトマス紙を赤色に，Bは赤色リトマス紙を青色に変えました。これについて，次の問いに答えましょう。**

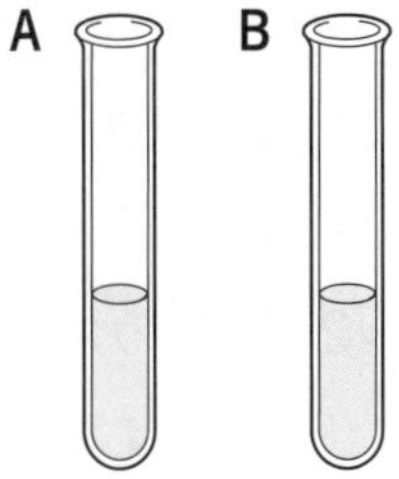

(1) **A**，**B**の水よう液はそれぞれ何ですか。次から選び，記号で答えましょう。(8点)1つ4　**A**(　　) **B**(　　)

ア 炭酸水　**イ** 食塩水　**ウ** 塩酸　**エ** 水酸化ナトリウム水よう液

(2) **A**の水よう液を熱すると，固体が残りますか。(4点) (　　　　)

(3) スチールウールを入れたとき，あわが出るのは，**A**，**B**のどちらですか。(4点)

(　　)

6 [てこのつりあい] **右の図のように，1個10gのおもりを実験用てこの右のうでにつり下げたところ，てこが右にかたむきました。これについて，次の問いに答えましょう。**

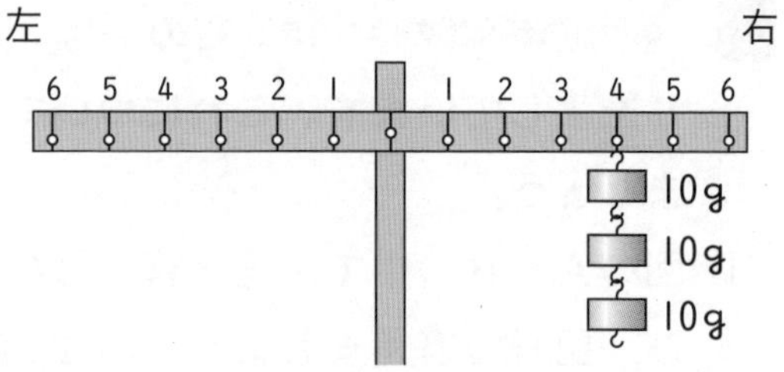

⑴ てこのうでをかたむけるはたらきは，どのように表すことができますか。次の文の(　)にあてはまることばを書きましょう。(8点)1つ4

おもりの(①　　　　)×(②　　　　)からのきょり

⑵ 左のうでの3番の目もりの位置におもりをつり下げて，てこを水平につりあわせます。10gのおもりを何個つり下げればよいですか。(4点)(　　　　個)

⑶ 左のうでに10gのおもりを2個つり下げて，てこを水平につりあわせます。何番の目もりの位置におもりをつり下げればよいですか。(4点)

(　　　　番)

7 [月の形と太陽の位置関係] **図1は，地球を北極の真上から見たときの，太陽と月の位置の関係を表したものです。図2は，図1で見えた月の形を表したものです。これについて，あとの問いに答えましょう。**(9点)1つ3

図1

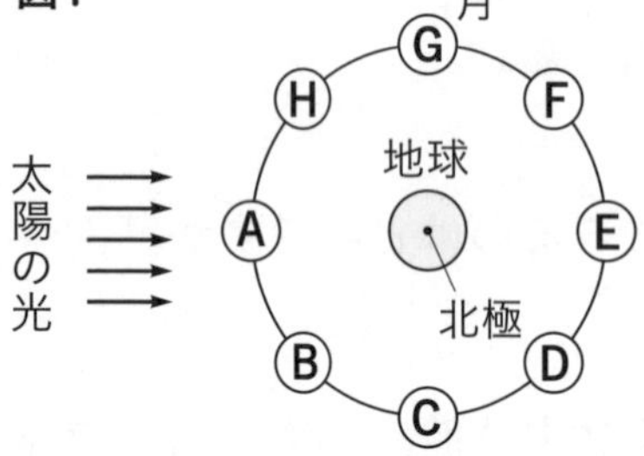

図2

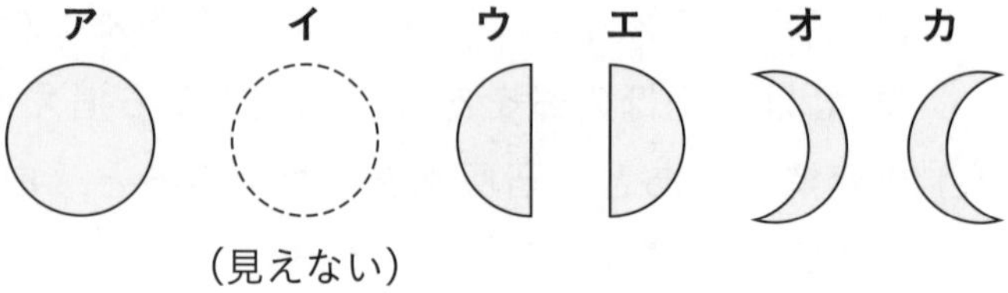

⑴ 月が図1の**C**の位置にあるとき，月はどのような形に見えますか。図2から選び，記号で書きましょう。(　　)

⑵ 図2の**オ**のような形の月が見えるのは，月が図1の**A**～**H**のどの位置にあるときですか。(　　)

⑶ 図2の**ア**のような形の月が見えてから，次に**ウ**のような形の月が見えるまでにどのくらいかかりますか。次から選び，記号で書きましょう。(　　)

ア 約1週間
イ 約2週間
ウ 約3週間
エ 約4週間

(1) [漢字] ――線a～dのかたかなを漢字に直して書きましょう。(8点)一つ2

a（　　）れる　b（　　）　c（　　）　d（　　）て

(2) [言葉のきまり] ═線「最後に」が修飾《しゅうしょく》している言葉を――線ア～エから選び、記号で答えましょう。(5点)

（　　）

(3) [場面の様子] この場面の季節がわかる一文を二つ探《さが》し、それぞれ初めの五字をぬき出しましょう。(10点)一つ5

□□□□□・□□□□□

(4) [人物の気持ち] ――線①とありますが、それはなぜですか。その理由を、本文中の言葉を使って簡単《かんたん》に答えましょう。(10点)

（　　）

(5) [人物の行動の説明] ――線②のときの「権太《ごんた》」の気持ちの説明として最も適切なものを次から選び、記号で答えましょう。(10点)

（　　）

ア 耕作《こうさく》の言葉に反発を感じたが、たえようとしている。

イ 耕作の言葉にショックを受けたのを、さりげなくかくそうとしている。

ウ 耕作の提案にとまどいながら、その意味をはかろうとしている。

エ 耕作の提案に同意しながら、後ろめたく感じている。

(6) [主題] ――線③と言われた「耕作」は、どのような気持ちになりましたか。本文中の言葉を使って十字以内で答えましょう。(15点)

□□□□□□□□□□

たいせつ

(7) [人物像] 「耕作」の人物像を説明した次の（　）に入る言葉を、本文中の言葉を使って答えましょう。(12点)一つ6

大人の評価を気にするところがあるが、友達の権太が（ア　　）をしているのを見て、それを（イ　　）とする心優《やさ》しい少年。

〔福山暁の里女子中―改〕

7 次の文章を読んで、あとの問いに答えましょう。

ばつ当番の井上権太《いのうえごんた》に手伝って、耕作《こうさく》は手早くほうきを使っている。近くで、さっきからカッコウがしきりに鳴いている。床《ゆか》をはきながら、①耕作は内心びくびくしていた。いつ先生がaアラワれるかわからない。手伝っているのを見つけられたら、何と言ってしかられるだろう。先生は、権太に一人でやれと言ったのだ。耕作も、井上権太も共にしかられるにちがいない。

　先ほど、級長の若浜《わかはま》が、

「先生に言ってやるぞ。しかられるぞ、おまえも」

と言った。そのときは、

「しかられてもいい」

と大みえを切った。が、やっぱりしかられるのはいやだ。

　机《つくえ》をならべ終わって、権太がバケツを持ち、水をかえに行こうとした。

「権ちゃん、今日は机ふきやめておこうや。二時間しかなかったから、そんなによごれてないよ」

　②権太はだまって、耕作の顔を見た。

「ふきそうじしなくてもわからんよ」

「③耕ちゃん、わかってもわからんくても、することだけはするべ」

　にこっと笑って、権太はバケツの水をとりかえに行った。

（わかってもわからんくても、することだけはするべ？）

　権太の言った言葉を、耕作はbムネの中でくり返した。ひどくはずかしい気がした。

　権太が帰って来た。二人は雑巾《ぞうきん》を固くしぼって、机の上をふきはじめた。次に耕作は、先生の教卓《きょうたく》と、弁当棚《べんとうだな》をふいた。権太はcマドのさんをふいている。いつもなら、先生の教卓をまっ先にふくのだ。それが今日は後まわしになった。何となく後まわしにしたい気持ちが、耕作の中にあった。

　最後にア黒板をイふき、ウそうじはエ終わった。再び権太が水をdスてにいき、二人は急いで学校を出た。校庭を横切るとき、職員室に一番近い教室に、先生たちがたくさんいるのが見えた。耕作は走り出した。走って校門を出ると、追いついた権太が、

「耕ちゃん、どうして走った？」

「のろのろ歩いていて、先生に見つかったら、手伝ったことがわかるだろ？」

「うん」

　二人は急ぎ足で歩いて行く。

「わかったらしかられるからな」

　権太はだまっていた。もうこいのぼりの上っていないさおの先に、矢車だけがカラカラとまわっている。

（三浦綾子《みうらあやこ》「泥流地帯《でいりゅうちたい》」）

16 仕上げテスト

〈時間〉30分 〈合格〉80点 〈得点〉　　/100　　月　　日

答え↓別冊30ページ

1 ［漢字の書き方］**次のひらがなを漢字に直して書きましょう。送りがなを必要とするものは、送りがなも書きましょう。**（8点）一つ2

(1) ピアノを［　　］《えんそう》する。

(2) 新幹線の［　　］《ざせき》をたおす。

(3) 知人の家を［　　］《たずねる》。

(4) 指示に［　　］《したがう》。

2 ［総画数］**総画数がほかと異《こと》なるものを次から選び、記号で答えましょう。**（4点）

ア 卵　**イ** 吸　**ウ** 困　**エ** 孝

（　　）

3 ［熟語《じゅくご》の成り立ち］**次の熟語と成り立ちが同じものをあとから選び、書きましょう。**（4点）一つ2

(1) 別件（　　）　(2) 善悪《ぜんあく》（　　）

幸福　無料　寒暖《かんだん》　私情《しじょう》　洗面《せんめん》

4 ［言葉を正しく使う］**次の——線の言葉の意味をあとからそれぞれ選び、記号で答えましょう。**（4点）一つ2

(1) 兄は事実を知って、<u>面食らった</u>。（　　）

ア おこった　**イ** おどろいた

ウ にげだした　**エ** なきだした

(2) 勉強を教えるに<u>やぶさかではない</u>。（　　）

ア 喜んでする　**イ** 力が不足している

ウ 得意である　**エ** 時間が少ない

5 ［慣用句・ことわざ］**次の慣用句・ことわざの□に共通してあてはまる漢字一字を書きましょう。**（5点）

□を見て森を見ず

□で鼻をくくる

［　　］

6 ［敬語《けいご》］**次の——線の言葉を、適切な敬語に直して書きましょう。**（5点）

先生の<u>申す</u>ことはもっともだと思います。

（　　）

（長崎大附中）

2 〔要約〕**次の文章を、「エネルギー」「モノクロ」という言葉を使って、四十字程度で要約しましょう。**（40点）

人間の目というのは、上は快晴の日の明るさから、下は夜の星空の下での明るさまでの、その範囲《はんい》内が見えるようにセットされているという。もっと暗くても見える動物はいるが、人間は、太古の長い狩猟《しゅりょう》時代の間に、必要とされる目の能力が固まり、それで今日まで来ているらしい。もっと暗くても見える能力があるといいと思ったりするが、それにはそれだけの生態としての「経費」がかかるのだそうだ。

もちろん経費といっても金ではない。エネルギー上の経《けい》済《ざい》は生物世界にもある。星空以下の暗闇《くらやみ》でも見えるようにするには、その経費を体のどこか他の能力を犠牲《ぎせい》にして、エネルギーを削《けず》ってこないといけない。でもそういうあまり使わない能力のために、他の必要な能力を削るわけにはいかない。

だからそういう夜の暗闇の場合、人間の目の能力は経費の安いモノクロに切り換《か》えてあるという。そういう見えるか見えないかの分野まで高級なカラー視力《しりょく》にセットしていたら、経費がかかり過ぎて、人体経営が成り立たなくなるんだそうだ。なるほどである。人体にも経済がある。モノクロとカラーを比べたら、カラーの方が情報量が多く、経費も高い。だから、夜の暗闇に待機しているときの人間の目は、モノクロなのである。

（赤瀬川原平《あかせがわげんぺい》「目玉の学校」）

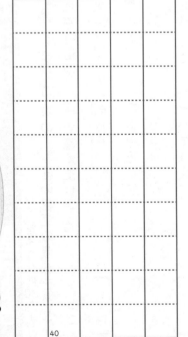

15 作文

月　日

〈時間〉20分　〈合格〉80点　〈得点〉/100

答え↓別冊30ページ

復習のポイント！

- 事実と意見を分けて書きます。
- 文章の構成を意識して書きます。
- 文章の基本形を考えて書きます。

たいせつ

1 〔作文〕 **「緑と私《わたし》」という題名で、作文を書くことにしました。次の【組み立て表】をもとに、あとの第一段《だん》落《らく》に続けて百二十字以上、百五十字以内で原稿《げんこう》用紙の正しい使い方にしたがって書きましょう。**（60点）

【組み立て表】

形式段落	組み立て	書きたい内容
第一段落	話題を投げかける。	自然の大切さ
第二段落	話題の投げかけを受けて、具体例を示す。	自然のめぐみを受けている具体的な例
第三段落	第二段落とは、ちがった立場から、具体例を示す。	自然が失われている具体的な例
第四段落	自分の考えをまとめて示す。	自分のこれからの自然への接し方

【第一段落】

自然の豊かな緑は、私たち人間に安らぎをあたえてくれます。

【第二～第四段落】（百二十字以上、百五十字以内）

2 次の短歌・俳句《はいく》を読んで、あとの問いに答えましょう。

A 街をゆき子供《こども》の傍《そば》を通る時
　蜜柑《みかん》の香せり□がまた来る　木下《きのした》利玄《りげん》

B さりげなく講義＊すすめてありし時
　かがやく吾子《わこ》＊の瞳《め》と遭《あ》ひにけり　穂積《ほづみ》忠《きよし》

C 箱を出て初雛《はつひな》＊のまま照りたまふ　渡辺《わたなべ》水巴《すいは》

D 羽子板の　重きが　嬉《うれ》し　突《つ》かで　立つ　長谷川《はせがわ》かな女《じょ》
（ア＝重きが　イ＝嬉し　ウ＝突かで　エ＝立つ）

＊講義＝授業。　＊吾子＝自分の子。
＊初雛＝女の子の初めての節句にかざるひな人形のこと。

(1) ［短歌の季節］□に入る季節を表す言葉を、漢字一字で答えましょう。（5点）　□

(2) ［場面の理解］Aの歌について、作者が季節の訪《おとず》れを感じ取っている感覚として最も適切なものを次から選び、記号で答えましょう。（5点）（　　）

ア 視覚《しかく》（目）　イ 聴覚《ちょうかく》（耳）
ウ 味覚（舌）　エ 嗅覚《きゅうかく》（鼻）

(3) ［人物の様子］Bの歌について、‖線からわかる子どもの様子として最も適切なものを次から選び、記号で答えましょう。（15点）（　　）

ア 父親の授業を、熱心に興味をもって聞いている様子。
イ 父親の意外な姿《すがた》を見て、うれしがっている様子。
ウ 父親が授業を見に来てくれたのを知って、張り切っている様子。
エ 授業を見に来た父親の姿を見つけて喜びにあふれている様子。

(4) ［俳句の意味］Cの俳句の意味として最も適切なものを次から選び、記号で答えましょう。（15点）（　　）

ア 箱から出して初めてかざったひな人形に日の光があたり、美しく照りかがやいた。
イ 初節句にひな人形を箱から出してかざった。わが子の顔もおひな様のように照りかがやいていてかわいい。
ウ ひな人形を一年ぶりに箱から出すと、初めてかざったときと同じようにかがやかしく現れた。
エ 「箱入りむすめ」だったわが子の花よめ姿は、初めてかざったひな人形のようにかがやいている。

(5) ［作者の感動］Dの俳句の感動の中心を――線ア～エから選び、記号で答えましょう。（15点）（　　）

〔金城学院中―改〕

14 詩・短歌・俳句《はいく》を読む

復習のポイント！

- 詩のリズムや、独特な言葉に注目します。
- 情景を正しくとらえます。
- 表現技法を理解し、主題を読み取ります。

月　日

〈時間〉20分　〈合格〉80点　〈得点〉　／100

答え↓別冊29ページ

1 **次の詩を読んで、あとの問いに答えましょう。**

鹿《しか》

村野《むらの》　四郎《しろう》

鹿は　森のはずれの
夕日の中に［　］立っていた
彼《かれ》は①知っていた
小さい額が狙《ねら》われているのを
けれども　彼に
どうすることが出来《でき》ただろう
彼は　すんなり立って
村の方を見ていた
②生きる時間が黄金《おうごん》のように光る
彼の棲家《すみか》である
大きい森の夜を背景《はいけい》にして

(1) 【言葉を選ぶ】［　］に入る最も適切な言葉を次から選び、記号で答えましょう。（5点）　（　　）

ア ぼうぜんと　**イ** よわよわしく
ウ じっと　**エ** にがにがしく

(2) 【内容を深める】――線①とありますが、「鹿」は何を知っていたのですか。十五字以内で答えましょう。（10点）

(3) 【たとえの表現】――線②とありますが、「鹿」のどのような様子をたとえたものですか。（20点）

鹿の（　　　　）様子。

(4) 【主題】この詩の内容として最も適切なものを次から選び、記号で答えましょう。（10点）　（　　）

ア 鹿の住む森の自然の雄大《ゆうだい》さをたたえている。
イ 鹿の身にせまっている死をおそれている。
ウ 自然の厳《きび》しさや命のはかなさ。
エ 自然の中での、鹿の生命力をたたえている。

〔広島大附属東雲中―改〕

身体を支配しているのが内臓《ないぞう》であると同様、都市の交通を見えないところで支えているのが地下鉄だ。血液も臓器なのだから、地下鉄は都市の血液だといういい方もできる。

（立松和平《たてまつわへい》「象に乗って」）

＊デジタル＝数や量を数字、数値《すうち》で表す方法。アナログと対照的な言葉。
＊アナログ＝数や量を連続的な量で表す方法。デジタルと対照的な言葉。
＊轟音《ごうおん》＝大きく響《ひび》きわたる音。

(1) 【内容の理解】□に入る言葉を、本文中から一字でぬき出しましょう。（10点）

□

(2) 【言葉の意味】——線①とありますが、「むさぼる」とはどのような意味ですか。最も適切なものを次から選び、記号で答えましょう。（10点）

ア 完全にさまたげること。
イ 望み続けること。
ウ 非常にだらしのないこと。
エ 大変迷惑《めいわく》なこと。

（　　）

(3) 【言葉の意味】——線②とはどのような意味ですか。最も適切なものを次から選び、記号で答えましょう。（10点）

ア 目覚めることができないということ。
イ 目覚めてしまうということ。
ウ 目覚める理由が見つからないこと。
エ 目覚められない理由がはっきりしていること。

（　　）

(4) 【筆者の気持ち】筆者が地下鉄に乗車しているときの心境が、比喩《ひゆ》表現を用いて述べられているところがあります。本文中から二十三字で探《さが》し、初めと終わりの五字をぬき出しましょう。（完答・20点）

□□□□□ ～ □□□□□

(5) 【筆者の気持ち】筆者にとって「地下鉄」はどのようなものなのですか。そのことが比喩表現を用いて述べられているところを本文中から二か所探し、それぞれ五字でぬき出しましょう。（30点）一つ15

□□□□□ ・ □□□□□

(6) 【主題】本文に題名(タイトル)をつけるとすると、どれがふさわしいですか。最も適切なものを次から選び、記号で答えましょう。（20点）

ア 大都市の地下構造について
イ 地下鉄の駅——プラットホームの神秘《しんぴ》——
ウ 大都市の交通渋滞《じゅうたい》の原因
エ 地下鉄はデジタル感覚

（　　）

〔東海大学付属相模中—改〕

13 説明文を読む ②

復習のポイント！
- 文章の話題をとらえます。
- 重要な言葉を見つけて要点をとらえます。
- 筆者の意見・主張を読み取ります。

〈時間〉20分　〈合格〉80点　〈得点〉　/100

月　日

答え→別冊29ページ

1 次の文章を読んで、あとの問いに答えましょう。

乗り慣れた地下鉄だが、どうも不思議な感覚になることがある。地下は景色が見えない。闇《やみ》がとび去るばかりである。闇の通路を抜《ぬ》けると、光に充《み》ちた駅が前方から現れる。明るいプラットホームは、まるで宇宙《うちゅう》に浮《う》かんでいるみたいだ。

地下鉄に乗っていると、空間が失われて今自分が何処《どこ》にいるかわからない。宙にほうりだされたようで頼《たよ》りないものだ。時計がなければ、昼か夜かもわからない。闇の底で点になってしまったような感覚である。

電車を降《お》りて改札口をくぐり、地上にでる。前後の関係がわからず地下道からいきなり歩道に立っても、自分の位置についての認識《にんしき》がないため、どちらに向かって歩きだしてよいやら見当がつかないのだ。

地下鉄は＊デジタル感覚だ。道路を歩くか走るかすればつねに前方と後方の認識があるため、＊アナログ的である。□だからこそ、道路の渋滞《じゅうたい》には巻《ま》き込《こ》まれないですむのだということもできる。

複雑に入り組み、乗り換《か》えれば曲がりくねり枝分かれする通路を歩かねばならない地下鉄が私《わたし》はすきだ。地下軌道《きどう》のコンクリート壁《へき》が窓《まど》の外を流れて不意に止まったりすると、生きものの内臓《ないぞう》の軟《やわ》らかな肉のように見えることがある。都市が巨大《きょだい》な生きもののように感じられるのだ。

二十四時間休まずに息をする大都市の地下に、血管が縦《じゅう》横《おう》に通っているかのようである。＊轟音《ごうおん》に包まれて地下鉄に乗っていると、自分が都市のひとつの呼吸《こきゅう》になったような気がする。

地下鉄は渋滞もなく正確に走りつづけ、私たちは勤勉《きんべん》に働きつづける。束《つか》の間の眠《ねむ》りを①むさぼってから、早朝に地下鉄が一斉《いっせい》に動きはじめる光景を私は想像することがある。眠っている地面の下で、強力なたくさんのモーターが回転して、金属の固まりの電車を走らせる。都市も②目覚めないわけにはいかないであろう。都市が大きく息をしはじめたのだ。

地下鉄に乗っていると、都市が人間の身体に似ていることに気づく。要するに地下鉄は都市の内臓なのだ。人間の

(1) 〔内容を正しくつかむ〕 A に入る最も適切な言葉を次から選び、記号で答えましょう。（10点）（　　）

ア 押《お》すものであるということさえも
イ 押すものであるということくらいしか
ウ 押さなければならないものということしか
エ 押してはいけないものであるということさえも

(2) 〔語意〕――線①とありますが、「因果」とはどのような意味ですか。次の□に入る二字の言葉をそれぞれ答えましょう。（20点）一つ10

因果関係＝□□と□□の関係。

(3) 〔つなぎ言葉〕（ a ）・（ b ）に入る言葉の組み合わせとして最も適切なものを次から選び、記号で答えましょう。（10点）（　　）

ア a＝そして　b＝だから
イ a＝だから　b＝やはり
ウ a＝やはり　b＝しかし
エ a＝しかし　b＝そして

(4) 〔内容を深める〕――線②で「学習」した内容を、本文中の言葉を使って答えましょう。（20点）

（　　　　）

(5) 〔四字熟語《じゅくご》〕 B に入る最も適切な四字熟語を次から選び、記号で答えましょう。（10点）（　　）

ア 一進一退　イ 喜怒哀楽《きどあいらく》
ウ 試行錯誤《さくご》　エ 自問自答

(6) 〔言葉を探《さが》す〕 C ・ D に入る適切な言葉を 3 ・ 4 段落から探し、 C は漢字二字、 D はひらがな五字でぬき出しましょう。（20点）一つ10

C □□

D □□□□□

(7) 〔文章の特色〕本文の書き方の特色として最も適切なものを次から選び、記号で答えましょう。（10点）（　　）

ア 実験の目的や方法を明確にし、順を追って結論《けつろん》を導いている。
イ ネズミの立場に立ち、ネズミの考えたことを想像して書いている。
ウ 主張をはっきりとさせるために、二つの実験を比《ひ》較《かく》して書いている。
エ 事実と意見を書きわけ、たとえを使ってわかりやすく述べている。

〔筑波大附属中―改〕

12 説明文を読む ①

復習のポイント！
- こそあど言葉が指すものをとらえます。
- 段落《だんらく》と段落の関係をとらえます。
- 説明の内容の中心点を読み取ります。

〈時間〉20分　〈合格〉80点　〈得点〉　/100

月　日

答え↓別冊28ページ

1 **次の文章を読んで、あとの問いに答えましょう。**

1　ネズミを使った記憶《きおく》の実験の方法としては次のようなものがあります。これは箱を使った装置《そうち》ですが、この箱の中では、ブザー音が鳴ったときにレバーが押《お》されるとエサがでて来る仕組みになっています。簡単《かんたん》なテストなのですが、かなり高度な課題ですから、さすがに何回か訓練を積まないと学習できません。そして、ここに入れられたネズミがどのように学習していくかを観察していると、とてもおもしろい事実が見えてきます。

2　当然、ネズミにとってこの実験箱は生まれて初めて見るものです。目の前のレバーがなんの役割《やくわり》をしているのかは知りません。そもそも、レバーは［A］理解していないのです。しかし、突然《とつぜん》ブザー音が鳴ったりします。まさに、とまどうばかりの部屋です。そんなあるとき、偶然《ぐうぜん》にレバーが押されて、おいしいエサが出てきます。初めは単なる偶然です。しかし、この偶然が何回か続くと、「レバーを押すこと」と「エサがもらえること」の①因果関係に気づきます。ここまでが学習の第一段階《だんかい》です。

3　この段階まで到達《とうたつ》すると、ネズミはエサほしさに、ひたすらレバーを押します。〔 a 〕、レバーを押したからといって必ずしもエサにありつけるわけではありません。ブザーが鳴っていないときにレバーを押してもエサが出てこないからです。何度か失敗をくりかえすうちに、ようやくこの事実に気づきます。〔 b 〕、ついにブザーとレバーの因果関係を理解して、②ネズミの学習が完成します。何十回、何百回という［B］をくりかえして、ネズミはこの課題を記憶するのです。

4　この過程でネズミは数多くの失敗をします。ああでもない、こうでもない、とさまざまな失敗をして、その結果、ブザーとレバーの関係に気づくのです。つまり、ひとつの成功を導きだすために、多くの失敗がくりかえされるわけです。逆に、こうした数多くの失敗がなければ正しい記憶はできません。つまり、記憶とは［C］と［D］によって形成され強化されるものなのです。

（池谷裕二《いけがやゆうじ》「記憶力を強くする」）

(2) ［内容を深める］――線②とありますが、このような人は、どのように生きているのですか。ここよりあとの文から二十二字で探《さが》し、初めの三字をぬき出しましょう。（15点）

□□□

(3) ［語意］――線③とは、どのようなものですか。最も適切なものを次から選び、記号で答えましょう。（10点）

ア 一部の人間にしか通用しないもの。
イ あると便利なので一応つくったもの。
ウ いつ変わるかわからない不安定なもの。
エ 場面に応じていつでも変えられるもの。

（　　）

(4) ［こそあど言葉］――線④とは具体的にどういうことですか。最も適切なものを次から選び、記号で答えましょう。（10点）

ア 行動にゆとりをもち、落ち着いて過ごすこと。
イ だれにも左右されない、自分だけの時間の基準をもつこと。
ウ 一日を無駄《むだ》にしたことに絶望し、なげくこと。
エ ほんの一秒ほども無駄にするまいと、必死でがんばること。

（　　）

たいせつ

(5) ［理由説明］――線⑤とありますが、その理由として最も適切なものを次から選び、記号で答えましょう。（20点）

ア 自分の心の持ちようで何とでも考えられるから。
イ 人の一生は運命によって決められているから。
ウ 自分の努力しだいであとから無駄を取り返せるから。
エ どんな日にも一日一日に何らかの意味ができてくるから。

（　　）

(6) ［言葉を選ぶ］□に入る最も適切な言葉を次から選び、記号で答えましょう。（15点）

ア 栄養　**イ** 休養　**ウ** 反省　**エ** 忠告《ちゅうこく》

（　　）

(7) ［段落《だんらく》の構成］次の一文は、本文中のある段落の前に入ります。その段落の初めの五字をぬき出しましょう。（20点）

□□□□□

> もっと大きな、「人生」「一生」という目に見えない大時計で、自分だけの時を計ってもいいのではないでしょうか。

〔共立女子中―改〕

11 随筆《ずいひつ》を読む

1 次の文章を読んで、あとの問いに答えましょう。

時というものは、一秒一秒、時計のセコンド＊のようにせわしなく過ぎてゆくものでもありますが、一生の単位で見れば大きな河の流れにも似て、ゆったりと流れてゆくものでもあるはずです。

三年五年を無駄《むだ》にすごしたとしても、六十年七十年の人生にとって、引っかき傷《きず》ほどにもなりません。

私は、どちらかといえば①負け犬が好きです。

人も犬も、一度くらい相手に食いつかれ、負けたことのある方が、思いやりがあって好きです。

時にしても同じです。

一時間単位、二時間単位で時間を使ったといっても、それはせいぜい、時計を有効に使ったということにすぎません。

人間は、時計を発明した瞬間《しゅんかん》から、能率的にはなりましたが、同時に②「時計の奴隷《どれい》」になり下がったようにも思います。

時計は、絶対ではありません。

人間のつくった③かりそめの約束です。

若《わか》い時の、「ああ、今日一日、無駄にしてしまった」という絶望は、人生の大時計で計れば、ほんの一秒ほどの、素敵《すてき》な時間です。

恐《おそ》れと、むなしさを知らず、得意になって生きるより、④それはずっとすばらしいことに思います。

⑤どんな毎日にも、生きている限り「無駄」はないと思います。「あせり」「後悔《こうかい》」も、人生の貴重《きちょう》な□です。いつの日かそれが、「無駄」にならず「こやし」になる日が、「あか」にならず「こく」になる日が、必ずあると思います。真剣《しんけん》に暮《くら》してさえいれば――です。

（向田邦子《むこうだくにこ》「夜中の薔薇《ばら》」）

＊セコンド＝秒を示す針《はり》。

(1) 「たとえの表現」――線①とありますが、これはどのような人をたとえた言葉ですか。最も適切なものを次から選び、記号で答えましょう。（10点）

ア 何をやってもことごとく失敗する人。
イ 自分の能力の限界を知っている人。
ウ 社会的にまったく評価されない人。
エ 失敗することの痛《いた》みを知っている人。

（　　）

復習のポイント！

- 文章の話題をとらえます。
- 事実か意見かを区別します。
- 筆者の意見や主張を読み取ります。

答え↓別冊28ページ

〈時間〉20分　〈合格〉80点　〈得点〉　/100

月　日

(1) 「人物の気持ち」跳《はね》は、「クラブ対抗《たいこう》陸上競技選手権《せんしゅけん》大会」に出場するために県営陸上競技場へ行くとき、どのような気持ちでしたか。最も適切な言葉を次から選び、記号で答えましょう。（10点）

（　　）

ア 楽しみ　イ 不安

ウ きんちょう　エ 感動

(2) 「表現のくふう」□に入る最も適切な言葉を次から選び、記号で答えましょう。（10点）

（　　）

ア 汗《あせ》　イ 血　ウ 涙《なみだ》　エ 泥《どろ》

せたつい

(3) 「行動の理由」——線①とありますが、跳がこのように言ったのはなぜですか。次の□に入る適切な言葉を、本文中から十三字でぬき出しましょう。（20点）

大会の出場者の中で、跳だけが□から。

せたつい

(4) 「人物の気持ち」——線②とありますが、どのような気持ちを伝えたのですか。次の□に入る最も適切な言葉を、Aは四十字以内で書き、Bは本文中から十二字でぬき出しましょう。（40点）一つ20

Aほど本気で大会にのぞんだのにBので、とても悔《くや》しいという気持ち。

A

B

(5) 「場面をつかむ」——線③の表現から、本文はどういう場面だとわかりますか。最も適切なものを次から選び、記号で答えましょう。（20点）

（　　）

ア 跳が将来《しょうらい》のことを思いうかべている場面。

イ 跳が過去のことを回想している場面。

ウ 跳が理想を思いえがいている場面。

エ 跳が空想によって不安になっている場面。

10 物語を読む ②

月　日

〈時間〉20分　〈合格〉80点　〈得点〉　/100

答え↓別冊27ページ

復習のポイント！
- 様子を表す表現をとらえます。
- 登場人物の気持ちを読み取ります。
- 表現をもとに、場面をとらえます。

1 **次の文章を読んで、あとの問いに答えましょう。**

跳《はね》、麟《りん》、咲来《さくら》の三人は、小学六年生の夏、一度だけ県の小学生の大会に出場したことがある。「クラブ対抗《たいこう》陸上競技選手権《せんしゅけん》大会」に学校が、オープン参加の形で推薦《すいせん》してくれた。

跳はウキウキして県営陸上競技場へ行ったが、周囲の競技者を見て驚《おどろ》いた。

みんなクラブチームのそろいのユニフォームを着て、スパイクシューズを履《は》いていた。

麟も咲来もいつの間にか、スパイクシューズを買ってもらっていた。

ふつうの運動靴《うんどうぐつ》を履いていたのは跳だけだった。

跳は決勝まで残ったが、雨も降《ふ》ってきて、運動靴と、スパイクシューズとでは、ちがいはさらに大きくなった。

一着は八田壮馬《はったそうま》の十二秒四一。麟は七着で十三秒六九。

そして跳は八着だった。タイムは十五秒一一。

雨と□で、電光掲示板《けいじばん》の文字がぼやけた。

負けたことより、自分の走りができなかったことが悔《くや》しかった。自分のタイムを認《みと》めたくなかった。こんなの自分のタイムじゃない。

「がんばったんだから、よかったじゃないか。」

父親も母親も先生も、なぐさめてくれた。

それでも跳はがまんできなかった。跳のプライドが、雨にぐっしょり濡《ぬ》れていた。

「①靴のせいだ。こんな靴で走れるか。」

跳は運動靴を脱《ぬ》いで、コンクリートの階段《かいだん》に投げつけた。

「そんなことするもんじゃないよ。」

さとす先生に、②跳の気持ちを伝えてくれたのが、甘菜《かんな》だった。

「先生にはお兄ちゃんの悔しさはわかんないよ。わたしはわかるよ。学校から帰ってきてからも練習して、ふとらないように、おやつもがまんしてた。適当なこと言わないでください。」

甘菜は泣きながら先生に抗議《こうぎ》してくれた。

③あの日泣いてくれた涙《なみだ》も、自分が流した涙も、跳は忘《わす》れかけていた。

（村上《むらかみ》しいこ「七転びダッシュ！ 1 約束」）

みな子は草の中で突《つ》っ立っていた。

「一匹《いっぴき》小さいのが、にょろっと出ただけだよ」

「出たの！ああ、出たんじゃないの！」

わたしはみな子の顔をみているうちに、③ますます気分がよくなってきた。

（村田喜代子《むらたきよこ》「鍋《なべ》の中」）

(1) [登場人物]「わたし」は、信次郎《しんじろう》とどのような関係にありますか。次の（　）に入る言葉を、本文中からぬき出しましょう。（10点）

信次郎の（　　　　）。

(2) [場面] この物語はどのような場面ですか。本文中の言葉を使って答えましょう。（20点）

（　　　　）

(3) [慣用的な表現] A・B に入る適切な言葉を、漢字一字で書きましょう。（10点）一つ5

A □

B □

(4) [言葉の表現] ――線①とありますが、このときの「わたし」の気持ちを表す言葉として最も適切なものを次から選び、記号で答えましょう。（20点）

（　　）

ア 不満　イ 失望　ウ いかり　エ 恐怖《きょうふ》

(5) [文章の流れを読み取る]（　）に入る言葉として最も適切なものを次から選び、記号で答えましょう。（10点）

（　　）

ア 三人でもどってきた

イ 大急ぎでもどってきた

ウ 泣きながらもどってきた

エ 車でもどってきた

(6) [行動の理由] ――線②とありますが、信次郎がそのようにした理由を、本文中の言葉を使って答えましょう。（20点）

（　　　　）

(7) [人物の気持ち] ――線③とありますが、どうしてそのように思ったのですか。「わたし」の気持ちとして最も適切なものを次から選び、記号で答えましょう。（10点）

（　　）

ア 蛇《へび》が出ても三人だとこわくないと思えてきたから。

イ 三人で山を下りるのが楽しくなってきたから。

ウ 自分の話でみな子がすごくこわがっているから。

エ みな子が蛇をこわがって泣き出したから。

9 物語を読む ①

復習のポイント！
- 時・場所・登場人物をとらえます。
- 場面や人物の気持ちを読み取ります。
- 物語の主題を読み取ります。

〈時間〉20分　〈合格〉80点　〈得点〉　/100　月　日

答え↓別冊27ページ

1 **次の文章を読んで、あとの問いに答えましょう。**

ある午後、信次郎《しんじろう》がみな子をつれて花桐《はなきり》の木の下にやってきた。

「滝《たき》に行こう」

と、彼《かれ》は誘《さそ》った。

「みなちゃんが、いっぺんみたいっていうんだ」

わたしの［A］にそのときぱっと浮《う》かんだのは、蛇《へび》だ。水面を長いSの字に泳いでいる蛇の姿《すがた》だった。そうおもうまもなく、①鳥肌《とりはだ》立っていた。

「信ちゃんがつれてってくれるというの」

みな子は白い日よけの帽子《ぼうし》をかぶっている。わたしが行かなくても、信次郎とみな子は出かけるだろう。すると、わたしはいつのまにか立ちあがっていた。

そして、にこにことみな子と並《なら》んでいる信次郎に、

「あんた、姉さんの帽子とってきて！」

といったのである。「ちえっ」と信次郎は［B］打ちをして家のほうに走って帰った。やがて帽子をひらひらさせながら、信次郎は（　　　　）。

山道を三人で歩いて下った。

わたしとみな子が並んで歩き、信次郎は先を行った。目印は、こないだ彼が買物ぶくろをぶらさげたあの木だ。さかんに②きょろきょろと彼は木の枝ぶりをみまわして、ついにその木を探《さが》しあてた。

「電柱一本立ってなくて、ただ木と草ばっかり生えてるんだから」

信次郎は、みな子にいいわけをした。

それから、三人で手をつなぎ合って草の中をガサガサガサガサと降《お》りて行った。わたしの頭の中はもうこのあたりから蛇のことでいっぱいになっていた。

「信次郎、蛇がいたら早くいうのよ」

わたしがおもわずそういうと、みな子がとたんにおびえだした。

「蛇が出るの？」

「出るのよ。すごく長いのが」

いいながら、わたしは快感をおぼえた。

「そんなこと信ちゃん、いわなかったわ」

(1) 〔登場人物〕この文章に登場する人物の名前をすべてぬき出しましょう。（完答・10点）

（　　　　）

(2) 〔場面をつかむ〕**A** に入る適切な言葉を、本文中から三字でぬき出しましょう。（10点）

(3) 〔行動の理由〕――線①とありますが、オーツはなぜ出ぐちのほうへ歩きかけたのですか。本文中から二十五字以内でぬき出しましょう。（20点）

(4) 〔表現のくふう〕――線②とは、だれの目ですか。本文中からぬき出しましょう。（10点）

（　　　　）

(5) 〔人物の様子〕――線③とありますが、これはどのような様子を表していますか。最も適切なものを次から選び、記号で答えましょう。（10点）

（　　）

ア 苦しい気持ちがこみ上げて、なみだがあふれ出そうな様子。

イ 悲しみのなみだがあふれてきて、目頭《めがしら》が熱くなっている様子。

ウ つらい気持ちで言葉が出ず、じっと見つめ合っている様子。

エ どうしたらよいかわからず、長い間向かい合っている様子。

(6) 〔つなぎ言葉〕**B**～**D** に入る最も適切な言葉をあとから選び、記号で答えましょう（記号は一度しか使えません）。（30点）一つ10

B（　　）**C**（　　）**D**（　　）

ア はたして　**イ** つまり　**ウ** だが　**エ** むろん

(7) 〔人物の気持ち〕――線④とありますが、それはなぜですか。次の□に入る最も適切な言葉をあとから選び、記号で答えましょう。（10点）

（　　）

つらい現実を目の前にして、何もできない自分たちの□を感じていたから。

ア 反感　**イ** こどく　**ウ** 無力さ　**エ** 不幸

〔清風南海中―改〕

8 伝記を読む

復習のポイント！

- 場面（時・場所）や中心人物をとらえます。
- 場面や人物の気持ちの変化をつかみます。
- 作者の考えを読み取ります。

月　日

〈時間〉20分　〈合格〉80点　〈得点〉　/100

答え↓別冊27ページ

1 次の文章を読んで、あとの問いに答えましょう。

〔一九一二年、イギリスのスコット大佐《たいさ》の一行は、南極点に到達《とうたつ》したあと、出発地点に向かって極地に別れをつげた。〕

朝になると、目をさましたくないと言ったオーツもやっぱり起きた。

あい変わらずひどい［A］がうずまいていた。

朝めしのしたくにかかろうとする時だった。オーツがテントの支柱につかまるようにして立ちあがった。

「ちょっとそとへ出てくる。少しひまがかかるかも知れない。」

すわっている三人の目が同時にオーツの顔に向けられた。

①オーツはあぶなげな足どりで出ぐちのほうへ歩きかけた。

スコットがたまりかねて声をかけた。

「どこへ行く、このふぶきに。」

オーツはふりかえった。ウィルソンもバウワースもじっとオーツの姿《すがた》を見ていた。②立っているひとりの目がすわっている三人の目とぴったり向きあった。どの目もうるんでいた。③目と目が今にも焼きつくかと思われた。

その時、オーツの顔が少しゆるんだ。

「用をたしてきたいのだ。」

バウワース中尉《ちゅうい》が言下に答えた。

「ここでやれ、ちっともかまわん。」

オーツは苦笑《くしょう》したが、そのままテントのすそをくぐって出て行った。

スコットとバウワースは思わず立ちあがった。［B］、立ちあがっただけでその場から動けなかった。ウィルソン博士は祈《いの》ってでもいるように黙《だま》ってうつ向いていた。

風がひときわはげしくテントをゆすって吹《ふ》きすぎた。

オーツがこのさき足手まといになりたくないと思って、死ぬために出て行ったのだということは三人とも知っていた。［C］、とめなければならない。とめたいのだ。しかも、今の自分たちにはとめることができない。④三人は泣くことさえできなかった。

［D］、それっきり、オーツはテントへ帰ってこなかった。かれらは二度と不死身のオーツの姿を見ることができなかった。

（山本有三《やまもとゆうぞう》「スコットの南極探検《たんけん》」）

たいせつ

4 〔文の組み立て〕 **例にならって、主語と述語に注意して、次の文の組み立てを□に書きましょう。** （18点）一つ2

（例） 黒い　ねこが　道ばたで　ねむる。

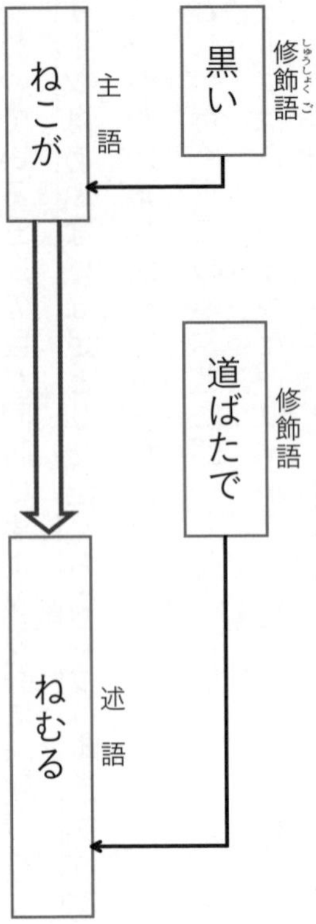

⑴ マラソンは、日本人が　得意な　ものの　一つだ。

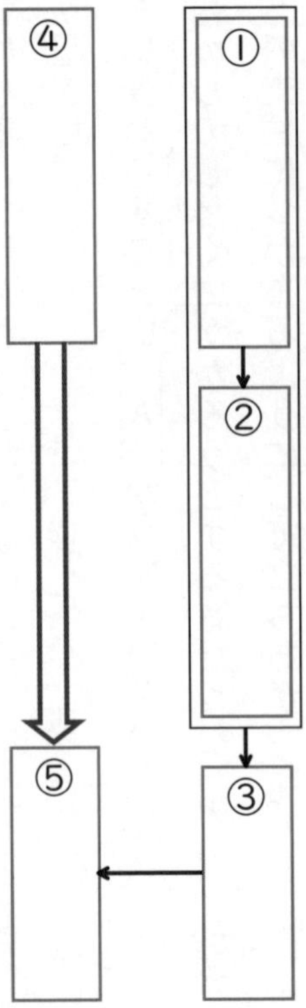

⑵ わたしは　友人に　手紙を　書いた。

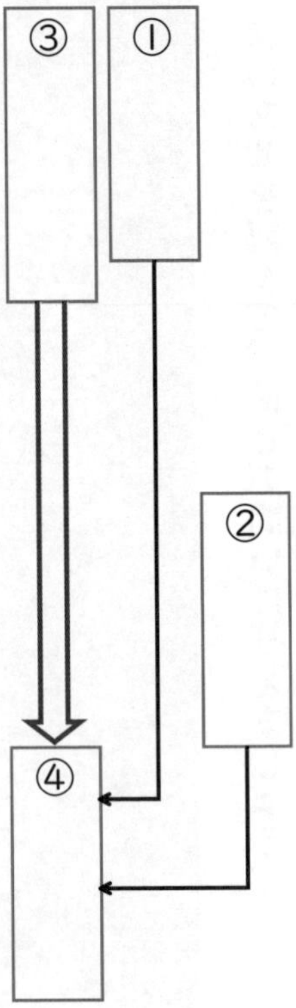

5 〔敬語《けいご》の使い方〕 **次の文について、敬語の使い方が適切なものには○を、適切でないものには×を（　）に書きましょう。また、×については適切な敬語に直し、〔　〕に書きましょう。** （各完答・30点）一つ6

（例） 兄がよろしくとおっしゃっていました。 （×） 〔おっしゃって〕→〔申して〕

⑴ 明日、父が学校にいらっしゃいます。 （　） 〔　〕→〔　〕

⑵ 冷めないうちにいただいてください。 （　） 〔　〕→〔　〕

⑶ ご用件をうけたまわっておきます。 （　） 〔　〕→〔　〕

⑷ 山田様がロビーでお待ちしています。 （　） 〔　〕→〔　〕

⑸ 社長はまだ出社しておりません。 （　） 〔　〕→〔　〕

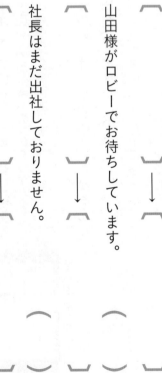

7 文のきまりと敬語《けいご》

復習のポイント！

- 文の型や、主語・述語・修飾語《しゅうしょくご》の働き、関係を理解します。
- 尊敬語《そんけいご》とけんじょう語を区別して用います。

〈時間〉20分　〈合格〉80点　〈得点〉　/100

月　日

答え↓別冊26ページ

1 〔文の型〕 **次の各文の型をあとから選び、記号で答えましょう。**（9点）一つ3

(1) ねこが大きな声で鳴く。（　）

(2) あの山の頂上《ちょうじょう》が目的地だ。（　）

(3) 満開の桜の花がとてもきれいだ。（　）

ア 何が—どうする　イ 何が—どんなだ

ウ 何が—何だ

2 〔主語・述語〕 **次の文の主語と述語の関係として適切なものをあとから選び、記号で答えましょう。**（18点）一つ3

(1) 雨も　降《ふ》るし、風も　ふく。（　）

(2) せみが　鳴く　季節は　まだ　遠い。（　）

(3) ぼくの　未来の　夢は　とても　大きい。（　）

(4) 熱が　高いので、弟は　学校を　休んだ。（　）

(5) 母が　歌い、父が　おどる。（　）

(6) 赤い　夕日が　山の　向こうに　しずむ。（　）

ア 花が（主語）　美しく　さいた。（述語）

イ 空は（主語）　青く、（述語）　雲は（主語）　白い。（述語）　……対等にならんでいる

ウ わたしが（主語）　植えた（述語）　花が（主語）　さいた。（述語）　……修飾《しゅうしょく》している

3 〔修飾語〕 **次の〰〰線の言葉が修飾している言葉を選び、記号で答えましょう。**（25点）一つ5

(1) ア文鳥が　急に　イはばたきを　ウ始めた。（　）

(2) いつの間にか　ア黒雲が　イ空を　ウおおった。（　）

(3) ア多くの　イ人が　いそがしそうに　ウ通りを　エ歩く。（　）

(4) 青い　ア電車が　イ遠くの　ウ方を　エ走る。（　）

(5) まさか　アぼくが　イ代表に　ウ選ばれる　エことは　オないだろう。（　）

3 ［似た意味のことわざ］ **次のことわざと似た意味で使われていることわざをあとから選び、記号で答えましょう。**（24点）一つ3

(1) ぬれ手で粟《あわ》

(2) ぬかにくぎ

(3) 猿《さる》も木から落ちる

(4) 急がば回れ

(5) 猫《ねこ》に小判

(6) きじも鳴かずばうたれまい

(7) あぶはち取らず

(8) 瓜《うり》のつるになすびはならぬ

ア とびがたかを生む
イ かえるの子はかえる
ウ 口はわざわいのもと
エ 二兎《にと》を追う者は一兎《いっと》をも得ず
オ とうふにかすがい
カ たなからぼたもち
キ せいてはことを仕損じる
ク 思い立ったが吉日《きちじつ》
ケ 河童《かっぱ》の川流れ
コ 豚《ぶた》にしんじゅ
サ 石橋をたたいてわたる

4 ［ことわざと似た意味の熟語《じゅくご》］ **次のことわざと同じような意味をもつ熟語をあとから選び、記号で答えましょう。**（20点）一つ4

(1) 弱り目にたたり目

(2) 色眼鏡で見る

(3) 身を粉《こ》にする

(4) しり馬に乗る

(5) 折り紙をつける

ア 心配　**イ** 保証　**ウ** 不運　**エ** 病気
オ 苦労　**カ** 先入観　**キ** 同調　**ク** 色彩《しきさい》

5 ［四字熟語］ **次の□にあてはまる四字熟語をあとから選び、記号で答えましょう。**（18点）一つ3

(1) 前置きをせずに、私《わたし》は□に質問をした。

(2) 事件の□を知っているのは君だけだ。

(3) 自然界は、□の世界である。

(4) 最終回に□のホームランで勝利した。

(5) 参加者たちは、□自宅《じたく》に帰っていった。

(6) バトンを受け取ると、□でぼくは走った。

ア 一部始終　**イ** 起死回生　**ウ** 三々五々
エ 弱肉強食　**オ** 単刀直入　**カ** 無《む》我《が》夢中

英語　算数　社会　理科　国語

6 慣用句・ことわざ・四字熟語《じゅくご》

復習のポイント！

- 慣用句に慣れ、意味・用法を覚えます。
- ことわざや四字熟語の意味・用法を覚えます。

〈時間〉20分　〈合格〉80点　〈得点〉　/100　月　日

答え↓別冊26ページ

1 〔慣用句の使い方〕 **次の言葉の使い方が適切なものには○を、適切でないものには×を書きましょう。** （14点）一つ2

(1) 身から出たさび
・かれが病気になったのも、身から出たさびです。（　）

(2) 身にしみる
・ぬかるみで転んで、どろが身にしみました。（　）

(3) 身の毛がよだつ
・冬山の寒さは身の毛がよだつほどでした。（　）

(4) 身を立てる
・一度事業に失敗したかれは、身を立ててがんばった。（　）

(5) 身もふたもない
・そうはっきり言ってしまっては身もふたもない。（　）

(6) 口を割《わ》る
・かれとは今まで口を割って話したことがありません。（　）

(7) うでによりをかける
・母がうでによりをかけて、ごちそうを作ってくれた。（　）

たいせつ

2 〔慣用句・ことわざの意味〕 **次の言葉の意味をあとから選び、記号で答えましょう。** （24点）一つ3

(1) やぶから棒《ぼう》（　）

(2) 油をしぼる（　）

(3) 気が置けない（　）

(4) さじを投げる（　）

(5) 三つ子のたましい百まで（　）

(6) 情けは人のためならず（　）

(7) 石の上にも三年（　）

(8) 一寸《いっすん》の虫にも五分《ごぶ》のたましい（　）

ア つまらないものにもそれなりの意地がある。
イ 何事もがまん強くやれば何とかなるものだ。
ウ 人の失敗や欠点をしかる。
エ 人に親切にしておけばいつか自分のためになる。
オ 小さいときの性質は年をとっても変わらない。
カ 突然《とつぜん》のこと。
キ 見こみがないとあきらめて見捨《みす》てる。
ク えんりょがいらない。

3 〔対義語を選ぶ〕**次の言葉の対義語をあとから選び、漢字に直して（　）に書きましょう。**（24点）一つ3

(1) 過去↔（　　　）
(2) 危険《きけん》↔（　　　）
(3) 直接↔（　　　）
(4) 希望↔（　　　）
(5) 重視↔（　　　）
(6) 原因↔（　　　）
(7) 支出↔（　　　）
(8) 人工↔（　　　）

ケッカ　ケイシ　シュウニュウ
ミライ　カンセツ　ゼツボウ　キョカ
シゼン　アンゼン　コンク　シュッピ

4 〔類義語を選ぶ〕**次の言葉の類義語をあとから選び、（　）に記号で答えましょう。**（16点）一つ2

(1) 決心＝（　　　）
(2) 同意＝（　　　）
(3) 静養＝（　　　）
(4) 刊行＝（　　　）
(5) 有益＝（　　　）
(6) 平生＝（　　　）
(7) 祖国＝（　　　）
(8) 欠点＝（　　　）

ア 短所　**イ** 故国　**ウ** 有用　**エ** 決意
オ 休養　**カ** 平素　**キ** 賛成　**ク** 発行

5 〔対義語を作る〕**次の言葉の対義語を、あとの漢字を使って作りましょう。**（16点）一つ2

(1) 失敗↔（　　　）
(2) 単純↔（　　　）
(3) 損失↔（　　　）
(4) 曲線↔（　　　）
(5) 理想↔（　　　）
(6) 消費↔（　　　）
(7) 積極↔（　　　）
(8) 赤字↔（　　　）

成　益　実　雑　消　字　生　線
現　産　功　直　極　黒　利　複

6 〔類義語を作る〕**次の言葉の類義語を、あとの漢字を使って作りましょう。**（16点）一つ2

(1) 永遠＝（　　　）
(2) 消息＝（　　　）
(3) 真心＝（　　　）
(4) 死亡＝（　　　）
(5) 手段＝（　　　）
(6) 志願＝（　　　）
(7) 最高＝（　　　）
(8) 不平＝（　　　）

界　望　最　信　誠　不　音　他
方　久　志　永　意　法　満　上

5 言葉の意味・対義語・類義語

復習のポイント！

- 言葉の意味を、文章の前後から正しくとらえられるようにします。
- 対義語、類義語は成り立ちに注目します。

〈時間〉20分 〈合格〉80点 〈得点〉　　/100

月　日

答え↓別冊26ページ

1 [熟語《じゅくご》の意味] **次の言葉の意味として適切なものを選び、記号で答えましょう。**（20点）一つ4

(1) 現状
- **ア** 今のありさま。
- **イ** ありのままの様子。
- **ウ** うわべをかざらないこと。
- **エ** 今も実際にあること。

（　　）

(2) 包囲
- **ア** だきかかえること。
- **イ** 囲みを破ること。
- **ウ** 周りを取り囲むこと。

（　　）

(3) 対話
- **ア** 反対の意見を言うこと。
- **イ** 自分の意見を言うこと。
- **ウ** 向かい合って話すこと。

（　　）

(4) 復興
- **ア** 複雑なものに興味をもつこと。
- **イ** 再び盛《さか》んになること。
- **ウ** 大勢で興奮《こうふん》すること。

（　　）

(5) 孝《こう》行《こう》
- **ア** 親を大切にすること。
- **イ** 行いが正しいこと。
- **ウ** 自分で行動すること。

（　　）

たいせつ

2 [言葉を正しく使う] **次の——線の言葉の意味をそれぞれ選び、記号で答えましょう。**（8点）一つ2

(1) かれはあからさまにものを言う。
- **ア** とうとう　**イ** 少しだけ
- **ウ** ゆっくり　**エ** はっきり

（　　）

(2) エジソンの業績をたたえる本。
- **ア** たたかれる　**イ** ほめる
- **ウ** がまんする　**エ** けなす

（　　）

(3) 何かにつかれたようにピアノをひく。
- **ア** 人にあとをつけられたように
- **イ** 決心がついたように
- **ウ** ものにとりつかれたように
- **エ** つきさされたように

（　　）

(4) 投げやりな態度をとる。
- **ア** 目標を見失ってわからなくなっている
- **イ** 自分から進んでしようとする
- **ウ** 相手の立場になって考える
- **エ** ものごとをいい加減にする

（　　）

せたつい

5

「二字熟語・三字熟語」次の□に「非・不・無・未」のいずれかの漢字をあてはめて、熟語を完成させましょう。（18点）一つ2

(1) □消化　(2) □協力　(3) □完全

(4) □意味　(5) □成年　(6) □足

(7) □番　(8) □害　(9) □完

6

「二字熟語・三字熟語」次の□に「的・性・化・感」のいずれかの漢字をあてはめて、熟語を完成させましょう。（12点）一つ2

(1) 高速□　(2) 意欲《いよく》□　(3) 罪悪□

(4) 独自□　(5) 毒□　(6) 緑□

7

「三字以上の熟語の成り立ち」例にならって、熟語の成り立ちがわかるように、次のかたかなを漢字に直して書きましょう。（28点）一つ2

（例） チョキンバコ　（貯金―箱）

(1) キュウキュウシャ　（　）

(2) オヤコウコウ　（　）

(3) アイコトバ　（　）

(4) イショクジュウ　（　）

(5) ガイシュツチュウ　（　）

(6) ダイシゼン　（　）

(7) マンゾクカン　（　）

(8) セツゲッカ　（　）

(9) シュンカシュウトウ　（　）

(10) ショクギョウタイケン　（　）

(11) ヒカガクテキ　（　）

(12) キショウテンケツ　（　）

(13) コウガクノウゼイシャ　（　）

(14) セダイカンカクサ　（　）

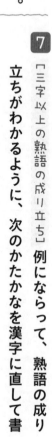

4 熟語《じゅくご》の成り立ち

復習のポイント！

- 二字熟語の成り立ちを理解します。
- 三字熟語・四字熟語の成り立ちも、二字熟語の成り立ちをもとにして理解します。

〈時間〉20分　〈合格〉80点　〈得点〉　/100

月　日

答え↓別冊25ページ

たいせつ

1 〔熟語《じゅくご》の成り立ち〕**次の熟語の成り立ちとして適切なものをあとから選び、記号で答えましょう。**（8点）一つ2

(1) 存在《そんざい》（　　）　(2) 激動《げきどう》（　　）

(3) 紅白《こうはく》（　　）　(4) 負傷《ふしょう》（　　）

ア 対《つい》や反対の意味の漢字を組み合わせたもの。

イ 似た意味の漢字を組み合わせたもの。

ウ 上の漢字が下の漢字を修飾《しゅうしょく》しているもの。

エ 「〜を」「〜に」に当たる意味の漢字が下に来るもの。

2 〔二字熟語を作る〕**次の□の漢字の中から、似た意味の漢字を組み合わせて、二字熟語を四つ作りましょう。**（8点）一つ2

温　応　易　答　暗　黒　暖　安

（　　）（　　）（　　）（　　）

3 〔二字熟語を作る〕**次の□の漢字の中から、対や反対の意味の漢字を組み合わせて、二字熟語を四つ作りましょう。**（8点）一つ2

難　善　往　悪　生　易　復　死

（　　）（　　）（　　）（　　）

4 〔二字熟語を作る〕**次の□に対や反対の意味をもつ漢字をあてはめて、二字熟語を完成させましょう。**（18点）一つ2

(1) 公□　(2) □表　(3) 開□

(4) 増□　(5) □横　(6) 賛□

(7) 得□　(8) □続　(9) 夫□

(6) 吸
ア ロ 叨 吸 吸
イ ロ 叫 吸 吸
（　　）

(7) 臨
ア 一 「 臣 臣 臨 臨
イ 丨 「 臣 臣 臨 臨
（　　）

(8) 補
ア ラ ネ ネ 衤 衤 補
イ ラ ネ ネ 衤 衤 補
（　　）

せったい

3 〔筆順〕 次の漢字の赤い部分は、何画目に書きますか。数字で答えましょう。（30点）一つ3

(1) 映（　　）
(2) 窓（　　）
(3) 値（　　）
(4) 巻（　　）
(5) 腹（　　）
(6) 蔵（　　）
(7) 署（　　）
(8) 看（　　）
(9) 革（　　）
(10) 源（　　）

4 〔部首・総画数〕 次の漢字の部首を（　）に書き、総画数を〔　〕に数字で答えましょう。（各完答・18点）一つ3

(1) 簡
部首（　　）
総画数〔　　〕

(2) 郷
部首（　　）
総画数〔　　〕

(3) 誤
部首（　　）
総画数〔　　〕

(4) 骨
部首（　　）
総画数〔　　〕

(5) 純
部首（　　）
総画数〔　　〕

(6) 障
部首（　　）
総画数〔　　〕

せったい

5 〔部首名・総画数〕 例にならって、次の漢字の部首名をひらがなで、総画数を数字で答えましょう。また、その漢字を使った熟語《じゅくご》も書きましょう。（各完答・21点）一つ3

	漢字	部首名	総画数	熟語
例	電	あめかんむり	13	電気
(1)	呼			
(2)	宗			
(3)	困			
(4)	盟			
(5)	庁			
(6)	延			
(7)	段			

3 部首・筆順・画数

英語　算数　社会　理科　国語

復習のポイント!

・部首には、へん・つくり・かんむり・たれ・にょう・あし・かまえがあります。
・筆順を覚えて漢字を正しく書きます。

月　日

〈時間〉20分　〈合格〉80点　〈得点〉　／100

答え↓別冊25ページ

1 〔部首名と意味〕次の漢字の部首名とその意味をあとから選び、部首名は（　）に、部首の意味は〔　〕に、それぞれ記号で答えましょう。（各完答・15点）一つ3

(1) 脳　部首名（　　）　部首の意味〔　　〕

(2) 痛　部首名（　　）　部首の意味〔　　〕

(3) 割　部首名（　　）　部首の意味〔　　〕

(4) 宅　部首名（　　）　部首の意味〔　　〕

(5) 熟　部首名（　　）　部首の意味〔　　〕

【部首名】
ア うかんむり　**イ** にくづき　**ウ** やまいだれ
エ りっとう　**オ** れっか・れんが

【部首の意味】
カ 刀　**キ** 家　**ク** 火　**ケ** 体　**コ** 病気

2 〔筆順〕次の漢字の筆順の正しい方を選び、記号で答えましょう。（16点）一つ2

(1) 閣
ア ｺ 𠁣 門 門 門 閃 閔 閣
イ ｜ 𠁣 𠁣 門 門 閃 閔 閣
（　　）

(2) 秘
ア 二 千 禾 禾 秒 秘 秘 秘
イ 二 千 禾 禾 私 秘 秘 秘
（　　）

(3) 卵
ア ⼖ 卯 卯 卯 卯 卵
イ ⼖ ⼖ 卯 卯 卯 卵
（　　）

(4) 衆
ア ノ 血 衆 衆 衆 衆 衆
イ ノ 血 衆 衆 衆 衆 衆
（　　）

(5) 城
ア 土 圵 圷 坧 城 城 城
イ 土 圷 圷 坧 城 城 城
（　　）

3 【同音異義《いぎご》語・同訓異字】次の□にあてはまる漢字として正しい方を（　）から選び、□に書きましょう。（18点）一つ2

(1) 校庭を□《かいほう》する。　（解放・開放）

(2) 言論《げんろん》の自由を□《ほしょう》する。　（保障・保証）

(3) □《しゅせき》で卒業する。　（主席・首席）

(4) 船の□《しんろ》を南にとる。　（進路・針路）

(5) 本が□《やぶ》れる。　（敗・破）

(6) スライドを□《うつ》す。　（映・写）

(7) かさを□《さ》す。　（差・指）

(8) 仏だんに花を□《そな》える。　（備・供）

(9) 店が野菜を□《ね》上げする。　（根・値）

たいせつ

4 【送りがな】例にならって、次のひらがなを漢字と送りがなに直して書きましょう。（36点）一つ4

(例) 健全な生活を 送る《おくる》 。

(1) 期限を□《のばす》。

(2) 決して□《あぶない》ことはしない。

(3) □《はげしい》反対にあう。

(4) 大きな会社に□《つとめる》。

(5) 税金を□《おさめる》。

(6) 天井《てんじょう》からリボンを□《たらす》。

(7) 布を美しい色に□《そめる》。

(8) 冬でも□《あたたかい》家に住む。

(9) 素直《すなお》に負けを□《みとめる》。

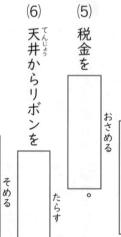

2 漢字の書き

1 【漢字の書き方】次の□に漢字を書きましょう。（24点）一つ3

(1) テレビ番組の□《せんでん》をする。

(2) 母は□《かんごし》として働いている。

(3) 大会で力を□《はっき》する。

(4) 連休に家族で□《ききょう》する。

(5) たくさん食べて□《まんぷく》になる。

(6) テレビ番組の□《じまく》を読む。

(7) 無理を□《しょうち》でお願いする。

(8) □《せんもん》的な知識を身につける。

2 【熟語《じゅくご》】例にならって、次の□に共通してあてはまる漢字を書いて、二字の熟語を作りましょう。（22点）一つ2

(例) 意—見《けん》—学

(1) 満—□《ちょう》—流

(2) 改—□《かく》—命

(3) 出—□《きん》—勉

(4) 貧《ひん》—□《こん》—難《なん》

(5) 独—□《さい》—判

(6) 短—□《しゅく》—小

(7) 単—□《じゅん》—金

(8) 後—□《たい》—席

(9) 宿—□《てき》—対

(10) 階—□《だん》—落

(11) 意—□《よく》—望

復習のポイント！

- 形のよく似た漢字に気をつけます。
- 文章の意味を考えて、正しい漢字が書けるようにします。

〈時間〉20分　〈合格〉80点　〈得点〉　/100

月　日

答え↓別冊24ページ

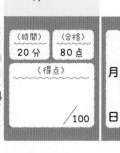

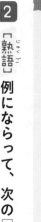

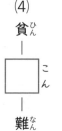

たいせつ

3 「まちがえやすい読み方」**次の漢字の読み方として正しい方を選び、記号で答えましょう。**（24点）一つ3

(1) 資源　ア しがん　イ しげん　（　　）
(2) 私事　ア わたくしごと　イ しごと　（　　）
(3) 至急　ア しきゅう　イ しっきゅう　（　　）
(4) 傷口　ア しょうこう　イ きずぐち　（　　）
(5) 赤潮　ア あかしお　イ せきちょう　（　　）
(6) 否定　ア ふてい　イ ひてい　（　　）
(7) 背骨　ア はいこつ　イ せぼね　（　　）
(8) 拡大　ア こうだい　イ かくだい　（　　）

4 「同じ読み方」**次の――線の漢字と同じ読み方の漢字を｛　｝から選び、記号で答えましょう。**（8点）一つ2

(1) 鉄筋　ア 筋道　イ 筋金　ウ 筋肉　エ 筋子　（　　）
(2) 方針　ア 針金　イ 針路　ウ 針山　エ 針箱　（　　）
(3) 車窓　ア 天窓　イ 窓口　ウ 窓辺　エ 同窓　（　　）
(4) 食紅　ア 紅白　イ 紅茶　ウ 口紅　エ 紅葉　（　　）

5 「難《むずか》しい熟語《じゅくご》の読み方」**次の――線の漢字の読み方を書きましょう。**（20点）一つ4

(1) 貴重な意見。（　　）
(2) 疑義をただす。（　　）
(3) 早晩決着がつく。（　　）
(4) 看過できない問題。（　　）
(5) 姿見で全身を映《うつ》す。（　　）

英語　算数　社会　理科　国語

1 漢字の読み

復習のポイント！

- 複数の読み方をもつ漢字に気をつけます。
- 音読みと訓読みを区別します。
- まちがえやすい読み方に気をつけます。

〈時間〉20分　〈合格〉80点　〈得点〉　/100

月　日

答え↓別冊24ページ

1 〔漢字の読み方〕**次の——線の漢字の読み方を書きましょう。**（24点）一つ4

(1) パソコンが故障した。（　　　）

(2) 電車の運賃をはらう。（　　　）

(3) 世界遺産を訪《たず》ねる。（　　　）

(4) 友達との秘密を守る。（　　　）

(5) 机に向かって勉強をする。（　　　）

(6) おにぎりを五穀米で作る。（　　　）

たいせつ

2 〔いろいろな読み方〕**次の——線の漢字の読み方を書きましょう。**（24点）一つ4

(1)
① 雑誌《ざっし》の巻頭ページを読む。（　　　）
② 節分に巻きずしを食べる。（　　　）

(2)
① 家族で温泉に行く。（　　　）
② 森の中で泉を見つける。（　　　）

(3)
① 幕末の出来事に興味をもつ。（　　　）
② 野球の開幕試合を見る。（　　　）

国語

はじめに

さまざまな言葉の意味や，慣用句・ことわざ・故事成語などを覚えます。意味を正しく覚えるだけでなく，自分で正しく使えるようになる必要があります。生活や学習の中で，見覚え・聞き覚えのない言葉が出てきたら，辞書を引いて意味を確かめてみるとともに，自分で使える場面があったら積極的に使うことを心がけることが大切です。それらをふまえて文章の読解にも取り組み，国語の力を身につけていきます。

答え

小6 全科の復習テスト

英語

4～5ページ

1 自己しょうかいをしよう！

1 (1) math
(2) music
(3) science
(4) Japanese

2 (1) I'm good at cooking.
(2) I'm good at speaking Japanese.

3 (1) What is your favorite color ?
(2) My favorite color is blue .

4 (1) I'm good at playing baseball.
(2) I'm good at surfing .
(3) What is your favorite subject ?
(4) My favorite subject is English .

考え方

1 「算数」は math,「音楽」は music,「理科」は science,「国語」は Japanese と書きます。

2 「わたしは～が得意です」と伝えるときは I'm good at ～. と言います。

ここに注意！ I'm good at ～. の「～」の部分には，するのが得意なことを表す語句を入れます。

3 「あなたのいちばん好きな～は何ですか」とたずねるときは What is your favorite ～? と言います。答えるときは My favorite ～ is .... と言います。

6～7ページ

2 人物のことをしょうかいしよう！

1 (1) Italy (2) Japan
(3) Canada

2 (1) He can play the piano.
(2) She can cook *yakisoba*.
(3) Kenta can skate well.

3 (1) He is from Norway.
(2) She is from Vietnam.

4 (1) He can ride a unicycle .
(2) She can jump high .
(3) Ali is from Turkey .

考え方

1 「イタリア」は Italy,「日本」は Japan,「カナダ」は Canada と書きます。

ここに注意！ 国の名前は，はじめの文字を大文字にします。

2 「かれ〔かの女〕は～することができます」と伝えるときは He[She] can ～. と言います。「作る」,「料理する」は cook で表します。

3 それぞれの人物の出身地を伝えます。男性のことを言うときは he, 女性のことを言うときは she を使います。「～出身の」は from ～ で表します。

8～9ページ

3 自分たちの町をしょうかいしよう！

1 (1) temple (2) aquarium
(3) stadium (4) hospital

ひっぱると，はずして使えます。

2 ボブの町にあるもの：
a fire station,
a zoo （順不同）
ボブの町にないもの：
a swimming pool,
a castle （順不同）

3 (1) We can enjoy fishing.
(2) We can enjoy singing.

4 (1) We have a library.
(2) We don't have a big bookstore.
(3) We can enjoy dancing.
(4) We can enjoy shopping.

考え方

1 「寺」は temple,「水族館」は aquarium,「スタジアム」は stadium,「病院」は hospital と書きます。

2 町にあるし設について「～があります」と伝えるときは We have ～. と言います。また,「～はありません」と伝えるときは We don't have ～. と言います。

3 「わたしたちは～するのを楽しむことができます」と伝えるときは We can enjoy ～. と言います。

ここに注意！ we は「わたしたちは」という意味で，自分たちや自分をふくむいっぱんの人々のことを伝えるときに使います。

10～11ページ

4 思い出について話そう！

1 (1) flower (2) rainbow
(3) river (4) mountain

2 (1) I went to the lake.
(2) I ate ice cream.
(3) It was delicious.

3 (1) What's your best memory?
(2) My best memory is my school trip.

4 (1) I saw fireworks.
(2) I enjoyed hiking.
(3) What's your best memory?
(4) My best memory is my sports day.

考え方

1 「花」は flower,「にじ」は rainbow,「川」は river,「山」は mountain と書きます。

2 「わたしは～しました」と伝えるときは過去を表すことばを使います。「行きました」は went,「食べました」は ate,「～でした」は was で表します。

3 「あなたのいちばんの思い出は何ですか」とたずねるときは What's your best memory? と言います。答えるときは My best memory is ～. と言います。

12～13ページ

5 将来の夢について話そう！

1 (1) dentist (2) zookeeper
(3) artist (4) baker

2 (1) I want to be a pilot.
(2) I want to be a singer.

3 (1) What club do you want to join?
(2) I want to join the art club.

4 (1) What do you want to be?

(2) I want to be an astronaut.

(3) What club do you want to join?

(4) I want to join the volleyball team.

考え方

1 「歯科医」は dentist, 「飼育員」は zookeeper, 「画家」は artist, 「パン屋さん」は baker と書きます。

2 「あなたは何になりたいですか」とたずねるときは What do you want to be? と言います。答えるときは I want to be ～. と言います。

3 「あなたは何部に入りたいですか」とたずねるときは What club do you want to join? と言います。答えるときは I want to join the ～ club[team]. と言います。

14～16ページ

6 仕上げテスト

1 (1) I'm good at running.

(2) My favorite sport is rugby.

(3) I'm good at playing soccer.

2 (1) He is from China.

(2) She is from Brazil.

(3) Paul is from France.

3 (1) can (2) She

(3) can't

4 リズの町にあるもの：

a bookstore,

a station (順不同)

リズの町にないもの：

a museum,

a shrine (順不同)

5 (1) I went to an aquarium.

(2) I saw a big fish.

(3) It was fun.

6 (1) What club do you want to join?

(2) I want to join the basketball team.

(3) What do you want to be?

(4) I want to be a flight attendant.

考え方

1 「わたしは～が得意です」は I'm good at ～. と言います。「わたしのいちばん好きなスポーツは～です」は My favorite sport is ～. と言います。

2 「～出身の」は from ～で表します。

3 「かれ(かの女)は～することができます」は，He[She] can ～. と言います。また，「かれ(かの女)は～することができません」は He[She] can't ～. と言います。

4 町にあるものなどをしょうかいするときは We have ～. 「～があります」と言います。また，町にないものを伝えるときは，We don't have ～. と言います。

5 過去にしたことを伝えるときは，went「行きました」，saw「見ました」，was「～でした」などで表します。

6 相手に入りたい部活動をたずねるときは What club do you want to join? と言います。答えるときは，I want to join ～. と言います。相手に将来《しょうらい》なりたい職業をたずねるときは，What do you want to be? と言います。答えるときは，I want to be ～. と言います。

算数

18〜19 ページ

1 分数のかけ算

1 (1)$\frac{4}{5}$　(2)$\frac{21}{8}\left(2\frac{5}{8}\right)$　(3)$\frac{25}{12}\left(2\frac{1}{12}\right)$

2 (1)$\frac{3}{14}$　(2)$\frac{27}{40}$

(3)$\frac{40}{21}\left(1\frac{19}{21}\right)$　(4)$\frac{7}{12}$

(5)$\frac{3}{25}$　(6)12

3 (1)$\frac{12}{5}\left(2\frac{2}{5}\right)$　(2)$\frac{28}{3}\left(9\frac{1}{3}\right)$　(3)10

4 (1)$\frac{8}{15}$　(2)$\frac{13}{8}\left(1\frac{5}{8}\right)$　(3)$\frac{22}{3}\left(7\frac{1}{3}\right)$

5 イ，ウ

6 (1)2100　(2)10　(3)2400　(4)$\frac{3}{8}$

7 $\frac{2}{3}$ kg

8 2000 円

9 10 L

10 $\frac{7}{4}\left(1\frac{3}{4}\right)$ m^3

解き方

1 (1)$\frac{2}{5}\times2=\frac{2\times2}{5}=\frac{4}{5}$

2 (1)$\frac{1}{2}\times\frac{3}{7}=\frac{1\times3}{2\times7}=\frac{3}{14}$

(6)$\frac{8}{3}\times\frac{9}{2}=\frac{\overset{4}{\cancel{8}}\times\overset{3}{\cancel{9}}}{\underset{1}{\cancel{3}}\times\underset{1}{\cancel{2}}}=12$

3 (2)$8\times\frac{7}{6}=\frac{\overset{4}{\cancel{8}}\times7}{\underset{3}{\cancel{6}}}=\frac{28}{3}\left(9\frac{1}{3}\right)$

4 帯分数は，仮分数になおして計算します。

(1)$1\frac{1}{3}\times\frac{2}{5}=\frac{4}{3}\times\frac{2}{5}=\frac{4\times2}{3\times5}=\frac{8}{15}$

(3)$2\frac{1}{5}\times3\frac{1}{3}=\frac{11}{5}\times\frac{10}{3}=\frac{11\times\overset{2}{\cancel{10}}}{\underset{1}{\cancel{5}}\times3}$

$=\frac{22}{3}\left(7\frac{1}{3}\right)$

5 かける数が 1 より大きいとき，積はかけられる数より大きくなります。

6 ●の $\frac{\blacktriangle}{\blacksquare}$ は，●×$\frac{\blacktriangle}{\blacksquare}$ で求めます。

(3) 6 kg＝6000 g

$6000\times\frac{2}{5}=2400$(g)

(4)$\frac{1}{2}\times\frac{3}{4}=\frac{3}{8}$(L)

7 $\frac{7}{9}\times\frac{6}{7}=\frac{2}{3}$(kg)

8 $3200\times\frac{5}{8}=2000$(円)

9 $18\times\frac{2}{9}+18\times\frac{1}{3}=4+6$

＝10(L)

10 $\frac{5}{3}\times1\frac{1}{6}\times\frac{9}{10}=\frac{5}{3}\times\frac{7}{6}\times\frac{9}{10}$

$=\frac{\overset{1}{\cancel{5}}\times7\times\overset{\overset{1}{\cancel{3}}}{\cancel{9}}}{\underset{1}{\cancel{3}}\times\underset{2}{\cancel{6}}\times\underset{2}{\cancel{10}}}=\frac{7}{4}\left(1\frac{3}{4}\right)(m^3)$

20〜21 ページ

2 分数のわり算

1 (1)$\frac{7}{5}\left(1\frac{2}{5}\right)$　(2)$\frac{1}{8}$　(3)$\frac{10}{7}\left(1\frac{3}{7}\right)$

2 (1)$\frac{5}{12}$　(2)$\frac{3}{28}$　(3)$\frac{2}{63}$

3 (1)$\frac{35}{16}\left(2\frac{3}{16}\right)$　(2)$\frac{20}{21}$

(3)$\frac{44}{9}\left(4\frac{8}{9}\right)$　(4)3

(5)$\frac{1}{6}$　(6)$\frac{7}{8}$

4 (1)$\frac{32}{3}\left(10\frac{2}{3}\right)$　(2)$\frac{10}{3}\left(3\frac{1}{3}\right)$　(3)4

5 (1)$\frac{10}{21}$　(2)$\frac{25}{2}\left(12\frac{1}{2}\right)$　(3)$\frac{9}{4}\left(2\frac{1}{4}\right)$

6 ア，エ

7 (1)42　(2)$\frac{7}{10}$　(3)$\frac{7}{4}\left(1\frac{3}{4}\right)$　(4)$\frac{3}{4}$

8 $\frac{2}{5}$ kg

9 345 ページ

10 $\frac{18}{5}\left(3\frac{3}{5}\right)$ m

解き方

1 真分数や仮分数の逆数は，分母と分子を入れかえた数になります。整数や小数の逆数は，分数で表してから，分母と分子を入れかえます。

2 (1) $\frac{5}{6}\div 2=\frac{5}{6\times 2}=\frac{5}{12}$

3 (3) $\frac{11}{9}\div\frac{1}{4}=\frac{11}{9}\times\frac{4}{1}=\frac{11\times 4}{9\times 1}$

$=\frac{44}{9}\left(4\frac{8}{9}\right)$

(4) $\frac{1}{2}\div\frac{1}{6}=\frac{1}{2}\times\frac{6}{1}=\frac{1\times\overset{3}{\cancel{6}}}{\underset{1}{\cancel{2}}\times 1}=3$

(5) $\frac{7}{9}\div\frac{14}{3}=\frac{7}{9}\times\frac{3}{14}=\frac{\overset{1}{\cancel{7}}\times\overset{1}{\cancel{3}}}{\underset{3}{\cancel{9}}\times\underset{2}{\cancel{14}}}=\frac{1}{6}$

4 (2) $4\div\frac{6}{5}=4\times\frac{5}{6}=\frac{\overset{2}{\cancel{4}}\times 5}{\underset{3}{\cancel{6}}}$

$=\frac{10}{3}\left(3\frac{1}{3}\right)$

5 (1) $\frac{2}{3}\div 1\frac{2}{5}=\frac{2}{3}\div\frac{7}{5}=\frac{2}{3}\times\frac{5}{7}$

$=\frac{2\times 5}{3\times 7}=\frac{10}{21}$

6 わる数が1より小さいとき，商はわられる数より大きくなります。

7 (1) $24\div\frac{4}{7}=24\times\frac{7}{4}=42$(人)

(2) $\frac{7}{15}\div\frac{2}{3}=\frac{7}{15}\times\frac{3}{2}=\frac{7}{10}$ (m^2)

(3) $\frac{21}{20}\div\frac{3}{5}=\frac{21}{20}\times\frac{5}{3}=\frac{7}{4}\left(1\frac{3}{4}\right)$(L)

(4) $\frac{5}{6}\div\frac{10}{9}=\frac{5}{6}\times\frac{9}{10}=\frac{3}{4}$(kg)

8 $\frac{4}{15}\div\frac{2}{3}=\frac{4}{15}\times\frac{3}{2}=\frac{2}{5}$(kg)

9 $161\div\frac{7}{15}=161\times\frac{15}{7}$

$=345$(ページ)

10 $12\div 3\frac{1}{3}=12\div\frac{10}{3}$

$=12\times\frac{3}{10}=\frac{\overset{6}{\cancel{12}}\times 3}{\underset{5}{\cancel{10}}}=\frac{18}{5}\left(3\frac{3}{5}\right)$(m)

3 小数と分数の混じった計算

1 (1) 1　(2) $\frac{9}{5}\left(1\frac{4}{5}\right)$　(3) 2

(4) $\frac{5}{4}\left(1\frac{1}{4}\right)$　(5) 5　(6) $\frac{8}{9}$

2 (1) $\frac{6}{5}\left(1\frac{1}{5}\right)$　(2) 0.97

3 (1) $\frac{4}{7}$　(2) $\frac{6}{5}\left(1\frac{1}{5}\right)$　(3) $\frac{35}{4}\left(8\frac{3}{4}\right)$

(4) $\frac{8}{25}$　(5) $\frac{4}{5}$　(6) $\frac{8}{3}\left(2\frac{2}{3}\right)$

4 $\frac{2}{7}$ m^3

5 (1) $\frac{6}{35}$ m^2　(2) $\frac{36}{35}\left(1\frac{1}{35}\right)$ m^2

6 (1) $\frac{68}{15}\left(4\frac{8}{15}\right)$ g　(2) $\frac{15}{68}$ m

解き方

1 小数を10，100などを分母とする分数になおして計算します。

(5) $\frac{4}{5}\div 0.16=\frac{4}{5}\div\frac{16}{100}=\frac{\overset{1}{\cancel{4}}}{\underset{1}{\cancel{5}}}\times\frac{\overset{5}{\cancel{\overset{20}{\cancel{100}}}}}{\underset{1}{\cancel{\underset{4}{\cancel{16}}}}}=5$

2 (1) $\frac{4}{7}\times 2.7-\frac{4}{7}\times 0.6$

$=\frac{4}{7}\times(2.7-0.6)=\frac{4}{7}\times 2.1$

$=\frac{\overset{2}{\cancel{4}}}{\underset{1}{\cancel{7}}}\times\frac{\overset{3}{\cancel{21}}}{\underset{5}{\cancel{10}}}=\frac{6}{5}\left(1\frac{1}{5}\right)$

(2) $\frac{3}{8}\times 0.97+\frac{5}{8}\times 0.97$

$=\left(\frac{3}{8}+\frac{5}{8}\right)\times 0.97=1\times 0.97=0.97$

3 (1) $\frac{1}{5}\times\frac{6}{7}\div 0.3=\frac{1}{5}\times\frac{6}{7}\div\frac{3}{10}$

$=\frac{1}{5}\times\frac{6}{7}\times\frac{10}{3}=\frac{1\times\overset{2}{\cancel{6}}\times\overset{2}{\cancel{10}}}{\underset{1}{\cancel{5}}\times 7\times\underset{1}{\cancel{3}}}=\frac{4}{7}$

(4) $1\frac{1}{5}\times 0.4\times\frac{2}{3}=\frac{6}{5}\times\frac{4}{10}\times\frac{2}{3}$

$=\frac{\overset{2}{\cancel{6}}\times 4\times\overset{1}{\cancel{2}}}{5\times\underset{5}{\cancel{10}}\times\underset{1}{\cancel{3}}}=\frac{8}{25}$

4 $0.3\times\frac{2}{3}\times1\frac{3}{7}=\frac{3}{10}\times\frac{2}{3}\times\frac{10}{7}$

$=\frac{2}{7}(m^3)$

5 (1)$0.4\times\frac{3}{7}=\frac{4}{10}\times\frac{3}{7}=\frac{6}{35}(m^2)$

(2)紙は 2×3＝6(枚《まい》) あるから,

$\frac{6}{35}\times6=\frac{36}{35}\left(1\frac{1}{35}\right)(m^2)$

6 (1)$3.4\div\frac{3}{4}=\frac{34}{10}\times\frac{4}{3}$

$=\frac{68}{15}\left(4\frac{8}{15}\right)(g)$

(2)$\frac{3}{4}\div3.4=\frac{3}{4}\div\frac{34}{10}=\frac{3}{4}\times\frac{10}{34}=\frac{15}{68}(m)$

24～25 ページ

4 対称な図形

1 **ア**, **ウ**, **エ**

2 (1)点D

(2)

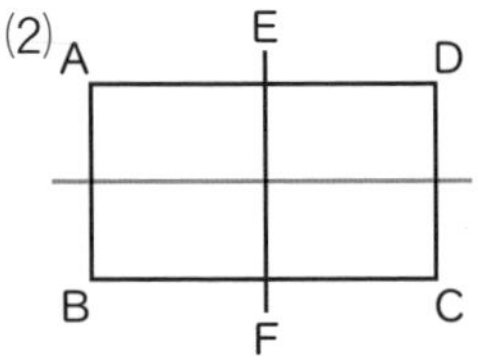

3

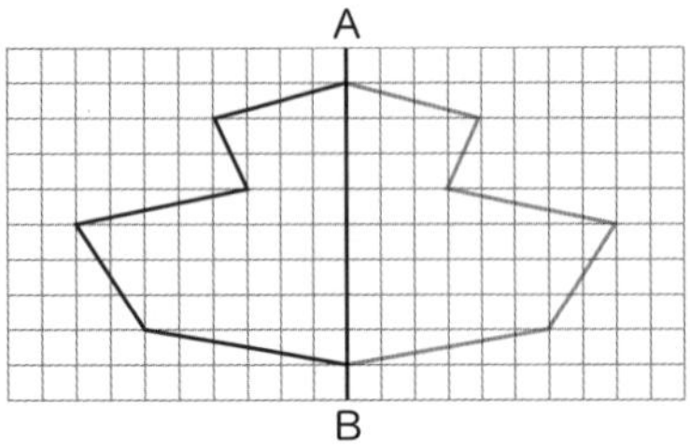

4 (1)**イ**, **ウ**, **エ**, **オ** (2)**ア**, **ウ**, **オ**

(3)**ウ**, **オ**

5 (1)

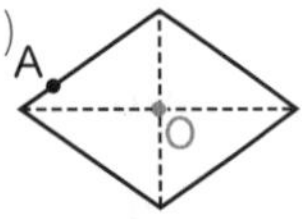

(2)

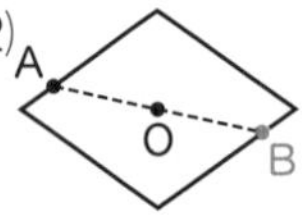

6

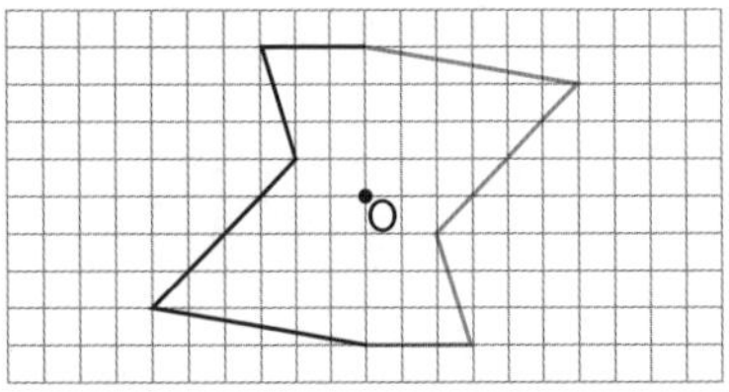

解き方

1 対称の軸《じく》は次のようになります。

ウは対称の軸が2本あります。

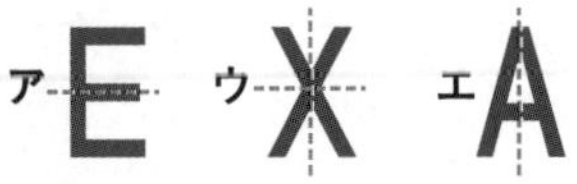

2 (1)対応する2つの点を結ぶ直線は対称の軸と垂直《すいちょく》で, 対称の軸によって2等分されます。

(2)辺 AB に垂直で, 辺 AB を2等分する直線をひきます。

3 対応する2つの点を結ぶ直線が, 対称の軸によって垂直に2等分されるように直線 AB の右側に点をとっていき, それらを結びます。

4 (2)ある点を中心にして 180°回転したとき, もとの図形とぴったり重なる図形です。

イは 180°回転すると右の図のようになります。

5 (1)2本の対角線が交わる点が対称の中心Oです。

(2)点Aと点Oを直線で結び, ひし形の辺と交わる点が点Bです。

6 対応する2つの点を結ぶ直線が, 対称の中心によって2等分されるような点をとっていき, それらを結びます。

26～27 ページ

5 円の面積

1 (1)12.56 cm^2 (2)78.5 cm^2

2 (1)7 cm (2)153.86 cm^2

3 (1)28.26 cm^2 (2)200.96 cm^2

4 (1)56.52 cm^2 (2)12.56 cm^2

5 (1)113.04 cm^2 (2)254.34 cm^2

6 (1)21.5 cm^2 (2)56.52 cm^2

(3)36.48 cm^2 (4)20.52 cm^2

7 およそ 20096 m^2

解き方

1 円の面積＝半径×半径×3.14

(1)2×2×3.14＝12.56(cm^2)

(2)5×5×3.14＝78.5(cm^2)

2 (1)円の半径＝円の直径÷2

14÷2＝7(cm)

(2)7×7×3.14＝153.86(cm^2)

3 (1)3×3×3.14＝28.26(cm^2)

(2)16÷2＝8(cm)

8×8×3.14＝200.96(cm^2)

4 (1)12÷2＝6(cm)

$6\times6\times3.14\div2=56.52(\mathrm{cm}^2)$

(2)$4\times4\times3.14\div4=12.56(\mathrm{cm}^2)$

5 まず，円の半径を求めます。

円の半径＝円周÷3.14÷2

(1)$37.68\div3.14\div2=6$

$6\times6\times3.14=113.04(\mathrm{cm}^2)$

(2)$56.52\div3.14\div2=9$

$9\times9\times3.14=254.34(\mathrm{cm}^2)$

6 (1)4つの白い部分をあわせると，円になります。

$10\div2=5(\mathrm{cm})$

$10\times10-5\times5\times3.14=21.5(\mathrm{cm}^2)$

(2)$12\div2=6(\mathrm{cm})$

$12\times12\times3.14\div4-6\times6\times3.14\div2$

$=56.52(\mathrm{cm}^2)$

(3)$8\times8\times3.14\div2-16\times8\div2$

$=36.48(\mathrm{cm}^2)$

(4)半径 6 cm の半円の面積から，1 辺 6 cm の正方形の面積をひきます。

$6\times6\times3.14\div2-6\times6=20.52(\mathrm{cm}^2)$

7 $80\times80\times3.14=20096$ より，

およそ 20096 m^2

28～29 ページ

6 文字と式

1 (1)$x\times8=960$ (2)$x+14=37$

(3)$x\div5=6$ (4)$750-x=210$

2 (1)$x\times3$ cm (2)21 cm

3 (1)13 (2)43 (3)7 (4)280

4 (1)$x+100=y$ (2)$x-3=y$

(3)$x\div3.14=y$ (4)$8\times x\div2=y$

5 (1)$x\times4=y$ (2)192 (3)39

6 $x\div18=3$ 余り 9

$x=18\times3+9=54+9=63$

答え 63

解き方

2 (2)$x\times3$ の x に 7 をあてはめます。

$7\times3=21(\mathrm{cm})$

3 (1)$8+x=21$

$x=21-8$

$x=13$

(4)$x\div7=40$

$x=40\times7$

$x=280$

5 (1)直方体の体積は，

底面積×高さ で求まります。

(2)$x\times4=y$ の x に 48 をあてはめます。

$48\times4=192$

(3)$x\times4=y$ の y に 156 をあてはめます。

$x\times4=156$

$x=156\div4$

$x=39$

30～31 ページ

7 比とその利用 ①

1 (1)18：16(9：8) (2)34：16(17：8)

2 (1)$\frac{3}{5}$ (2)$\frac{6}{11}$ (3)$\frac{1}{8}$ (4)$\frac{7}{15}$

(5)$\frac{3}{2}$ (6)$\frac{4}{3}$

3 (1)12 (2)80 (3)9 (4)5 (5)5 (6)5

4 (1)3：1 (2)7：13 (3)1：2

(4)7：15 (5)6：5 (6)25：3

5 128 cm

6 (1)63 cm (2)130 cm

解き方

2 (1)$3\div5=\frac{3}{5}$ (2)$6\div11=\frac{6}{11}$

(3)$1\div8=\frac{1}{8}$ (4)$7\div15=\frac{7}{15}$

3 (1)$18\div6=3$，$4\times3=12$

(3)$28\div4=7$，$63\div7=9$

4 (3)0.8：1.6＝8：16 より，（×10）

8：16＝1：2（÷8）

(4)2.1：4.5＝21：45 より，（×10）

21：45＝7：15（÷3）

5 2 m40 cm＝240 cm だから，

$240\div(8+7)=16$　$16\times8=128(\mathrm{cm})$

6 (1)4：9＝28：□ となるので，

$28\div4=7$　$9\times7=63$

(2)4：9＝□：45 となるので，

$45\div9=5$　$4\times5=20$

まわりの長さは，$(45+20)\times2=130$(cm)

32〜33 ページ

8 比とその利用 ②

1 12 枚
2 270 mL
3 姉…3200 円　妹…2800 円
4 男子児童…104 人
　女子児童…88 人
5 50 分
6 720 g
7 208 ページ
8 15 人

解き方

1 $16\times\frac{3}{4}=12$(枚)

2 $210\times\frac{9}{7}=270$(mL)

3 姉は，$6000\times\frac{8}{8+7}=3200$(円)

妹は，$6000\times\frac{7}{8+7}=2800$(円)

4 男子児童は，$192\times\frac{13}{13+11}=104$(人)

女子児童は，$192\times\frac{11}{13+11}=88$(人)

5 1時間25分＝85分 だから，
10：17＝□：85 となります。
$85\div17=5$　$10\times5=50$

6 残りの砂糖《さとう》の重さを x g とすると，
$5:3=(430+20):x$ となるので，
$(430+20)\div5=90$　$x=3\times90=270$
はじめにあった砂糖の重さは，
$450+270=720$(g)

7 x ページ残っているとすると，
$3:5=(84-6):x$　となるので，
$(84-6)\div3=26$　$x=5\times26=130$
この本のページ数は，
$78+130=208$(ページ)

8 クラスの人数を x 人とすると，
$19:1=x:2$ より，クラスの人数は 38 人となります。

$(38-2)\times\frac{5}{5+7}=15$(人)

34〜35 ページ

9 拡大図と縮図

1 拡大図…**イ**　縮図…**オ**
2 (1)40°　(2)6 cm　(3)1 cm　(4)33°
3

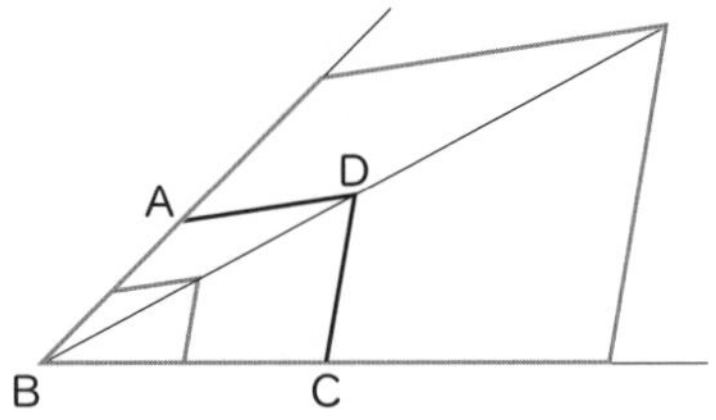

4 4 cm
5 (1)700 m　(2)500 m

解き方

1 対応する角の大きさがそれぞれ等しく，対応する辺の長さの比がすべて等しくなるような図をさがします。図の向きがちがっていてもかまいません。

2 (1)角 E に対応する角は角 B です。
(2)辺 EF に対応する辺は辺 BC です。
$2\times3=6$(cm)
(3)辺 AB に対応する辺は辺 DE です。
$3\div3=1$(cm)
(4)角 C に対応する角は角 F です。
$180°-(40°+107°)=33°$

3 拡大図は，それぞれの辺の長さが 2 倍の長さになるようにかきます。また，縮図はそれぞれの辺の長さが $\frac{1}{2}$ 倍の長さになるようにかきます。

4 実際の長さを縮《ちぢ》めた割合《わりあい》を縮尺《しゅくしゃく》といいます。
80 m＝8000 cm
$8000\div2000=4$(cm)

5 縮図では，駅から学校までの長さは 4 cm です。実際の長さは 400 m だから，この縮図の縮尺は，$400\times100\div4=10000$ より，10000 分の 1 です。
(1)縮図では，家から駅を通って学校までの長さは，$3+4=7$(cm) だから，
家から駅を通って学校までの道のりは，
$7\times10000\div100=700$(m)
(2)縮図では，家と学校との長さは 5 cm だから，家から学校までのきょりは，
$5\times10000\div100=500$(m)

36～37ページ

10 比例と反比例 ①

1 イ，エ

2 (1)12 cm (2)84 cm^2 (3)比例する
(4)$y=12\times x$

3 (1)㋐6 ㋑12 ㋒18 ㋓30 ㋔36
(2)18 m

4 (1)4 km (2)10 分 (3)$y=0.8\times x$

5 (1)㋐2.5 ㋑5 ㋒7.5 ㋓12.5
㋔15 (2)$y=2.5\times x$

(3) 水を入れた時間と水の深さ

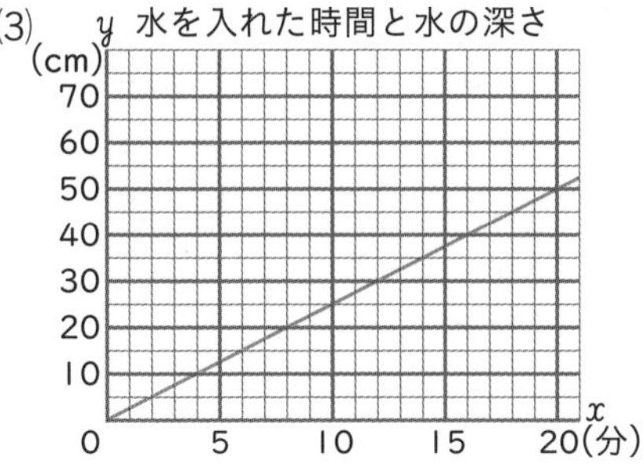

解き方

1 比例の関係にある２つの量では，一方の値《あたい》が２倍，３倍，… になると，他方の値も２倍，３倍，… になります。

ここに注意！ おもりの重さとばねののびは比例しますが，ばね全体の長さは比例しません。

2 (1)横が 1 cm のとき，面積は 12 cm^2 だから，
$12\div 1=12$(cm)
(2)$12\times 7=84$(cm^2)
(3)横の長さが２倍，３倍，…になると，面積も２倍，３倍，…になるので，横の長さと面積は比例します。
(4)y が x に比例するとき，
y＝きまった数×x の式が成り立ちます。

3 (1)$24\div 4=6$ より，この針金《はりがね》 1 m あたりの重さは 6 g となります。
(2)$108\div 6=18$(m)

4 グラフから，それぞれの値を読み取ります。

5 (1)4 分間で 10 cm の深さになっているので，$10\div 4=2.5$(cm) より，水の深さは 1 分間に 2.5 cm 増えます。

ここに注意！ 比例のグラフは，0 の点を通る直線です。

38～39ページ

11 比例と反比例 ②

1 ア，エ

2 (1)30 cm^2 (2)3 cm (3)反比例する
(4)$y=30\div x$

3 (1)㋐24 ㋑12 ㋒8 ㋓4.8
(2)2.4 cm

4 $y=12\div x$

5 $y=48\div x$

6 (1)㋐18 ㋑9 ㋒6 ㋓3.6 ㋔3
㋕1 (2)$y=18\div x$

(3) 平行四辺形の底辺と高さ

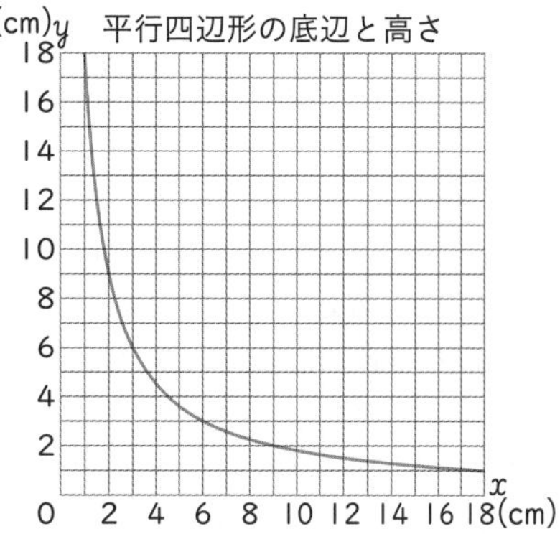

解き方

1 反比例の関係にある２つの量では，一方の値《あたい》が２倍，３倍，… になると，他方の値は $\frac{1}{2}$ 倍，$\frac{1}{3}$ 倍，… になります。

2 (1)縦《たて》の長さが 1 cm のとき，横の長さは 30 cm だから，
$1\times 30=30$(cm^2)
(2)$30\div 10=3$(cm)
(3)縦の長さが２倍，３倍，… になると，横の長さが $\frac{1}{2}$ 倍，$\frac{1}{3}$ 倍，… になるので，縦の長さと横の長さは反比例します。
(4) y が x に反比例するとき，
y＝きまった数÷x の式が成り立ちます。

3 (1)$4\times 6\div 2=12$ より，この三角形の面積は 12 cm^2 となります。
(2)$12\times 2\div 10=2.4$(cm)

4 1 時間に入れる水の量が２倍，３倍，… になると，かかる時間は $\frac{1}{2}$ 倍，$\frac{1}{3}$ 倍，… になるので，x と y の関係は反比例です。

$12m^3$ の水そうに水を入れるので，

$y=12\div x$

5 かかる時間は，進む速さに反比例するので，

$y=48\div x$

6 $9\times2=18$ より，面積は $18\ cm^2$ です。

ここに注意！ 反比例のグラフは 0 の点を通らない曲線です。

40～41 ページ

12 立体の体積

1 (1)$60\ cm^3$ (2)$60\ cm^3$ (3)$224\ cm^3$
(4)$780\ cm^3$

2 $24\ cm^3$

3 (1)$351.68\ cm^3$ (2)$942\ cm^3$
(3)$254.34\ cm^3$ (4)$502.4\ cm^3$

4 (1)$24\ cm^2$ (2)$6\ cm$ (3)$10\ cm$

解き方

1 (1)$(4\times5\div2)\times6=60(cm^3)$

(2)$(8\times3\div2)\times5=60(cm^3)$

(3)底面は台形だから，底面積は，

$(4+10)\times4\div2=28(cm^2)$

$28\times8=224(cm^3)$

(4)底面の四角形を，２つの三角形に分けて考えると，底面積は，

$(12\times5\div2)+(12\times8\div2)=78(cm^2)$

$78\times10=780(cm^3)$

2 $(3\times4\div2)\times4=24(cm^3)$

3 (1)$(4\times4\times3.14)\times7$
$=351.68(cm^3)$

(2)$10\div2=5(cm)$ だから，

$(5\times5\times3.14)\times12=942(cm^3)$

(3)$6\div2=3(cm)$ だから，

$(3\times3\times3.14)\times9=254.34(cm^3)$

(4)底面の半径が $16\div2=8(cm)$ で，高さが 5 cm の円柱を縦《たて》に２等分した立体になります。

$(8\times8\times3.14)\times5\div2=502.4(cm^3)$

4 (1)$120\div5=24(cm^2)$

(2)$192\div32=6(cm)$

(3)円柱の底面積は，$942\div3=314(cm^2)$

$314\div3.14=100$ より，

底面の円の半径は 10 cm

42～43 ページ

13 場合の数

1 (1)2 通り (2)6 通り (3)24 通り

2 (1)13，15，17 (2)12 通り (3)7 通り

3 (1)8 通り (2)4 通り (3)16 通り

4 (1)3 通り (2)6 通り

5 (1)3 通り (2)3 通り (3)6 通り

6 (1)3 通り (2)6 通り (3)10 通り

解き方

1 (2)すべての並《なら》べ方は，右の表のようになります。

(3)いちばん左に青，黄，緑がくるときも，それぞれ並べ方は６通りあります。

赤 － 青 － 黄 － 緑
赤 － 青 － 緑 － 黄
赤 － 黄 － 青 － 緑
赤 － 黄 － 緑 － 青
赤 － 緑 － 青 － 黄
赤 － 緑 － 黄 － 青

$6\times4=24$ (通り)

2 (2) 2 枚《まい》を選んでできる２けたの整数は，13，15，17，31，35，37，51，53，57，71，73，75 です。

(3) 35 より大きい整数は，37，51，53，57，71，73，75 です。

3 表と裏《うら》のすべての出方は右のようになります。

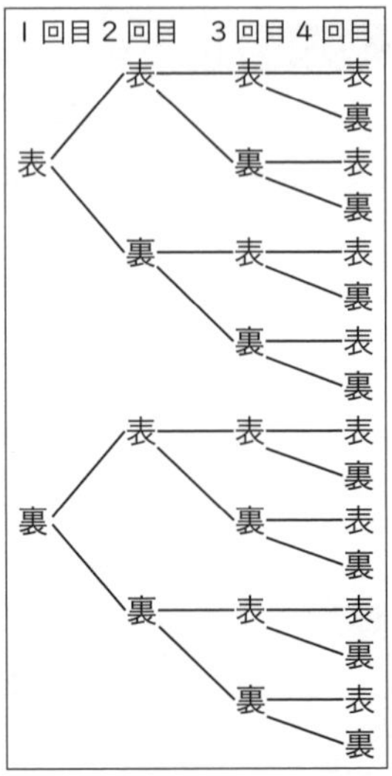

4 全部の選び方は，AB，AC，AD，BC，BD，CD です。AB と BA は同じ組み合わせなので，気をつけましょう。

5 全部の組み合わせは右のようになります。

5円	10円	50円	100円	合計
○	○			15円
○		○		55円
○			○	105円
	○	○		60円
	○		○	110円
		○	○	150円

6 男の子を$○_1$，$○_2$，$○_3$，女の子を$●_1$，$●_2$と表します。全部の組み合わせは，右の表のようになります。

$○_1○_2$	$○_2●_1$
$○_1○_3$	$○_2●_2$
$○_1●_1$	$○_3●_1$
$○_1●_2$	$○_3●_2$
$○_2○_3$	$●_1●_2$

44〜45 ページ

14 資料のちらばり

1 (1)13.5 分

(2)

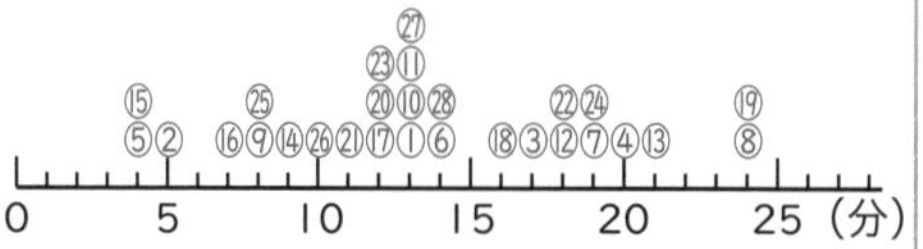

(3)13 分　(4)13 分

2 (1)9 人　(2)20 m 以上 25 m 未満

(3)20 m 以上 25 m 未満　(4)8 人

(5) ソフトボール投げの記録

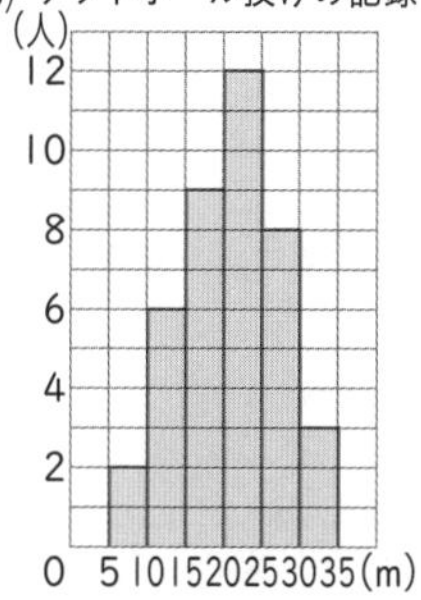

解き方

1 (1)28 人の登校時間の合計は 378 分なので，平均は，378÷28＝13.5(分)

(2)表から数値《すうち》をよみとり，ドットプロットに表します。

(3)28 人で偶数《ぐうすう》なので，大きさの順に並《なら》べたとき，14 番目と 15 番目の値の平均となります。14 番目も 15 番目も 13 分なので，中央値《ちゅうおうち》は，(13＋13)÷2＝13(分) です。

(4)いちばん多い値《あたい》は，ドットプロットより，13 分です。

2 (1)40－(2＋6＋12＋8＋3)＝9(人)

(3)投げたきょりが長い人から 20 番目と 21 番目の人が入る階級です。

(4)投げたきょりが 15 m 未満の人数を求めます。2＋6＝8(人)

46〜47 ページ

15 問題の考え方 ①

1 (1)12 分後　(2)30 分　(3)60 分後

2 (1)$\frac{100}{9}\left(11\frac{1}{9}\right)$ 分後　(2)100 分後

3 (1)分速 80 m　(2)12 分後　(3)480 m

4 (1)3 分間　(2)時速 36 km

解き方

1 (1)33÷(75＋90)＝$\frac{1}{5}$(時間)

$\frac{1}{5}$×60＝12(分)

(2)75×$\frac{36}{60}$＝45(km)

45÷90＝$\frac{1}{2}$(時間)

$\frac{1}{2}$×60＝30(分)

ここに注意！ 単位をそろえます。時速なので，36 分＝$\frac{36}{60}$ 時間 とします。

(3)75×$\frac{12}{60}$÷(90－75)＝1(時間)

1時間＝60分

2 遊歩道 1 周の道のりを 1 とします。

(1)1÷$\left(\frac{1}{20}+\frac{1}{25}\right)$＝$\frac{100}{9}\left(11\frac{1}{9}\right)$(分)

(2)兄は弟より 1 周多く歩きます。

1÷$\left(\frac{1}{20}-\frac{1}{25}\right)$＝100(分)

3 (1)グラフから，姉は家から公園に行くのに 15 分かかっているので，分速は，

1200÷15＝80(m)

(2)妹の分速は 1200÷20＝60(m) なので，

60×3÷(80－60)＝9(分)

姉が出発してから 9 分後に追いつくので，

3＋9＝12(分)

(3)1200－80×9＝480(m)

4 (1)弟がバスを待っていたのは，グラフが水平になっている部分です。8－5＝3(分)

(2)図書館までの道のりは，

200×11＝2200(m)

バス停までの道のりは，

80×5＝400(m)

グラフから，バスは 11－8＝3(分間)で
2200－400＝1800(m)進んでいるので，
バスの分速は，1800÷3＝600(m)
時速になおすと，
600×60＝36000(m)⟶ 時速 36 km

48〜49 ページ

16 問題の考え方 ②

1 (1)㋐2000 ㋑1960 ㋒1920
㋓1880 ㋔1840 ㋕1800
㋖1760 ㋗1720
(2)プリン…8 個，ケーキ…5 個

2 バスケットボールチーム…14 チーム，
サッカーチーム…6 チーム

3 (1)1800 円 (2)5 か月目

4 20 日目

5 (1)$\frac{3}{20}$ (2)4 時間

6 (1)54 人 (2)480 人

解き方

1 プリンが 1 個増えて，ケーキが 1 個減ると，代金は 40 円安くなります。

2 サッカーチームだけだとすると，
11×20＝220(人) 220－136＝84(人) 多くなります。サッカーチームを 1 チームずつ減らし，バスケットボールチームを 1 チームずつ増やしていくと，11－5＝6(人) ずつ人数が減ります。
したがって，バスケットボールチームは 84÷6＝14(チーム) です。

3 表をつくって考えます。

月数	1	2	3	4	5	6	7
姉(円)	2800	3100	3400	3700	4000	4300	4600
妹(円)	1200	1400	1600	1800	2000	2200	2400

(2)表より，5 か月目となります。

4 兄，弟の残りのページ数を表にして考えます。

日数	1	2	3	18	19	20
兄(ページ)	308	296	284	104	92	80
弟(ページ)	312	304	296	176	168	160

表より，20 日目となります。

5 (1)全体を 1 とすると，A のポンプでは 1 時間に $1\div20=\frac{1}{20}$ はいるので，$\frac{1}{20}\times3=\frac{3}{20}$

(2)$1\div\left(\frac{1}{20}+\frac{1}{5}\right)=1\div\frac{1}{4}=4$(時間)

6 (1)メガネをかけている児童は，
$36\div\frac{2}{5}=90$(人)
$90-36=54$(人)
(2)めがねをかけている 90 人が全校児童の $\frac{3}{16}$ にあたるから，$90\div\frac{3}{16}=480$(人)

50〜52 ページ

17 仕上げテスト

1 (1)$\frac{4}{5}$ (2)$\frac{2}{7}$ (3)$\frac{16}{15}\left(1\frac{1}{15}\right)$
(4)$\frac{18}{5}\left(3\frac{3}{5}\right)$ (5)$\frac{3}{4}$ (6)$\frac{5}{2}\left(2\frac{1}{2}\right)$

2 (1)9 (2)36 (3)19 (4)128

3 1800 円

4 125 m

5 比例…**イ**，**エ** 反比例…**ア**，**オ**

6 (1)分速 60 m (2)20 分

7 160 円，560 円，610 円，650 円

8 **イ**，**ウ**，**エ**，**オ**

9 (1)75.36 cm^2 (2)3532.5 cm^3

10 (1)

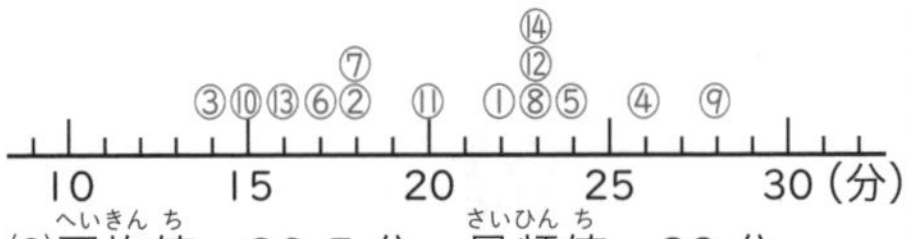

(2)平均《へいきん》値《ち》…20.5 分 最頻《さいひん》値《ち》…23 分
中央《ちゅうおう》値《ち》…21 分

解き方

1 (3)$1.2\times\left(\frac{1}{3}+\frac{5}{9}\right)$

$=1.2\times\left(\frac{3}{9}+\frac{5}{9}\right)=\frac{12}{10}\times\frac{8}{9}=\frac{\overset{4}{\cancel{12}}\times\overset{4}{\cancel{8}}}{\underset{5}{\cancel{10}}\times\underset{3}{\cancel{9}}}$

$=\frac{16}{15}\left(1\frac{1}{15}\right)$

(6)$2.8\div\frac{9}{5}+1.7\div\frac{9}{5}=(2.8+1.7)\div\frac{9}{5}$

$=4.5\div\frac{9}{5}=\frac{45}{10}\div\frac{9}{5}=\frac{45}{10}\times\frac{5}{9}$

$=\frac{\overset{5}{\cancel{45}}\times\overset{1}{\cancel{5}}}{\underset{2}{\cancel{10}}\times\underset{1}{\cancel{9}}}=\frac{5}{2}\left(2\frac{1}{2}\right)$

3 16：9＝(3000＋200)：□
となるので，(3000＋200)÷16＝200
□＝9×200＝1800

4 2.5×5000＝12500(cm)
より，12500 cm＝125 m

6 (1)Bさんの分速は，
(1200－300)÷15＝60(m)
(2)Aさんの分速は，1200÷15＝80(m)
1600÷80＝20(分)

7 全部の組み合わせは下の表のようになります。

10円	50円	100円	500円	合計
○	○	○		160円
○	○		○	560円
○		○	○	610円
	○	○	○	650円

9 (1)(8＋12)÷2＝10(cm)
8÷2＝4(cm)，12÷2＝6(cm) だから，
10×10×3.14÷2－(4×4×3.14÷2
＋6×6×3.14÷2)＝75.36(cm^2)
(2)10÷2＝5(cm)，20÷2＝10(cm) だから
(10×10×3.14)×15－(5×5×3.14)×15＝3532.5(cm^3)

10 (2)時間の合計は 287 分なので，平均値は，
287÷14＝20.5(分)
最頻値は，(1)のドットプロットより，23 分とわかります。中央値は，7 番目と 8 番目の平均となるので，(20＋22)÷2＝21(分)です。

社会

54～55 ページ

1 憲法とくらし

1 (1)**A**…国民主権《しゅけん》 **B**…平和主義
C…基本的人権の尊重《そんちょう》
(2)① **a**…**ア** **b**…**ウ** **c**…**イ** **d**…**エ**
②民主(政治)
(3)①(第)9(条)
②(非核《ひかく》)平和都市(宣言《せんげん》)

2 (1)公共の福祉《ふくし》
(2)**A**…**エ** **B**…**ウ** **C**…**ア** **D**…**イ**
E…**オ**
(3) 18(才以上) (4)**イ** (5)**ウ**

3 (1)教育 (2)仕事 (3)税金

考え方

1 (3)①日本国憲法《けんぽう》第 9 条では，戦争を放棄《ほうき》し，戦力をもたず，交戦権を認《みと》めないと定められています。

2 (1)公共の福祉とは，社会全体の利益という意味です。公共の福祉に反する場合は，基本的人権が制限される場合があります。
(3)(4)選挙権は，選挙の種類に関係なく，18 才以上です。被《ひ》選挙権は，参議院議員と都道府県知事が 30 才以上，それ以外は 25 才以上です。

ここに注意！ 被選挙権は，立候補《りっこうほ》することができる権利です。国会議員の被選挙権は，参議院議員が 30 才以上，衆議院《しゅうぎいん》議員は 25 才以上と異《こと》なっています。

56～57 ページ

2 わたしたちのくらしと政治

1 (1)**ア** (2)**ア** (3)**A**…**ウ** **B**…**ア**
(4)条例 (5)①税金(税) ②地方自治

2 (1) **a**…衆議院《しゅうぎいん》 **b**…内閣《ないかく》総理大臣
c…憲法《けんぽう》(日本国憲法) **d**…判決
(2)**A**…**ウ** **B**…**ア** **C**…**イ**
(3)① **A** ② **B** ③ **A** ④ **A** ⑤ **A** ⑥ **B**

考え方

1 (1)デパートは，公共施設《しせつ》にはあてはまりません。

(2)郵便《ゆうびん》の仕事は，もともとは国が行っていましたが，現在は民間の会社が行っています。

2 (3)法律案《ほうりつあん》や予算案をつくり，国会に提出するのは内閣，その案を決定するのは国会です。また，外国と条約を結ぶのは内閣，それを承《しょう》認《にん》するのは国会です。

58～59ページ

3 日本のあけぼの

1 (1)貝塚《かいづか》 (2)**イ**
(3)①卑弥呼《ひみこ》
②邪馬台国《やまたいこく》

2 (1)**A**
(2)**A**…**ア** **B**…**ウ** **C**…**イ** **D**…**エ**

3 (1)**A**…**ウ** **B**…**ア** **C**…**エ**
(2)①**C** ②**B**

4 (1)前方後円墳《ぜんぽうこうえんふん》 (2)はにわ
(3)**イ**

考え方

1 (3)卑弥呼が治めていたくにのようすなどが，古い中国《ちゅうごく》の歴史書に記されています。

2 (2)縄文《じょうもん》土器は黒かっ色で厚いがもろい土器です。一方，弥生《やよい》土器は赤かっ色でじょうぶな土器です。また，縄文土器と比べると，かざりなどが少なく，実用的です。

4 (1)前方後円墳は，近畿《きんき》地方を中心に多くつくられています。
(2)はにわには，筒《つつ》型のもの，人や動物，家などをかたどったものがあります。
(3)漢字のほかに,仏教やはた織りなどの新しい技術も伝えられました。これらを伝えた中国や朝鮮《ちょうせん》半島から日本に移り住んだ人々は渡来人《とらいじん》とよばれています。

60～61ページ

4 貴族の政治

1 (1)摂政《せっしょう》
(2)①**B** ②**A** ③**C** (3)法隆寺《ほうりゅうじ》
(4)国分寺《こくぶんじ》，国分尼寺《こくぶんにじ》

2 (1)中大兄皇子《なかのおおえのおうじ》 (2)①蘇我《そが》 ②天皇《てんのう》
(3)**イ**

3 (1)藤原道長《ふじわらのみちなが》 (2)摂関《せっかん》政治 (3)**ア** (4)**エ**

4 (1)国風《こくふう》文化 (2)寝殿《しんでん》(造《づくり》)

考え方

1 (1)摂政とは，女性の天皇のときや天皇が幼《おさな》いときに，天皇を助けて政治を行う役職のことです。
(2)①十七条の憲法《けんぽう》は，仏教《ぶっきょう》や儒学《じゅがく》の考え方を取り入れた憲法です。
②冠位十二階《かんいじゅうにかい》の制度は，位《くらい》を冠《かんむり》の色によって表す制度です。いちばん位が高い冠は，紫《むらさき》色になっていました。
③遣隋使《けんずいし》は，数回にわたって派遣《はけん》されました。
(3)法隆寺は世界文化遺産《いさん》にも登録されています。

2 (1)中大兄皇子はのちに天智《てんじ》天皇となった人物です。
(2)聖徳太子《しょうとくたいし》の死後，蘇我氏が権力《けんりょく》をにぎり，天皇をおびやかす勢力になっていました。

3 (3)**イ**は天武《てんむ》天皇，**ウ**は聖武《しょうむ》天皇，**エ**は唐《とう》から来日した鑑真《がんじん》によって建てられました。
(4)行基《ぎょうき》や鑑真《がんじん》が活やくしたのは，奈良《なら》時代です。

62～63ページ

5 鎌倉幕府と室町幕府

1 (1)①太政大臣《だいじょうだいじん》 ③征夷大将軍《せいいたいしょうぐん》
(2)**エ** (3)六波羅探題《ろくはらたんだい》
(4)御成敗式目《ごせいばいしきもく》(貞永式目《じょうえいしきもく》)
(5)建武《けんむ》の新政《しんせい》 (6)**ア**
(7)**イ**

2 (1)北条時宗《ほうじょうときむね》
(2)フビライ=ハン
(3)①× ②○ (4)**ウ**

3 (1)**ア** (2)**イ** (3)**イ** (4)**ウ**

4 (1)二毛作《にもうさく》 (2)座《ざ》

考え方

1 (6)室町幕府《むろまちばくふ》では，将軍《しょうぐん》の補佐《ほさ》役は管領《かんれい》です。執権《しっけん》は，鎌倉《かまくら》幕府での将軍の補佐役です。
(7)応仁《おうにん》の乱《らん》によって，幕府《ばくふ》の支配力は急速におとろえ，各地に戦国大名が出現する戦国時代へと入っていきました。

2 (3)①元《げん》軍は，九州《きゅうしゅう》地方にせめてきました。
(4)再び徳政令《とくせいれい》が出ることを恐《おそ》れた商人たちは，御家人《ごけにん》に金を貸すことをひかえるようになり，御家人の生活はさらに苦しくなりました。

3 (1)**イ**の浄土真宗《じょうどしんしゅう》は法然《ほうねん》の弟子である親鸞《しんらん》，**ウ**

の臨済宗《りんざいしゅう》は栄西《ようさい(えいさい)》が広めました。
(3)千利休《せんのりきゅう》は桃山《ももやま》文化のころに質素なわび茶を大成した人物，北条政子《ほうじょうまさこ》は鎌倉幕府をつくった源頼朝《みなもとのよりとも》の妻です。
(4)**ア**の中尊寺金色堂《ちゅうそんじこんじきどう》は，平安《へいあん》時代に奥州藤原《おうしゅうふじわら》氏《し》によって建てられました。**イ**の金閣《きんかく》は，室町幕府３代将軍足利義満《あしかがよしみつ》によって建てられました。

4 (1)1年に同じ作物を２回つくることを二期作《にきさく》といいます。

64～65ページ

6 3人の武将と全国統一

1 (1)①キリスト教　②鉄砲《てっぽう》
(2)**A**…**オ**　**B**…**カ**

2 (1)①室町《むろまち》　②明智光秀《あけちみつひで》　③江戸《えど》
(2)織田信長《おだのぶなが》…**ア**
豊臣秀吉《とよとみひでよし》…**エ**
徳川家康《とくがわいえやす》…**イ**
(3)関ヶ原《せきがはら》の戦い

3 (1)**イ**
(2)①**イ**　②**オ**

4 (1)**A**…**ウ**　**B**…**イ**
(2)**A**…**エ**　**B**…**イ**
(3)**イ**

考え方

1 (1)(2)キリスト教を伝えたフランシスコ=ザビエルは鹿児島《かごしま》に，鉄砲《てっぽう》を伝えたポルトガル人は種子島《たねがしま》に上陸しました。

2 (2)安土桃山《あづちももやま》時代には，雄大《ゆうだい》な天守閣《てんしゅかく》をもつ，安土城《あづちじょう》(滋賀《しが》県)，大阪《おおさか》城(大阪府)，姫路《ひめじ》城(兵庫《ひょうご》県)などが建てられました。このうち，姫路城は世界文化遺産《いさん》に登録されています。

3 (1)**ア**の桶狭間《おけはざま》の戦いは信長が今川《いまがわ》氏を破った戦い，**ウ**の応仁《おうにん》の乱《らん》は将軍《しょうぐん》のあとつぎ問題をきっかけにおこった戦い，**エ**の本能寺《ほんのうじ》の変《へん》は信長が明智光秀におそわれて自害した事件です。

4 (1)**A**から，田の面積を測っているようすがわかるので，検地《けんち》があてはまります。**B**は，弓・やり・鉄砲などの武器をもつことを禁止すると書いてあるので，刀狩《かたながり》があてはまります。

(3)秀吉は，中国《ちゅうごく》の明《みん》を征服《せいふく》しようと考えて，２度にわたり朝鮮《ちょうせん》に大軍を送りこみました。しかし，朝鮮の反撃《はんげき》や明の援軍《えんぐん》に苦戦し，秀吉が死ぬと軍は朝鮮から引きあげました。

66～67ページ

7 江戸幕府と江戸の文化

1 (1)①外様《とざま》　②親藩《しんぱん》
(2)①武家諸法度《ぶけしょはっと》　②参勤交代《さんきんこうたい》

2 (1)**ウ**，**エ**　(2)出島《でじま》

3 (1)①目安箱《めやすばこ》　②米　③株仲間《かぶなかま》
(2)**A**…享保《きょうほう》の改革《かいかく》
B…寛政《かんせい》の改革
C…天保《てんぽう》の改革
(3)**A**…**ウ**　**B**…**エ**　**C**…**ア**

4 (1)元禄《げんろく》文化
(2)①**オ**　②**ウ**　③**ア**　④**イ**　⑤**エ**
(3)寺子屋《てらこや》

考え方

1 (1)①外様は，関ヶ原《せきがはら》の戦いのあとに徳川《とくがわ》の家来になった大名で，江戸《えど》から遠くはなれた九《きゅう》州《しゅう》地方や東北《とうほく》地方などに置かれました。

ここに注意！ 参勤交代の制度により，多くの費用が藩の負担となり，藩の財政を苦しめました。

2 (1)鎖国《さこく》中も中国《ちゅうごく》とオランダは，キリスト教を布教する心配がないため貿易が認《みと》められていました。

3 **A**．目安箱を置いたのは，江戸幕府８代将軍《しょうぐん》の徳川吉宗《よしむね》によって18世紀前半に行われた，享保の改革の政策《せいさく》の一部です。
B．ききんに備えて大名に米をたくわえさせたのは，江戸幕府の老中松平定信《ろうじゅうまつだいらさだのぶ》によって18世紀後半に行われた，寛政の改革の一部です。
C．株仲間《かぶなかま》を解散させたのは，江戸幕府の老中水野忠邦《みずのただくに》によって19世紀中ごろに行われた，天保の改革の一部です。

4 (1)17世紀後半～18世紀前半に上方《かみがた》の豪商《ごうしょう》たちの間で栄えた文化を元禄文化，19世紀前半に江戸の庶民《しょみん》を中心に栄えた文化を化政《かせい》文化とよびます。

68〜69ページ

8 開国と明治維新

1 (1)ペリー　(2)**ウ**
(3)日米和親《にちべいわしん》(条約)
(4)**A**…**ウ**　**B**…**イ**　**C**…**エ**
(5)①長州《ちょうしゅう》(藩《はん》)　②坂本龍馬《さかもとりょうま》
(6)徳川慶喜《とくがわよしのぶ》

2 (1)**A**…**エ**　**B**…**ア**　**C**…**ウ**　**D**…**イ**
(2)大名・公家《くげ》…華族《かぞく》　武士…士族《しぞく》
(3)廃藩置県《はいはんちけん》　(4)富岡製糸場《とみおかせいしじょう》　(5)西郷隆盛《さいごうたかもり》

3 (1)五か条の御誓文《ごせいもん》　(2)**エ**

考え方

1 (2)(3)**ア**は函館《はこだて》，**イ**は新潟《にいがた》，**エ**は兵庫《ひょうご》(神戸《こうべ》)，**オ**は長崎《ながさき》です。函館は1854年にアメリカ合衆国《がっしゅうこく》と結んだ日米和親条約で開港しました。新潟，兵庫(神戸)，長崎は1858年にアメリカ合衆国と結んだ日米修好通商《しゅうこうつうしょう》条約で開港しました。

2 (3)政府は，政府が地方を直接治める国づくりをめざしましたが，版籍奉還《はんせきほうかん》では，もとの藩主が政治を行っていたので，あまり効果がありませんでした。そこで政府は1871年に廃藩置県を行い，政府から役人を地方に送って政治を行いました。

3 (2)五か条の御誓文は，明治天皇《めいじてんのう》が神にちかう形で出されたものです。

70〜71ページ

9 憲法の発布と日清・日露戦争

1 (1)①ノルマントン号事件
②**ア**　③**C**…**ウ**　**D**…**エ**
(2)①大日本帝国《ていこく》(憲法《けんぽう》)　②伊藤博文《いとうひろぶみ》
③**ア**

2 (1)下関《しものせき》条約　(2)**C**　(3)**ア**
(4)八幡《やはた》製鉄所

3 (1)**イ**　(2)与謝野晶子《よさのあきこ》
(3)東郷平八郎《とうごうへいはちろう》　(4)**イ**

考え方

1 (2)②伊藤博文はヨーロッパへ行き，ドイツやオーストリアなどの憲法を学びました。その後帰国して，初代内閣総理大臣《ないかくそうりだいじん》になりました。
(2)③最初の選挙は，税金を15円以上おさめている25才以上の男子のみに選挙権が認《みと》められたので，選挙権をもっている人は全人口の1.1%しかいませんでした。

ここに注意！ 江戸《えど》時代に，幕府《ばくふ》が欧米諸国《おうべいしょこく》と結んだ通商条約は日本にとって不利な条件のものでした。政府は，鹿鳴館《ろくめいかん》を建て外国人を招待した舞踏会《ぶとうかい》を開くなど，改正の話し合いを進めようとしましたが，このような政府のやり方に反感をもつ国民もいました。

2 (3)三国干渉《かんしょう》とは，ロシア・ドイツ・フランスが，日本が下関条約でかく得したリアオトン半島を，中国《ちゅうごく》(清《しん》)に返すように強くすすめたできごとです。

3 (4)日露《にちろ》戦争で勝利した日本は，講和条約であるポーツマス条約で，韓国《かんこく》を勢力下に置くことを，ロシアに認《みと》めさせました。その後，日本は，韓国の支配を進めました。

72〜73ページ

10 長く続いた戦争と新しい日本

1 (1)国際連盟《れんめい》　(2)米騒動《こめそうどう》
(3)犬養毅《いぬかいつよし》　(4)二《に》・二六《にろく》事件
(5)**ウ**　(6)**ア**　(7)**イ**
(8)広島《ひろしま》(市)・長崎《ながさき》(市)
(9)11(月)3(日)

2 (1)(勤労《きんろう》)動員《どういん》　(2)空襲《くうしゅう》
(3)(学童)疎開《そかい》　(4)配給

3 (1)マッカーサー　(2)農地改革《かいかく》

4 (1)サンフランシスコ平和条約
(2)日米安全保障《ほしょう》条約　(3)日ソ共同宣言《せんげん》
(4)国際連合

考え方

1 (2)米騒動は，ロシア革命《かくめい》の広がりをおさえるためのシベリア出兵をみこした米の買いしめによって，米の値段《ねだん》が急に上がったことから，おこりました。
(8)広島には1945年8月6日，長崎には1945年8月9日に原子爆弾《げんしばくだん》が投下されました。

ここに注意！ 第一次世界大戦後につくられたのが国際連盟，第二次世界大戦後につくられたのが国際連合です。

3 (2)農地改革では，国が地主《じぬし》から買い上げた農地を小作人《こさくにん》に安くはらい下げました。この政策《せいさく》によって，自作農の数が大幅《おおはば》にふえました。

74〜75 ページ

11 世界の中の日本 ①

1 (1)①正式名称《めいしょう》…アメリカ合衆国《がっしゅうこく》
国旗…**ア**
②正式名称…中華人民共和国《ちゅうかじんみんきょうわこく》
国旗…**イ**
③正式名称…大韓民国《だいかんみんこく》
国旗…**ウ**
(2)①**C**　②**A**　③**D**　④**B**

2 (1)アメリカ合衆国…ワシントン(D.C.)
サウジアラビア…リヤド
(2)①輸入額　②**A**…**ア**　**B**…**エ**
(3)①**イ**　②**ウ**

3 (1)ペキン　(2)①**B**　②**A**　③**B**

考え方

1 (2)③韓国では寒さが厳《きび》しいため，農産物が少なくなる冬の保存食《ほぞんしょく》として，キムチがつくられました。

2 (1)アメリカ合衆国最大の都市はニューヨークですが，首都はワシントン(D.C.)です。
(2)②サウジアラビアは，世界有数の原油産出国です。日本は，サウジアラビアから多くの原油を輸入し，サウジアラビアへ自動車や機械類を輸出しています。

76〜77 ページ

12 世界の中の日本 ②

1 (1)a…**ウ**　b…**イ**　(2)**イ**
(3)国際連合憲章《けんしょう》
(4)①**A**…**イ**　**B**…**ア**　**C**…**ウ**
②世界遺産《いさん》

2 (1)難民《なんみん》　(2)①核《かく》　②非核三原則
(3)①青年海外協力(隊)　②**イ**

3 (1)①**エ**　②**ウ**　③**ア**
(2)持続可能な開発

考え方

1 (1)日本は，1956 年に国際連合に加盟《かめい》しました。現在では，世界の 190 か国以上が加盟しています。
(4)①ＷＨＯとは，世界保健機関のことです。
②日本では，自然遺産として屋久島《やくしま》(鹿児島《かごしま》県)・白神《しらかみ》山地(青森《あおもり》県・秋田《あきた》県)・知床《しれとこ》(北海道《ほっかいどう》)・小笠原諸島《おがさわらしょとう》(東京《とうきょう》都)，文化遺産として姫路城《ひめじじょう》(兵庫《ひょうご》県)・原爆《げんばく》ドーム(広島《ひろしま》県)・富岡《とみおか》製糸場《せいしじょう》(群馬《ぐんま》県)などが登録されています。

2 (3)②ＯＤＡは政府開発援助《えんじょ》のことで，政府は主に発展途上国《はってんとじょうこく》に青年海外協力隊などを派遣《はけん》したり，資金援助《えんじょ》を行ったりしています。ＩＭＦは国際通貨基金のことで，国連の専門《せんもん》機関です。国際通貨の安定や世界で行われている貿易の発展を目的としています。

3 (2) 2015 年の 9 月に国連本部があるニューヨークで開かれたサミットで，150 か国以上の国連加盟国が参加しました。このサミットでは，国際社会が 2015 年から 15 年間のはん栄と福祉《ふくし》を促進《そくしん》できるようにさまざまな対策《たいさく》を考えました。

78〜80 ページ

13 仕上げテスト

1 (1)①国民　②基本的人権《じんけん》　③平和
(2)①選挙権　② 18

2 (1)①裁判所《さいばんしょ》　②内閣《ないかく》　③国会
(2)衆議院《しゅうぎいん》，参議院

3 (1)①邪馬台国《やまたいこく》　②推古天皇《すいこてんのう》　③藤原道長《ふじわらのみちなが》
④ 源 頼朝《みなもとのよりとも》　⑤室町幕府《むろまちばくふ》
(2)**ウ**　(3)刀狩《かたながり》　(4)徳川家光《とくがわいえみつ》　(5)**ア**

4 (1)①浮世絵《うきよえ》　②文明開化《ぶんめいかいか》　(2)**エ**

5 (1)**エ**　(2)高度経済《けいざい》成長　(3)**ウ**

6 (1)韓国《かんこく》(大韓民国)
(2)アメリカ(合衆国《がっしゅうこく》)
(3)サウジアラビア

7 (1)**ア**　(2)**ウ**

考え方

2 (1)国会で法律《ほうりつ》や予算を決め，それにもとづいて内閣が実際に政治を行います。

3 (2)平城京《へいじょうきょう》に都を移したのは，元明《げんめい》天皇です。

4 (2)**ア**は日清《にっしん》戦争の講和条約である下関《しものせき》条約の内容，**イ**は日露《にちろ》戦争の講和条約であるポーツマス条約の内容，**ウ**は第一次世界大戦が日本にあたえたえいきょうです。

5 (1)**エ**は 1894 年に条約改正された内容です。
(3) **ア** は 1972 年，**イ** は 1990 年，**ウ** は 1956 年，**エ**は 1978 年のできごとです。

理科

82～83ページ

1 ものの燃え方と空気

1 (1)**ア**　(2)火が消える。
(3)**イ**　(4)よく燃える。(燃え続ける。)

2 (1)**A**オキシドール(うすい過酸化水素水)
B二酸化マンガン
(2)**P イ**　**Q ア**　**R ウ**

3 (1)白くにごる。　(2)二酸化炭素
(3)①○　②×

4 (1)**イ→エ→ウ→ア**
(2)**A**ちっ素　**B**酸素
(3)二酸化炭素…増える。　酸素…減る。

考え方

1 (1)ものが燃え続けるには，つねに空気が入れかわる必要があります。ガラスのつつは口が広いので，口から新しい空気が入り，燃えたあとの空気が出ていきます。
(3)(4)底にすきまをつくると，すきまが入り口，つつの口が出口になり，空気が入れかわりやすくなるので，ものがよく燃えます。

2 (1)二酸化マンガンにオキシドールを注ぐと，酸素が発生します。
(2)酸素にはものを燃やすはたらきがあるので，ろうそくははげしく燃えます。ちっ素にはものを燃やすはたらきがないので，火が消えてしまいます。

3 (1)(2)石灰水《せっかいすい》は，二酸化炭素があると白くにごる性質があります。
(3)紙や木へんが燃えたときにも二酸化炭素ができます。何も燃やさなければ，二酸化炭素はできません。

4 (2)(3)空気は，約80％のちっ素と約20％の酸素，わずかな二酸化炭素などの気体がまじり合ってできています。ものが燃えると，酸素の一部が使われて，二酸化炭素ができます。

ここに注意！ ものが燃えるとき，酸素が全部使われるわけではないので，火が消えても集気びんの中には酸素が残っています。しかし，ある割合《わりあい》よりも酸素が少なくなると，ものは燃えることができなくなるため，火が消えてしまいます。

84～85ページ

2 人や動物のからだ ①

1 (1)酸素　(2)二酸化炭素
(3)**A**変化しない。　**B**白くにごる。
(4)水蒸《すいじょう》気《き》　(5)気体検知管

2 (1)**A**気管　**B**肺《はい》
(2)**C**酸素　**D**二酸化炭素
(3)血管

3 (1)**A**食道　**B**胃　**C**大腸　**D**小腸
(2)(口→)**A→B→D→C**(→こう門)
(3)消化管　(4)消化
(5)**D**

4 (1)**イ**　(2)だ液

考え方

1 (1)(2)図1より，はく息は吸《す》う息(まわりの空気)より酸素が減って，二酸化炭素などが増えています。このことから，呼吸によって酸素を体内にとり入れ，体内から二酸化炭素を出していることがわかります。
(3)(4)石灰水《せっかいすい》に二酸化炭素を通すと，石灰水は白くにごります。はく息にまじって二酸化炭素が出されるので，これによって石灰水が白くにごります。なお，このとき，水蒸気も出ていきます。

ここに注意！ 吸う息にふくまれる酸素は，体内に全部とり入れられるわけではないので，はく息にも残っています。

2 鼻や口から入った空気は，気管を通って肺に入ります。肺にはたくさんの血管が通っていて，酸素の一部が血液にとり入れられ，血液から二酸化炭素が出されます。

3 (2)(3)口から入った食べ物は，食道→胃→小腸→大腸と送られ，こう門から便として出ていきます。この口からこう門までの食べ物の通り道を消化管といいます。
(5)消化管を通る間に消化された養分は，水とともに小腸で血液に吸収《きゅうしゅう》されます。また，水分は大腸でも吸収されます。

4 ヨウ素液は，でんぷんがあると青むらさき色に変化します。**A**が変化しないのは，だ液のはたらきによって，でんぷんが別のものに変化したためです。

86~87ページ

3 人や動物のからだ ②

1 (1)心臓《しんぞう》
(2)①**エ** ②**オ**
(3)**B**，**D** (4)**ウ**

2 (1)**エ** (2)**A**

3 (1)①記号…**C** 名前…心臓《しんぞう》
②記号…**E** 名前…小腸
③記号…**B** 名前…かん臓
④記号…**A** 名前…肺《はい》
(2)**D**，**E**

4 (1)**A** じん臓 **B** ぼうこう
(2)**A** **ア** **B** **エ**

考え方

1 (1)心臓は，ちぢんだりゆるんだりして，血液を全身に送り出すポンプのような役割《やくわり》をしています。
(3)肺で酸素をとり入れた血液は心臓に送られ，心臓から全身に送り出されます。そして，酸素をからだの各部分にわたして二酸化炭素を受けとるので，心臓にもどる血液は二酸化炭素を多くふくみます。
(4)心臓から送り出された血液の流れには強弱のリズムがあり，これを脈はくといいます。脈はくは，手首やあし首，首すじなどでわかります。

2 (1)メダカのひれはうすいので，おびれをけんび鏡で観察すると，血液の流れるようすがわかります。
(2)**A** が血管と血液で，**B** はおびれの骨《ほね》です。

3 (1)人のからだには，心臓，肺，かん臓，胃，小腸，大腸などさまざまな部分があり，生きていくために大切なはたらきをしています。それらの位置とはたらきについてまとめておきましょう。
(2)消化管は，口→食道→胃→小腸→大腸→こう門 と，ひと続きになっています。

4 (1)じん臓は，背中《せなか》側のこしのあたりに2つあります。
(2)じん臓は，血液中からからだの中でいらなくなったものをとりのぞき，にょうをつくります。にょうは，ぼうこうで一時的にためられ，そのあとからだの外に出されます。

88~89ページ

4 月と太陽

1 (1)図1…**C** 図2…**A** (2)朝

2 (1)ボール…月 電球…太陽
(2)①**B** ②**D**
(3)①月 ②太陽

3 (1)**A** **ウ** **B** **オ** **C** **ア** (2)新月 (3)**ウ**

4 (1)**ウ** (2)**イ**，**エ**，**カ** (3)**ア**，**オ**

考え方

1 月は，太陽の光に照らされている部分がかがやいて見えるので，太陽は月がかがやいている側にあると考えられます。太陽も月も，東から出て南の空を通り，西へしずみます。よって，太陽は，朝は東にあり，日ぼつ直後は西の地平線の下にあります。

2 (2)ボールは，電球の光があたっている部分が光っています。観察者から，ボールの右側が明るく光って見えるとき，電球も右側にあります。また，ボール全体が明るく光って見えるとき，ボールは観察者から見て電球と反対側にあります。
(3)この観察では，ボールの位置によって，明るく光って見える部分の見え方が変わります。月の形が日によって変わるのは，月の位置が変わると，太陽の光があたってかがやいて見える部分の見え方が変わるためです。

ここに注意！ 月は，太陽のある側の半分がかがやいて見え，反対側の半分は暗くて見えません。これは，月がどの位置にあっても同じです。このため，月がかがやいて見える部分の見え方が太陽との位置関係によって変わるのです。

3 (1)**A** は三日月，**B** は満月，**C** は半月(下げんの月)に見えます。
(3)月がふたたびもとの形にもどるのに，約1か月(約 29.5 日)かかります。

4 太陽と月はどちらも球形をしていますが，大きさは太陽のほうが非常に大きいです。太陽は自分で強い光を出してかがやいており，月はその太陽の光を受けてかがやいています。また，月の表面には，クレーターという円形のくぼみがたくさん見られます。

90～91 ページ

5 植物のはたらき

1 (1)①エタノール(アルコール)
②ヨウ素液
(2)**イ**　(3)**A**　(4)でんぷん
(5)**ウ**　(6)日光(日光があたること。)

2 (1)**A ア**　**B エ**　**C カ**
(2)低くなった。(下がった。)

3 (1)**A**　(2)①**ウ**　②**イ**　③**ア**
(3)蒸散《じょうさん》

考え方

1 (1)(2)エタノールにつけると，葉が白っぽくなり，ヨウ素液に入れたときの色の変化がわかりやすくなります。
(3)～(6)ヨウ素液はでんぷんがあると青むらさき色に変わります。**A**は日光にあたってでんぷんができていますが，**B**はアルミニウムはくが日光をさえぎるので，でんぷんはできていません。朝，アルミニウムはくをはずしてすぐの**A**の葉にはでんぷんはできていません。

2 植物の根・くき・葉には，水の通り道である管《くだ》があります。この管を通って，根からとり入れた水はからだじゅうにいきわたります。根から水がとり入れられるため，フラスコの中の水の量は減るので，水面の位置は低くなります。

3 葉の表面をけんび鏡で観察すると，小さなあながたくさん見られます。根からくきを通って葉まで上がってきた水の大部分は，この小さなあなから水蒸気《すいじょうき》となって出ていきます。そのため，葉をつけたままの**A**のふくろの内側には，**B**よりも多くの水のつぶがついて白くくもります。

92～93 ページ

6 生き物と環境 ①

1 (1)減っている。　(2)落ち葉　(3)**イ**

2 (1)**A**…ミジンコ　**B**…ボルボックス
C…ゾウリムシ　**D**…アオミドロ
(2)**A**の生き物を食べる。

3 (1)**D**→**B**→**A**→**C**　(2)草食(の)動物
(3)肉食(の)動物　(4)食物連さ　(5)**ア**
(6)植物

考え方

1 ダンゴムシは，落ち葉などのかれた植物を食べて生きています。観察が終わったら，ダンゴムシはつかまえた場所にもどしましょう。

2 池や川の水中には，小さな生き物がいろいろいて，池や川の魚は，それらを食べて生きています。

3 植物に日光があたると，でんぷん(養分)ができます。自分で養分をつくり出すことができない草食動物は植物を食べて養分をとり入れています。また，肉食動物は，ほかの動物を食べて養分をとり入れています。これらの動物の食べ物をたどると，すべて植物にいきつきます。

94～95 ページ

7 生き物と環境 ②

1 (1)**A**二酸化炭素　**B**酸素　(2)呼吸《こきゅう》
(3)酸素　(4)**ウ**　(5)**イ**

2 (1)**A**×　**B**×　**C**×　(2)**ウ**　(3)　雲

3 (1)空気，水　(2)**ア**

考え方

1 人や動物，植物は，呼吸によって酸素をとり入れ，二酸化炭素を出しています。また，ものを燃やすと，空気中の酸素の一部が使われて，二酸化炭素ができます。植物は，呼吸のほかに，二酸化炭素をとり入れて，酸素を出すはたらきもしています。空気中の酸素がなくならないのは，この植物のはたらきのためです。

2 どの生き物も，からだに多くの水をふくんでいます。これによってからだのいろいろなはたらきを保っているため，水がなくては生きていくことができません。人や動物がとり入れた水は，あせやにょうとなってからだの外に出ていきます。また，植物が根からとり入れた水は，葉から水蒸気となって出ていきます。このため，すべての生き物は水をとり入れる必要があります。

3 (2)植物だけが，自分で養分や酸素をつくり出すことができ，人や動物は植物やほかの動物を食べることで養分を，呼吸で酸素をとり入れています。

96～97ページ

8 水よう液の性質 ①

1 (1)白くにごる。
(2)二酸化炭素 (3)**イ**
(4)気体(二酸化炭素)が水にとけたから。
(5)**イ**，**ウ**，**オ** (6)炭酸水 (7)よくない。

2 (1)**ア**，**イ** (2)**ア**，**イ**，**オ**
(3)気体がとけた水よう液だから。
(4)固体

3 (1)**ウ** (2)**ア** (3)**イ**

考え方

1 (1)(2)二酸化炭素が水にとけた水よう液が炭酸水です。炭酸水をあたためたり，ふったりすると，とけている二酸化炭素が気体になって出てきます。
(3)～(6)ふたをして容器をふると，二酸化炭素がふたたび水にとけて炭酸水ができます。このとき，水にとけた分だけ体積が減るので，容器がへこみます。

ここに注意！ 水よう液の性質を調べるときには，危険をさけるため，たとえ炭酸水や食塩水でも，絶対になめたり，皮ふにつけたりしてはいけません。

2 塩酸，アンモニア水，炭酸水はそれぞれ，気体の塩化水素，アンモニア，二酸化炭素がとけた水よう液です。塩化水素とアンモニアは，強いにおいがします。
石灰水《せっかいすい》，食塩水，ホウ酸水は，固体が水にとけた水よう液なので，水が蒸発《じょうはつ》すると，固体のつぶが残ります。

3 (1)吸《す》いこむと，からだに害のあるものもあるので，手であおいでにおいをかぐようにしましょう。また，部屋の窓《まど》などを開けておくようにしましょう。
(3)薬品は危険のないように処理《しょり》してから捨《す》てなければならないので，薬品ごとに決まった容器に集め，混ざらないように注意します。

98～99ページ

9 水よう液の性質 ②

1 (1)ピンセット (2)**エ**
(3)酸性…青色→赤色
アルカリ性…赤色→青色
(4)中性

2 (1)酸性…**エ**，**カ**
アルカリ性…**ア**，**ウ**，**オ**
(2)**ア** (3)酸性雨

3 (1)酸(性)
(2)**A**だんだんとけていく。
Bだんだんとけていく。
(3)**ウ**

4 (1)白(色) (2)**イ**
(3)いえない。 (4)ちがう。

考え方

1 (1)(2)リトマス紙は直接手でさわらず，ピンセットでつまんでとり出します。これは，手についているものでリトマス紙の色が変わるのを防ぐためです。水よう液は，ガラス棒《ぼう》を使ってつけ，水よう液の種類を変えるたびに水でよく洗《あら》い，ふいてから使います。

ここに注意！ リトマス紙の色の変化
青色→赤色…酸性の水よう液
赤色→青色…アルカリ性の水よう液
どちらも変化しない…中性の水よう液

2 (1)食塩水は，中性の水よう液です。
(2)(3)ふつう，雨水には空気中の二酸化炭素が少しとけこんでいるので，弱い酸性を示します。工場のけむり(ばいえん)や自動車のはい気ガスにふくまれている気体には，水にとけると強い酸性の水よう液になるものがあります。このような気体がとけた雨を酸性雨といいます。

3 (1)(2)塩酸は酸性の水よう液で，鉄もアルミニウムもあわを出しながらとけていきます。
(3)水酸化ナトリウム水よう液はアルカリ性の水よう液で，アルミニウムはあわを出しながらとけますが，鉄はとけません。

4 塩酸にアルミニウムがとけた液から出てきた白い粉を塩化アルミニウムといい，うすい塩酸にとけますが，あわは出ません。このことから，この白い粉はアルミニウムとはちがうものであることがわかります。

ここに注意！ 食塩が水にとけた液を蒸発《じょうはつ》させると，もとの食塩が出てきますが，アルミニウムが塩酸にとけた液を蒸発させると，もとのアルミニウムとは別のものが出てきます。

100～101 ページ

10 てこのはたらき ①

1 (1)てこ　(2)作用点《さようてん》　(3)支点《してん》　(4)力点《りきてん》
(5)①**ウ**　②**カ**　③**キ**

2 (1)**B**　(2)**ア**　(3)**イ**

3 (1)**D**　(2)①**イ**　②**ア**　(3)**ウ**

考え方

1 (1)～(4)棒《ぼう》を支点で支え，力点に加えた力が作用点ではたらくようにしたとき，このしくみをてこといいます。
(5)てこでは，支点から力点までのきょりが長いほど，また，支点から作用点までのきょりが短いほど，小さな力でものを持ち上げることができます。

2 **A**は作用点，**B**は支点，**C**は力点です。支点と力点の間のきょりを長くすると，石を動かすのに必要な力は小さくなり，作用点と支点の間のきょりを長くすると，石を動かすのに必要な力は大きくなります。

3 (1)(2)力を加えている**A**が力点，力を加えても動かない**D**が支点，くぎと接している**C**が作用点です。

ここに注意！ 作用点と力点の間に支点がある道具は，支点と力点のきょりを長くする，または，支点と作用点のきょりを短くすると，小さな力で楽に動かすことができます。

102～103 ページ

11 てこのはたらき ②

1 (1)実験用てこ　(2)支点
(3)**ウ**　(4)水平につりあう。

2 (1)×
(2)左にかたむけるはたらき…60
　右にかたむけるはたらき…10
(3)6（番）

3 (1)左　(2)○　(3)○　(4)右

4 (1)右　(2) 20(cm)　(3) 40(g)

考え方

1 実験用てこは，左右のうでの長さを同じにし，その中央を支点としているので，おもりをつるしていないときは水平につりあいます。うでには支点からのきょりを表す目もりがついていて，力点や作用点の位置を調べやすいようにしてあります。

2 (2)左のうでには2のところに3個のおもり(30 g)があるので，左にかたむけるはたらきは，30×2＝60 となります。同じように，右にかたむけるはたらきは，10×1＝10 です。
(3)てこが水平につりあうのは，左にかたむけるはたらきと右にかたむけるはたらきが等しくなったときです。左にかたむけるはたらきと等しくするには，10×□＝60　□＝6
右のおもりを6番の位置につり下げるとよいことになります。

3 それぞれの場合で，てこを左にかたむけるはたらきと右にかたむけるはたらきのどちらが大きいかを調べます。
(1)左…20×3＝60　右…10×2＝20
(2)左…20×2＝40　右…10×4＝40
(3)左…40×3＝120　右…30×4＝120
(4)左…30×1＝30　右…20×5＝100

4 (1)てこを左にかたむけるはたらきは，30×40＝1200，右にかたむけるはたらきは 60×30＝1800 なので，てこは，右にかたむきます。
(2)右のうでのおもりの重さを変えずに，左にかたむけるはたらきと等しくするには，60×□＝1200 より，□＝20
(3)右のうでのおもりをつり下げる位置を変えずに，左にかたむけるはたらきと等しくするには，□×30＝1200 より，□＝40

104～105 ページ

12 土地のつくりと変化

1 (1)地層《ちそう》
(2)色…ちがう。　厚さ…ちがう。
(3)**C**
(4)火山のふん火
(5)流れる水(のはたらき)
(6)①**D**　②**A**，**E**　③**B**，**F**
(7)**イ**　(8)**イ**

2 (1)**A イ**　**B ア**　(2)火山灰《かざんばい》

3 (1)断層　(2)**ウ**　(3)**ア**，**ウ**

考え方

1 (1)(2)がけなどで見られる，色や厚さ，つぶなどのちがうものがしまのように重なっている層を地層といいます。
(3)〜(5)火山灰の層は，火山のふん火でふき出された火山灰が積み重なってできたものです。それ以外は，流れる水のはたらきによって運ばれた小石や砂《すな》，ねんどが積み重なってできたものです。そのため，つぶは角がとれた丸みのある形をしているものが多いです。

ここに注意！ 化石は，流れる水のはたらきで地層ができるときに，生き物のからだや生活のあとがうもれて，長い年月の間にできたものです。
火山のはたらきでできた地層から化石が見つかることは，ふつうはありません。

2 火山がふん火すると，よう岩が流れ出たり，火山灰をふり積もらせたりします。これによって，土地のようすが変わることがあります。

3 (1)(2)断層は，地しんによって地層に力が加わり，広いはん囲にわたって地面にずれが生じたものですが，地しんが起こってもできない場合もあります。

106〜107ページ

13 電気の利用

1 (1)①明かりがつく。　②音が出る。
③回る。　④明かりがつく。
(2)①　(3)明るくなる。
(4)逆向きに回る。

2 (1)電気をたくわえるはたらき
(2)長くなる。　(3)長くなる。

3 (1)①**ア**　②**イ**　(2)**ウ**

4 (1)**A ウ**　**B ア**　**C イ**　**D エ**
(2)①風力発電　②太陽光発電

考え方

1 (1)手回し発電機でつくった電気も，かん電池の電気と同じように，光や音を出すはたらきがあります。
(3)ハンドルをはやく回すと，大きい電流が流れて，豆電球はより明るくなります。
(4)ハンドルを回す向きを逆向きにすると，電流の向きが逆になるので，モーターは逆向きに回ります。

2 (2)ハンドルを回す回数を多くすると，より多くの電気をたくわえることができるので，豆電球の明かりがついている時間は長くなります。
(3)発光ダイオードは，豆電球よりも少ない電気で明かりがつくので，同じくらいの電気をためた場合，発光ダイオードのほうが明かりがついている時間は長くなります。

3 (2)光電池にも＋極と－極があり，逆につなぐとモーターが逆に回ります。

4 (1)電気自動車は，電気をモーターを動かすはたらきに変えています。

108〜110ページ

14 仕上げテスト

1 (1)ヨウ素液　(2)青むらさき(色)
(3)①できていない。　②できている。
(4)日光

2 (1)**A**二酸化炭素　**B**酸素
(2)呼吸《こきゅう》
(3)①植物　②人，動物，植物

3 (1)**C**，**D**
(2)記号…**F**　名前…小腸
(3)**D**

4 (1)①**イ**　②**ア**　③**ウ**　(2)①，②，③

5 (1)**A ウ**　**B エ**　(2)残らない。　(3)**A**

6 (1)①重さ　②支点　(2) 4(個)
(3) 6(番)

7 (1)**エ**　(2)**B**　(3)**ア**

考え方

1 植物は，日光があたるとでんぷんをつくり出します。ヨウ素液は，でんぷんがあると青むらさき色に変わる性質があります。

2 (1)(2)人，動物，植物はすべて，呼吸によって酸素をとり入れ，二酸化炭素を出しています。
(3)植物だけが自分で養分(でんぷん)をつくり出すことができ，動物は植物を食べたり，ほかの動物を食べることで養分をえています。

3 (1)**C**は肺《はい》，**D**はかん臓《ぞう》です。

4 (1)二酸化炭素にはものを燃やすはたらきがなく，酸素にはものを燃やすはたらきがあります。
(2)空気中でも酸素中でも，ものが燃えると二酸化炭素ができます。

5 (1)**A** はにおいのする酸性の水よう液なので塩酸，**B** はにおいのないアルカリ性の水よう液なので水酸化ナトリウム水よう液だとわかります。
(2)塩酸は気体がとけた水よう液なので，熱したあとには何も残りません。

6 (2)てこを右にかたむけるはたらきは，
30×4＝120 なので，□×3＝120 より，
□＝40
したがって，3番の目もりの位置におもりを4個つり下げると，てこは水平につりあいます。
(3)20×□＝120 より，□＝6
したがって，6番の目もりの位置におもりを2個つり下げると，てこは水平につりあいます。

7 (1)地球から見て，月の右側半分に太陽の光があたっています。

国語

143～142 ページ

1 漢字の読み

1 (1)こしょう　(2)うんちん　(3)いさん
(4)ひみつ　(5)つくえ　(6)ごこくまい

2 (1)①かんとう　②ま
(2)①おんせん　②いずみ
(3)①ばくまつ　②かいまく

3 (1)**イ**　(2)**ア**　(3)**ア**　(4)**イ**　(5)**ア**　(6)**イ**
(7)**イ**　(8)**イ**

4 (1)**ウ**　(2)**イ**　(3)**エ**　(4)**ウ**

5 (1)きちょう　(2)ぎぎ　(3)そうばん
(4)かんか　(5)すがたみ

考え方

2 漢字には(3)のように音読みのみの漢字や，訓読みが複数ある漢字があります。熟語《じゅくご》や送りがなで読み分けましょう。

3 (2)「私事」は「しじ」とも読みます。

141～140 ページ

2 漢字の書き

1 (1)宣伝　(2)看護師　(3)発揮
(4)帰郷　(5)満腹　(6)字幕
(7)承知　(8)専門

2 (1)潮　(2)革　(3)勤
(4)困　(5)裁　(6)縮
(7)純　(8)退　(9)敵
(10)段　(11)欲

3 (1)開放　(2)保障　(3)首席　(4)針路
(5)破　(6)映　(7)差　(8)供　(9)値

4 (1)延ばす　(2)危ない　(3)激しい
(4)勤める　(5)納める　(6)垂らす
(7)染める　(8)暖かい　(9)認める

考え方

2 読み方を参考に，上，または下の漢字から，思いつく熟語《じゅくご》を書き出し，共通する漢字は何かを見つけましょう。

3 熟語や漢字の意味を考えて，正しい方を選びましょう。

4 (3)「～しい」の形の，ものの様子や状態を表す言葉は，「し」から送ります。

ここに注意！ (2)「あぶ-ない」，(8)「あたた-かい」は送りがなをまちがえやすいので気をつけましょう。

3 部首・筆順・画数

1 （部首名・部首の意味の順に）
(1)**イ・ケ**　(2)**ウ・コ**　(3)**エ・カ**
(4)**ア・キ**　(5)**オ・ク**

2 (1)**イ**　(2)**ア**　(3)**イ**　(4)**ア**　(5)**ア**　(6)**イ**
(7)**イ**　(8)**ア**

3 (1)6　(2)6　(3)10　(4)6　(5)12
(6)13　(7)8　(8)3　(9)8　(10)4

4 （部首・総画数の順に）
(1)⺮・18　(2)阝・11
(3)訁・14　(4)骨・10
(5)糹・10　(6)阝・14

5 (1)くちへん・8・(例)点呼・呼吸
(2)うかんむり・8・(例)宗教・宗派
(3)くにがまえ・7・(例)困難
(4)さら・13・(例)加盟・同盟
(5)まだれ・5・(例)省庁・庁舎
(6)えんにょう・8・(例)延期・順延
(7)るまた(ほこづくり)・9・(例)階段・値段

考え方

2 筆順は，漢字を書きやすいように決めたものです。基本的には上から下へ，左から右へと書いていくことを覚えておきましょう。どうしてもわからないものは，漢字辞典などで調べましょう。

4 (2)「郷」の部首は「乡」ではなく，「阝(おおざと)」だということを覚えておきましょう。また，(6)「阝(こざとへん)」と形が似ているので，左右のどちら側についているかで区別しましょう。
(4)「骨」は，一字で部首になっている漢字です。

5 それぞれの漢字がどのような構成になっているのかをおさえましょう。(6)は「廴(えんにょう)」が2画ではなく3画であることを覚えておきましょう。

4 熟語の成り立ち

1 (1)**イ**　(2)**ウ**　(3)**ア**　(4)**エ**

2 温暖・暗黒・応答・安易(順不同)

3 善悪・生死・往復・難易(順不同)

4 (1)私　(2)裏　(3)閉
(4)減　(5)縦　(6)否
(7)失　(8)断　(9)妻(婦)

5 (1)不(未)　(2)非　(3)不
(4)無　(5)未　(6)不
(7)非　(8)無　(9)未

6 (1)化　(2)的　(3)感
(4)性　(5)性　(6)化

7 (1)救急－車　(2)親－孝行　(3)合－言葉
(4)衣－食－住　(5)外出－中　(6)大－自然
(7)満足－感　(8)雪－月－花
(9)春－夏－秋－冬　(10)職業－体験
(11)非－科学－的　(12)起－承－転－結
(13)高額－納税－者　(14)世代－間－格差

考え方

1 熟語《じゅくご》の成り立ちは，(2)「激《はげ》しく動く」，(4)「傷《きず》を負う」のように，文に直して考えるとわかりやすくなります。

7 三字以上の熟語の成り立ちについては，一字一字が対等に並《なら》んでいるか(「春夏秋冬」など)，熟語がふくまれているか(「満足感」など)を考えたうえで，熟語がふくまれている場合は，どのように組み合わされているかを考えます。たとえば，「世代間格差」は「世代間」と「格差」に分けられ，さらに「世代間」は「世代ー間」と分けられます。

ここに注意！ 三字熟語の主な組み立てには，次の五種類があります。
(1)「○＋○＋○」と，三つの漢字が対等に並んでいる。　(例)市町村
(2)「○＋○○」と，上の漢字が下の熟語を修《しゅう》飾《しょく》している。　(例)銀世界
(3)「○＋○○」と，上の漢字が下の熟語を打ち消している。　(例)不自然
(4)「○○＋○」と，上の熟語が下の漢字を修飾している。　(例)原始林
(5)「○○＋○」と，上の熟語に下の漢字が意味をつけ加えている。　(例)積極的

135～134 ページ

5 言葉の意味・対義語・類義語

1 (1)**ア** (2)**ウ** (3)**ウ** (4)**イ** (5)**ア**

2 (1)**エ** (2)**イ** (3)**ウ** (4)**エ**

3 (1)未来 (2)安全 (3)間接 (4)絶望
(5)軽視 (6)結果 (7)収入 (8)自然

4 (1)**エ** (2)**キ** (3)**オ** (4)**ク** (5)**ウ** (6)**カ**
(7)**イ** (8)**ア**

5 (1)成功 (2)複雑 (3)利益 (4)直線
(5)現実 (6)生産 (7)消極 (8)黒字

6 (1)永久 (2)音信 (3)誠意 (4)他界
(5)方法 (6)志望 (7)最上 (8)不満

考え方

5 対義語は，(1)のように熟語《じゅくご》全体で反対の意味になっているものと，(4)のように，一字が反対の意味の漢字で，もう一字が共通する漢字になっているものとがあります。

133～132 ページ

6 慣用句・ことわざ・四字熟語

1 (1)○ (2)× (3)× (4)× (5)○ (6)×
(7)○

2 (1)**カ** (2)**ウ** (3)**ク** (4)**キ** (5)**オ** (6)**エ**
(7)**イ** (8)**ア**

3 (1)**カ** (2)**オ** (3)**ケ** (4)**キ** (5)**コ** (6)**ウ**
(7)**エ** (8)**イ**

4 (1)**ウ** (2)**カ** (3)**オ** (4)**キ** (5)**イ**

5 (1)**オ** (2)**ア** (3)**エ** (4)**イ** (5)**ウ** (6)**カ**

考え方

1 (6)は「口を割《わ》る」ではなく「腹《はら》を割る」が適切です。このように，慣用句は似た表現が多いので，意味と使い方をしっかりと覚えましょう。また，慣用句は体の一部を使った表現が多いということも覚えておきましょう。

2 (3)「気が置けない」人を「油断できない」人と解釈《かいしゃく》するのはまちがいです。遠慮《えんりょ》の気持ちが間に入らない，つまり，気が置けないから，「気楽につきあえる」という意味になるのです。同様に，(6)も「情けは人のためではなく，自分のためにかけなさい」と考えれば，「情けをかけてはその人のためにならない」という意味ではないことがわかります。

5 四字熟語《じゅくご》は，成り立ちや意味を理解して，どのような漢字が使われているのかに注意して使いましょう。

131～130 ページ

7 文のきまりと敬語

1 (1)**ア** (2)**ウ** (3)**イ**

2 (1)**イ** (2)**ウ** (3)**ア** (4)**ウ** (5)**イ** (6)**ア**

3 (1)**ウ** (2)**ウ** (3)**エ** (4)**ア** (5)**オ**

4 (1)①日本人が ②得意な
③ものの ④マラソンは ⑤一つだ
(2)①友人に ②手紙を ③わたしは
④書いた

5 (1)×・いらっしゃい→うかがい(参り)
(2)×・いただいて→めしあがって
(3)○
(4)×・お待ちしています
→お待ちです(お待ちになっています)
(5)○

考え方

2 **ア**は，主語・述語の関係が一つしかない「単文」，**イ**は，主語・述語の関係が二つ以上あり，おたがいが対等の関係になっている「重文」，**ウ**は，主語と述語の関係が二つ以上あり，一方がもう一方を修飾《しゅうしょく》している「複文」になっています。

3 修飾語は，たいてい，くわしく説明される言葉よりも前にあり，(1)「急に」→「始めた」のように，続けて読んでも文の意味がおかしくならない言葉をくわしく説明します。

4 まず，主語と述語を見つけて書き入れましょう。このとき，述語は倒置《とうち》文(主語と述語が逆になった文)以外は，たいてい文末にあるので，まず述語を見つけてから，「何が・だれが」にあたる主語を見つけるようにしましょう。次に，どの言葉をくわしく説明しているのかを考えて，修飾語を書き入れていきましょう。

5 敬語《けいご》は，特に尊敬語《そんけいご》とけんじょう語の使い分けに注意が必要です。話している相手や，話題になっている人の行動について表す場合は尊敬語を使い，自分や，自分の側に属する人物などの行動について表す場合はけんじょう語を使います。

ここに注意！ 敬語には，主に次の三種類があります。
①尊敬語…話している相手や，話題になっている人を高めて，敬意を表す表現。
②けんじょう語…自分や，自分の側に属する人物の行動を低めて言うことで，話し相手や話題になっている人に敬意を表す表現。
③ていねい語…親しくない人や大勢の前で話すときなど，話している相手に失礼にならないようにする表現。

129～128ページ

8 伝記を読む

1 (1)スコット(大佐)・オーツ・ウィルソン(博士)・バウワース(中尉)(順不同)
(2)ふぶき
(3)このさき足手まといになりたくないと思って，死ぬため
(4)オーツ　(5)**ウ**
(6)**B…ウ　C…エ　D…ア**　(7)**ウ**

考え方

1 (2)「スコット」が「オーツ」にかけた言葉から考えましょう。
(3)「あぶなげな足どり」から，「オーツ」が，旅を続けられないほど弱っていると想像できます。「オーツ」本人だけでなく，テントに残された三人も，かれが旅を続けられないことがわかっていたのです。
(5)直前の一文の，「どの目もうるんでいた」に着目。「オーツ」が死ぬためにテントの外に出て行こうとしていることがわかっていた三人は，「オーツ」にかける言葉が見つからず，「オーツ」も何と言えば残された三人の心を軽くすることができるかわからず，おたがいに見つめ合うしかなかったのです。
(7)「オーツ」をとめなければならないのに，できなかった三人の心情を考えましょう。

ここに注意！ 伝記文では，その文章を読む人に対して，作者がうったえたいことをつかむことが大切です。そのために，中心になる人物の考えや行動に注目しましょう。

127～126ページ

9 物語を読む ①

1 (1)姉(さん)
(2)(例)信次郎とみな子と「わたし」が滝に行こうと決めて，向かっている場面。
(3)**A**頭　**B**舌　(4)**エ**　(5)**イ**
(6)(例)電柱一本立ってなく，木と草ばかりで目印の木と見分けがつかないから。
(7)**ウ**

考え方

1 (1)十四行目の「わたし」のセリフに着目。
(2)本文の全体をよく読んで，だれがどうしている場面であるのかを読み取りましょう。
(3)**A**は，頭に思いうかんだ様子です。**B**は，いまいましさや，いらだちを表すしぐさです。
(4)鳥肌《とりはだ》とは寒さ，恐怖《きょうふ》，あるいは不快感などに反応して，皮《ひ》ふに鳥の毛をむしったあとのような細かい突起《とっき》が出る現象をいいます。
(5)〔　〕の一行前に「家のほうに走って帰った」とあり，急いでいることがわかります。
(6)――線②のあとの信次郎《しんじろう》のセリフに着目しましょう。理由が書かれています。
(7)蛇《へび》をこわがるみな子を見ている「わたし」の気持ちの変化を考えましょう。

ここに注意！ 登場人物の気持ちは，「みな子がとたんにおびえだした」のように，具体的に書かれている場合もありますが，「そんなこと信ちゃん，いわなかったわ」「みな子は草の中で突《つ》っ立っていた」など，会話や行動などに表されている場合もあります。

125～124ページ

10 物語を読む ②

1 (1)**ア**　(2)**ウ**
(3)ふつうの運動靴を履いていた
(4)**A**(例)学校から帰ってきてからも練習したり，ふとらないようにおやつもがまんしたりする　**B**自分の走りができなかった
(5)**イ**

考え方

1 (1)跳《はねる》の気持ちを表す言葉を探《さが》すと，「県営陸上競技場へ行った」とある部分の直前に，「跳はウキウキして」とあることに着目します。「ウキウキ」は，楽しみな気持ちを表す言葉です。

(2)「電光掲示板《けいじばん》の文字がぼやけた」という表現が，どういうことを表しているのかを考えます。雨でぬれてぼやけて見えるということだけではなく，八着に終わった跳が悔《くや》しい気持ちになっていることも考えると，跳のうかべた悔し涙《なみだ》によって，視界《しかい》がぼやけたのだと読み取れます。

(3)「靴《くつ》のせいだ」というのは，靴が悪かったからこのような結果になってしまったのだということです。本文中から，跳の靴について述べられている部分を探すと，「みんなクラブチームのそろいのユニフォームを着て，スパイクシューズを履《は》いていた」「ふつうの運動靴を履いていたのは跳だけだった」とあります。

(4)「気持ちを伝えてくれた」のは甘菜《かんな》なので，甘菜の言葉に注目します。すると，「学校から帰ってきてからも練習して，ふとらないように，おやつもがまんしてた」という跳の様子を見ていたから「お兄ちゃんの悔しさ」がわかると言っています。A はこの内容をまとめます。また，B については，跳の悔しさについて述べられている部分を探すと，「負けたことより，自分の走りができなかったことが悔しかった」とあります。

(5)「あの日」のことをふり返っているとわかります。最初の一文に「小学六年生の夏」「出場したことがある」とあることからも，小学六年生の夏の出来事をふり返っているのだと読み取れます。

123～122ページ

11 随筆を読む

1 (1)**エ**　(2)恐れと　(3)**イ**
(4)**ウ**　(5)**エ**　(6)**ア**
(7)若い時の、

考え方

1 (1)直後の「人も犬も，……負けたことのある方が，思いやりがあって」という部分にあてはまるものを選びましょう。

(2)「『時計の奴隷《どれい》』になり下が」るとは「かりそめの約束」でしかない「時計」にふりまわされているのにもかかわらず，自分がいかに「能率的」に時間を過ごせるか，と「得意になって生き」ていることを意味しているのです。

(4)指示語(こそあど言葉)の多くは，前の内容を受けていることが多いので，前の部分から，「それ」と入れかえてもおかしくない言葉を探《さが》しましょう。

(5)・(6)「『あせり』『後悔《こうかい》』も……『無駄《むだ》』にならず『こやし』になる日が，……必ずある」から考えましょう。

(7)「人間のつくったかりそめの約束」である時計にしばられずに，「『人生』『一生』という目に見えない大時計で，自分だけの時を計ってもいいのではないでしょうか」と続きます。

121～120ページ

12 説明文を読む ①

1 (1)**ア**　(2)原因・結果　(3)**エ**
(4)(例)ブザーが鳴っているときにレバーを押すとエサがもらえること。
(5)**ウ**　(6)**C**…失敗　**D**…くりかえし
(7)**ア**

考え方

1 (1)ネズミはレバーの役割《やくわり》だけでなく，レバーが何なのかも知らないのです。

(2)「因果」とあるので，「原因」と「結果」の順になります。

(3)接続語(つなぎ言葉)は，前後の文の関係を考えて選びましょう。

(4)この実験で使われている箱の仕組みをまとめましょう。なお，「『レバーを押《お》すこと』と『エサがもらえること』の因果関係」だけでは，ネズミが学習した内容としては不十分です。

⑸・⑹「ひとつの成功を導きだすために，多くの失敗がくりかえされる」という部分から，あてはまる言葉を考えましょう。
⑺筆者は，[1]段落《だんらく》で「ネズミを使った記憶《きおく》の実験の方法」を紹介《しょうかい》し，[2]～[3]段落でネズミが課題を記憶する過程を説明し，[4]段落で記憶がどのように形成されるか，結論《けつろん》を述べています。

ここに注意！ 説明文の構成は，次の二通りに大別されます。
①話題の提示（序論《じょろん》）→説明（本論）→まとめ（結論）
②まとめ（結論）→説明（本論）→まとめ（結論）
構成は，段落ごとの話題や，接続語（つなぎ言葉）をもとに判断しましょう。

119～118ページ

13 説明文を読む ②

1 ⑴点　⑵**イ**　⑶**イ**
⑷自分が都市～な気がする
⑸都市の内臓・都市の血液（順不同）
⑹**エ**

考え方

1 ⑴□の直後に「道路の渋滞《じゅうたい》には巻《ま》き込《こ》まれないですむ」とあるので，地下鉄に乗っている場合のことだと読み取れます。また，第二段落《だんらく》の「地下鉄に乗っていると……点になってしまったような感覚である。」という部分に注目しましょう。
⑵「むさぼる」とは，「あきずにほしがり続ける」ことです。この段落では「人」も「地下鉄」も夜の短い「眠《ねむ》り」の時間以外は働き続けていると書いてあります。その「眠り」がどのようなものか考えましょう。
⑶「モーターが回転」することにより，「都市」が「大きく息をしはじめた」とあることから考えましょう。「～ないわけにはいかない」という表現が肯定《こうてい》と否定《ひてい》のどちらなのかに注意しましょう。
⑷比喩《ひゆ》表現とは，あることがらを説明するのに，似かよった特徴《とくちょう》をもつほかのものを例に挙げて表す表現のことです。本文には「地下鉄に乗っている」ときの心境が書かれている部分が何か所かありますが，二十三字の部分を探《さが》しましょう。
⑸最終段落の「要するに地下鉄は……」と，具体的に書いてある部分に着目しましょう。
⑹本文を読んでよく理解し，筆者の主張を読み取って考えましょう。

117～116ページ

14 詩・短歌・俳句を読む

1 ⑴**ウ**
⑵（例）まもなく命をうばわれること。
⑶（例）夕日を浴びて堂々としている
⑷**エ**

2 ⑴冬　⑵**エ**　⑶**ア**　⑷**ウ**　⑸**ア**

考え方

1 ⑵鹿《しか》は「小さい額が狙《ねら》われているのを」知っていたのです。
⑶鹿は「夕日の中にじっと立っていた」ので，体が「黄金《おうごん》のように光」っているのです。そして，「小さい額が狙われているのを」知っていても，にげずに，森を背景《はいけい》にして立っていることから，鹿の堂々とした態度がわかります。
⑷命を狙われても，にげずに「すんなり立って」いる鹿の生命力を，作者は「生きる時間が黄金のように光る」とたたえているのです。

2 ⑴「蜜柑《みかん》」に着目しましょう。昔は，蜜柑を食べられた季節は冬だけでした。ですから「冬」が答えになります。
⑶「さりげなく講義」を「すすめて」いるのは父親である作者です。そして父親の講義を聞いているのは自分の子です。「かがやく吾《わ》子《こ》の瞳《め》」という表現から，子どもは，父親のふだん見られない姿《すがた》を，興味しんしんのまなざしで見ていることがわかります。
⑷「照りたまふ」の主語は，ひな人形です。また，「初雛《はつひな》のまま」とあることから，「初めてかざったときのまま」と解しゃくできます。
⑸羽子板の「重き（=重さ）」がうれしかったので，この句を詠《よ》んだのです。

ここに注意！ 短歌と俳句《はいく》

短歌は，**五・七・五・七・七の三十一音**という短い音数の中に，作者の感動を詠みこんだものです。ですから，言葉を省略したり(省略法)，名詞《めいし》(ものの名前を表す言葉)で止めたり(体言止め)，言葉の語順をふつうとは逆にしたり(倒置《とうち》法)といったさまざまな表現技法が用いられています。

俳句は，**五・七・五の十七音**に，作者の感動が詠みこまれています。俳句には，**季語(季題)**を用いるという独特の約束があります。季語が表す季節は，現代のこよみとは一か月ほどずれているので，代表的な季語は覚えておきましょう。また，**「や・かな・けり」**といった**「切れ字」**の使ってある部分が，**「感動の中心」**になっていることもあわせて覚えておきましょう。

115〜114 ページ

15 作　文

1 (例)たとえば，私たちが部屋の中に植物をかざることも，人間が緑を必要としていることを示しています。
　その一方で，私たちは，森や山を切り開いて，レジャーランドを建設するなど，自然の生態系を乱しています。
　私は，ハイキングに行っても，勝手に植物をとるなど，山の自然をそこなう行動はしないようにします。

2 (例)人間の目は，エネルギーを使いすぎないよう，夜の暗闇ではモノクロに切り換えてある。

考え方

1 **【組み立て表】**の中でも，特に「書きたい内容」をもとにして作文を完成させましょう。このとき，第二段落《だんらく》の内容は，第一段落の流れを受けて，「人間に安らぎをあたえる」緑の具体例になるものを書くように注意しましょう。また，構成を考えて「たとえば」「しかし」などの接続語(つなぎ言葉)を使ったり，指示語(こそあど言葉)を使ったりして，すっきりとした文章になるよう，心がけましょう。

2 要約は，本文の中心になる部分や，筆者が最も述べたい部分をまとめます。したがって，くり返し出てくる言葉や，それまでの内容をまとめる言葉に着目しましょう。

ここに注意！ 作文は，
(1)初め(話題の提示)
(2)中(説明)
(3)終わり(まとめ)
という構成を意識して書くようにしましょう。また，「中」の部分を書くときには，事実と意見を混同しないで，きちんと書き分けるようにしましょう。

113〜111 ページ

16 仕上げテスト

1 (1)演奏　(2)座席　(3)訪ねる　(4)従う

2 **イ**

3 (1)私情　(2)寒暖

4 (1)**イ**　(2)**ア**

5 木

6 (例)おっしゃる

7 (1)a…現　b…胸　c…窓　d…捨
(2)**イ**
(3)近くで、さ・もうこいの(順不同)
(4)(例)(ばつ当番の)井上権太を手伝っているのが見つかったら(先生に)しかられるから。
(5)**ウ**
(6)(例)はずかしい気持ち。
(7)㋐(例)ばつ当番のそうじ
㋑(例)手伝ってやろう

考え方

2 **イ**の「吸」は六画，ほかは七画です。

3 (1)「別件」は「別の件」，「私情《しじょう》」は「私《わたし》の感情」という成り立ちで，どちらも上の漢字が下の漢字をくわしく説明しています。(2)「善《ぜん》悪《あく》」と「寒暖《かんだん》」は，それぞれ「善《よ》い」と「悪い」，「寒い」と「暖《あたた》かい」が対《つい》になっています。

5 「木を見て森を見ず」は「細かい部分にとらわれて全体を見通せない」という意味で，

「木で鼻をくくる」は「冷たい対応をする」という意味です。

6 言うのは先生なので，尊敬語《そんけいご》で表すのが適切です。

7 ⑵修飾語《しゅうしょくご》の直後にもってきても，文の意味がおかしくならない言葉を選びましょう。

⑶カッコウは，五月ごろに日本にやってきて，八月ごろに去っていく渡《わた》り鳥で，夏の季語にもなっています。また，こいのぼりも「五月五日」前後にしかかざらないので，この場面は初夏だとわかります。

⑷「耕作《こうさく》」は，「(そうじを)手伝っているのを見つけられたら，何と言ってしかられるだろう」「(手伝ったのが)わかったらしかられるからな」と，先生にしかられることをしきりに気にしています。

⑸——線②のあとで，「権太《ごんた》」は，「耕作」から，再び「ふきそうじしなくてもわからんよ」と言われています。つまり，「権太」は「耕作」の言葉の意味を考えるために，「だまって，耕作の顔を見た」のです。

⑺この場面で，「耕作」は，先生にしかられることを気にしながら，何をしていたかをしっかりとらえましょう。

☆23